教育部人文社会科学重点研究基地重庆工商大学长江上游经济研究中心
“三峡库区百万移民安稳致富国家战略”服务国家特殊需求博士人才培养项目
国家社会科学基金项目“基于微观退地主体的宅基地退出增值收益分享研究”
(14CJY043)阶段性成果
重庆市社会科学规划项目“三权分置”中宅基地流转收益分配研究
(2018YBJJ027)阶段性成果

# 宅基地“三权分置”中农民分享退地增值收益研究

王兆林 骆东奇 著

科学出版社
北京

# 内 容 简 介

本书聚焦宅基地“三权分置”中农民分享退地增值收益问题，结合重庆的实证，展开以下研究：一是从预期理论、博弈论、土地产权及功能论等方面探索农民分享宅基地退出增值收益的理论体系；二是探讨农民兼业异质化及其宅基地退出关系，分析农民宅基地退出增值收益形成机理；三是基于双边界二分式条件价值评估法，全面测算宅基地真实价值；四是从比较收益视角进行农民宅基地退出增值收益分析；五是基于博弈视角，模拟宅基地退出中各利益主体的宅基地增值收益分配过程；六是农民宅基地退出增值分享机制构建。基于微观退地主体农民的视角探索宅基地退出增值收益分享机制、路径，既可以丰富土地增值收益分配研究的理论体系，又可以为完善地方宅基地退出补偿与收益分配政策、保障农民财产性收入、助推宅基地“三权分置”改革与区域扶贫工作提供参考借鉴。

本书可为高校师生及研究院所的研究人员提供借鉴，也可为从事自然资源管理与农村管理的工作人员提供参考。

**图书在版编目(CIP)数据**

宅基地“三权分置”中农民分享退地增值收益研究/王兆林，骆东奇著. —北京：科学出版社，2019. 5

ISBN 978-7-03-060942-7

Ⅰ. ①宅… Ⅱ. ①王… ②骆… Ⅲ. ①农村-住宅建设-土地制度-研究-中国 Ⅳ. ①F321. 1

中国版本图书馆 CIP 数据核字（2019）第 058754 号

责任编辑：李 敏 杨逢渤 / 责任校对：樊雅琼

责任印制：吴兆东 / 封面设计：无极书装

科学出版社 出版

北京东黄城根北街 16 号

邮政编码：100717

http://www.sciencep.com

北京建宏印刷有限公司 印刷

科学出版社发行 各地新华书店经销

*

2019 年 5 月第 一 版 开本：720×1000 1/16

2021 年 1 月第二次印刷 印张：11 1/4

字数：230 000

**定价：148.00 元**

（如有印装质量问题，我社负责调换）

# 作者简介

王兆林，山东沂南人，博士，副研究员、副教授，硕士生导师，MPA 学业导师，教育部人文社会科学重点研究基地重庆工商大学长江上游经济研究中心研究人员，重庆工商大学旅游与国土资源学院土地资源管理系主任。主要从事农户行为与土地利用、土地经济与政策、国土空间规划、3S 与土地利用覆被变化、区域经济与规划等领域研究。

近年来，先后主持国家社会科学基金、省部级科研和教研项目 6 项，地厅级多项。主研国家社会科学基金重大招标项目、教育部人文社会科学规划研究项目、国土资源部公益性行业科研专项、中国科学技术协会项目等国家级和省部级以上项目 10 多项。发表学术论文合计 50 余篇，其中，在《中国农村经济》《中国土地科学》《经济地理》等核心期刊及 *Journal of Mountain Science*、《农业工程学报》等 SCI、EI 期刊上发表论文 30 余篇。在科学出版社出版专著 3 部，中国社会科学出版社出版专著 1 部。研究成果获得省部级二等奖 1 项（排 1）、省部级三等奖 1 项（排 1），地厅级特等奖 1 项（排 1），二、三等奖 6 项。有两项研究成果获得省部级领导批示。

系中国土地学会会员、重庆市地理学会监事、重庆市地理学会人文地理专业委员会副主任委员、重庆市科技局科技专家库成员、重庆市规划和自然资源局项目评审专家、多家 CSCD/CSSCI 核心库重要期刊匿名审稿人。

# 前　言

乡村振兴为新时代农业、农村发展指明了方向。宅基地退出是新时期宅基地“三权分置”改革的重要探索，也是乡村振兴与城乡融合发展的重要课题。随着我国农村经济社会转型加速，农民普遍性的外出务工导致宅基地粗放利用，总体呈现季节性闲置、长期闲置、废弃三类状态。此外，农村宅基地面积超标、“一户多宅”也是当前我国宅基地利用存在的突出问题。针对当前宅基地利用管理存在的问题，党的十八大以来，国家出台了一系列重要文件和政策，持续推进农村宅基地改革步伐。党的十八届三中全会提出，要“保障农户宅基地用益物权，改革完善农村宅基地制度，选择若干试点，慎重稳妥推进农民住房财产权抵押、担保、转让，探索农民增加财产性收入渠道”；2015 年 1 月中共中央办公厅、国务院办公厅印发《关于农村土地征收、集体经营性建设用地入市、宅基地制度改革试点工作的意见》；2015 年 3 月国土资源部在全国选取 15 个试点县（市、区）开展宅基地制度改革试点；2016 年 3 月国务院六部委联合印发《农民住房财产权抵押贷款试点暂行办法》；2017 年 11 月中央全面深化改革领导小组会议审核通过《关于拓展农村宅基地制度改革试点的请示》，将试点拓展到 33 个农村土地制度改革试点地区；2018 年 1 月全国国土资源工作会议提出，我国探索宅基地所有权、资格权、使用权“三权分置”，落实宅基地集体所有权，保障宅基地农户资格权和农民房屋财产权，适度放活宅基地和农民房屋使用权；2018 年中央一号文件提出，完善农民闲置宅基地和闲置农房政策，探索宅基地所有权、资格权、使用权“三权分置”。作为宅基地制度改革的重要探索，实际上，在此之前各地已经陆续试点和摸索宅基地退出工作。例如，成都在土地证券化基础上探索宅基地退出，重庆以地票探索宅基地退出，嘉兴、天津等以宅基地置换住房为依托引导农民退出宅基地。当前从各地宅基地退出实践来看，突出的问题是宅基地退出收益分配及农民分享问题。对土地增值收益分享，党的十八大报告提出要“提高农民在土地增值收益中的分配比例”；党的十八届三中全会通过的《中共中央关于全面深化改革若干重大问题的决定》进一步强调要“建立兼顾国家、集体、个人的土地增值收益分配机制，合理提高个人收益”；党的十九大报告提出要“深化农村集体产权制度改革，保障农民财产权益，壮大集体经济”。上述有关重要文件精神不仅对各地完善征地中用途转变性增值收益分配政策有重要指导意义，同时也为农民分享宅基地退出增值收益政策的制定与完善指明了方向。通过研究农民分享宅基地退出增值收益问题，增加农民土地财产性收益，助推传统农区的精准扶贫工作。

围绕农民分享宅基地退出增值收益问题，本书主要研究内容设计如下：一是进行研究综述。在界定有关概念及研究范围基础上，结合土地增值的理论基础与主要研究内容，从征地土地增值收益分配、宅基地退出补偿、宅基地退出增值收益分配三方面进行了文献综述，以期找出相关研究在内容、方法、视角等方面的不足，并在研究中加以改进。二是构建本书的理论框架。从预期理论、博弈论、土地产权及功能论等方面探索农民分享宅基地退出增值收益的理论体系，并构建本书分析框架，指导实证研究。三是分析农民宅基地退出及其增值收益形成机理。主要是构建农民兼业行为分析框架，结合重庆市实证分析农民兼业异质化及其宅基地退出决策的影响因素，并在此基础上，结合土地增值的一般理论，分析农民宅基地退出增值收益形成机理。四是农民宅基地价值评估与核算。针对当前宅基地退出补偿中没有体现宅基地真实价值导致农民收益减少的问题，基于双边界二分式条件价值评估法（contingent valuation method，CVM），从宅基地非市场价值与宅基地总价值两方面客观全面测算宅基地真实价值。五是从比较收益视角进行农民宅基地退出增值收益分析。基于重庆市有关政策，构建重庆市宅基地退出增值收益模型，结合具体调查从收益与成本两方面对比分析农民退地前后收益变化，并总结农民宅基地退出土地比较收益（损失）核算结果。六是农民宅基地退出增值收益分配机理模拟。基于博弈视角，构建效用函数，分析宅基地退出中各利益主体的宅基地增值收益分配过程。七是农民宅基地退出增值分享机制构建。本部分从分析农民选择不同宅基地退出补偿方式意愿及其影响因素出发，应用动态联盟利益分配模型，测算农民宅基地退出中各个联盟成员投资及风险，进一步确定更为合理的收益分配比例关系。八是结合各章节分析与研究，构建农民分享宅基地退出增值收益的总体思路，并提出完善农民分享宅基地退出增值收益的路径。

本书的价值主要体现在如下几方面：一是系统阐释了宅基地退出增值收益形成过程与机理，在拓展与丰富土地增值收益分配的理论体系的同时，揭示了影响宅基地退出增值收益形成的一般影响因素，为地方政府完善宅基地退出增值收益分配政策提供参考。二是通过对低山丘陵区宅基地价值评估与核算，在厘清宅基地价值体系的同时，也为宅基地价值测算提供了一种新思路与新方法，研究结果可为地方政府提高农民宅基地退出补偿标准提供参考。三是通过比较收益视角率先分析农民宅基地退出增值收益变化，在丰富增值收益分配模型方法的同时，提出应从提高宅基地补偿标准、强化宅基地复垦成本控制、实施区域差异化宅基地退出补偿等方面完善现行的宅基地退出复垦补偿政策。四是基于博弈视角模拟农民宅基地退出增值分配机理，提出现行的宅基地退出复垦补偿政策，应在提高退地补偿标准的同时，强化退地补偿政策的执行力。五是通过差异性分析农民宅基地退出补偿意愿及其影响因素，提出实行差异化的退地补偿标准是保障退地农民分享退地增值收益的重要措施。六是基于动态联盟利益分配模型测算农民宅基地退出增值收益分配比例，提出应依据区域经济发展水平，实行差异化的增值收益分配比例；在拓宽了动态联盟利益分配模型应用领域的同时，也为农民宅地基退出增值收益分配测算提供了一种新思路。

本书是作者近年来对农民宅基地退出增值收益问题的系统总结，相关章节成果已经在《中国土地科学》等重要学术期刊发表。鉴于作者水平有限，虽数易其稿，难免存在疏漏和不妥之处，敬请各位专家与读者不吝赐教！

作　者

2019 年 3 月

# 目　录

# 第一章　绪　　论

## 第一节　研究背景及意义

### 一、研究背景

宅基地退出是新时期宅基地“三权分置”改革的重要探索，也是乡村振兴与城乡融合发展的重要课题。农村宅基地是农民或农户经合法审批用于住宅建设的集体土地，是农民基本生活资料；宅基地使用权在我国是一项特殊的用益物权，也是农民土地权利中的一项基础性权利。我国当前宅基地使用权管理制度是在计划经济时期形成的，但在乡村振兴与城乡融合发展的背景下，这种管理制度对城乡要素流动形成了体制性障碍，并由此带来了宅基地管理的一系列问题。一是宅基地使用面积超标。表现在单户宅基地使用面积超标与一户多宅现象较为普遍，据2005年土地利用变更调查数据，2005年我国农村居民点用地面积达到1470万$hm^2$，人均面积达到$182m^2$，远超出人均$120m^2$的标准。二是农村宅基地的大量闲置与废弃情况严重，2010年《城镇化蓝皮书》估计，到2025年累计将有3.35亿左右乡村人口转移进城，平均每年1675万人左右，每年将有25.13万$hm^2$的农村宅基地可能闲置不用。三是加剧了农村“空心化”现象，由农民建房“建新不拆旧”而造成的“空心化”现象，影响“美丽乡村”建设，同时造成宅基地大量闲置。《中国乡村发展研究报告——农村空心化及其整治策略》显示，目前全国0.16亿$hm^2$的村庄建设用地中，“空心村”内老宅基地面积占10%~15%。针对当前宅基地利用管理存在的问题，党的十八大以来，国家出台了系列重要文件和政策，持续推进农村宅基地改革步伐。党的十八届三中全会提出要“保障农户宅基地用益物权，改革完善农村宅基地制度，选择若干试点，慎重稳妥推进农民住房财产权抵押、担保、转让，探索农民增加财产性收入渠道”；2015年1月中共中央办公厅、国务院办公厅印发《关于农村土地征收、集体经营性建设用地入市、宅基地制度改革试点工作的意见》；2015年3月国土资源部在全国选取15个试点县（市、区）开展宅基地制度改革试点；2016年3月国务院六部委联合印发《农民住房财产权抵押贷款试点暂行办法》；2017 年 11 月中央全面深化改革领导小组会议审核通过《关于拓展农村宅基地制度改革试点的请示》，将试点拓展到 33 个农村土地制度改革试点地区；2018 年 1 月全国国土资源工作会议提出，我国探索宅基地所有权、资格权、使用权“三权分置”，落实宅基地集体所有权，保障宅基地农户资格权和农民房屋财产权，适度放活宅基地使用权；2018 年中央一号文件提出，完善农民闲置宅基地和闲置农房政策，探索宅基地所有权、资格权、使用权“三权分置”。作为宅基地制度改革的重要探索，实际上，在此之前各地已经陆续试点和摸索宅基地退出工作。例如，成都在土地证券化基础上探索宅基地退出，重庆以地票探索宅基地退出，嘉兴、天津等以宅基地置换住房为依托引导农民退出宅基地。宅基地退出指在自愿有偿的基础上，地方引导农民退出其闲置、废弃或超标宅基地，并将退出宅基地复垦的过程。通过农村闲置、废弃或超标宅基地的退出及复垦，既可以增加区域有效耕地面积，改善村容村貌，使宅基地资产属性得以发挥，增加农民财产性收入，还可以通过农村建设用地指标转移，保障区域城镇化及产业发展。

当前从各地宅基地退出实践来看，突出的问题是宅基地退出收益分配及农民分享问题。宅基地退出增值收益指宅基地退出复垦后产生的农村建设用地指标，经由“增减挂”进入地方产权交易市场后，形成的指标交易市场价格相对于退地补偿产生的增值，是土地增值收益的重要组成部分。对土地增值收益分享，党的十八大报告提出要“提高农民在土地增值收益中的分配比例”，党的十八届三中全会通过的《中共中央关于全面深化改革若干重大问题的决定》进一步强调要“建立兼顾国家、集体、个人的土地增值收益分配机制，合理提高个人收益”，党的十九大报告提出要“深化农村集体产权制度改革，保障农民财产权益，壮大集体经济”。上述重要文件精神不仅对各地完善征地中用途转变性增值收益分配政策有重要指导意义，同时也为宅基地退出中农民分享退地增值收益政策的制定与完善指明了方向。通过研究农民分享宅基地退出增值收益问题，增加农民土地财产性收益，助推传统农区的精准扶贫工作。

重庆市是我国城乡二元结构较为突出的地区，农民外出务工较为普遍，导致区域宅地基闲置与废弃情况较为严重。2009 年农村建设用地面积达 762 万亩①，其中，农村居民点占地面积达 537 万亩；人均宅基地面积达 148m$^2$，按照户均 3.36 人计算，户均占地面积约为 497m$^2$。重庆市农村大约有 15% 的宅基地闲置，合计 81 万亩。重庆市较早在省级层面开展了农村宅地基退出试点工作，于 2008 年形成了地票交易制度。地票是农村建设用地，如宅基地及其附属建设设施用地

① 1 亩≈666.67m$^2$。

等，经地方政府复垦并按照相关程序严格验收后产生的向城镇转移的建设用地指标。对于复垦的宅基地，重庆市先按照一定标准补偿农民和集体经济组织①，若地票进入农村土地交易所进行交易，交易价款扣除宅基地复垦成本后，仍有溢价，则按照固定的比例再次支付给退出宅基地的农户和集体经济组织。地票交易制度的实施有利于推进重庆市统筹城乡发展，既缓解了城镇建设用地指标紧张局面，又在保护耕地的同时反哺"三农"，助推精准扶贫。在宅基地复垦过程中，补偿政策是否合理，补偿价格是否真正体现宅基地的价值，指标交易增值的二次分配比例如何确定等问题是宅基地退出中农民收益分享的关键问题，亟待厘清。

从理论研究来看，当前系统研究农民宅基地退出增值收益的成果还不多，现有成果更多是以地方政府资政的视角提出完善指标增值收益分配的对策，较少从微观退地主体农民的视角研究如何解决宅基地增值收益分配分享问题，对于农民分配意愿考虑不够；相关研究缺乏对农民宅基地退出增值收益"隐性"损失的挖掘，没有厘清各利益主体之间博弈行为的过程及深层次原因，研究内容缺乏系统性；在研究方法上多以定性分析为主，缺少理论模型与实证分析相结合的定量研究成果。

基于当前理论界相关研究的不足与现实需求，本书从微观退地主体农民的视角出发，结合重庆市的实地调查，系统研究农民分享宅基地退出增值收益问题，以期补充上述研究的不足，并为其他开展类似宅基地退出工作的地方政府出台"以人为本"的宅基地退出增值收益分享措施提供参考。

## 二、研究意义

1）理论意义：集体土地增值收益不仅体现在土地征收过程中，还体现在集体建设用地特别是宅基地退出指标交易过程中，然而当前理论界还较少关注宅基地退出增值收益分配问题，特别是对农民分享宅基地退出增值收益问题的研究，在分享路径与分享内容等方面都急需有关理论的补充与创新。此外，在理论研究方法上，相关研究多以定性探讨为主，缺少理论模型与实证分析相结合的定量研究成果，特别是相关成果没有厘清宅基地真实理论价值及各利益主体之间博弈行为过程。有鉴于此，本书力图从创新研究内容、改进理论研究方法两方面出发，结合具体实证，开展农民分享宅基地退出增值收益的路径研究，旨在补充农民分享宅基地退出增值收益有关理论及研究方法的不足，尝试建立该类问题的规范研

① 农村集体经济组织，也可简称为集体。农村集体经济组织指以农村集体经济为依托，为村民谋取共同利益的组织。

究方式，并完善农民分享土地增值收益的理论体系。

2）实践意义：宅基地退出是提高农村土地节约集约利用水平、激活农村固化资本、赋予农民更多财产权、保护耕地资源、保障区域新型城镇化顺利进行的重要探索，是实现地方政府、农村集体经济组织、农民等多方帕累托最优的一项举措。近年来，重庆市、四川省、湖北省、安徽省、山东省等地相继开展了宅基地退出的试点工作；2013 年 10 月，国土资源部发布的《节约集约利用土地规定（草案）》（征求意见稿）提出“农村闲置宅基地实行自愿有偿退出”；2015 年 1 月中共中央办公厅和国务院办公厅联合印发的《关于农村土地征收、集体经营性建设用地入市、宅基地制度改革试点工作的意见》，进一步明确了宅基地退出是宅基地制度改革的重要方向之一。从各地宅基地退出实践来看，突出的问题是宅基地退出收益分配及农民分享问题。本书以宅基地制度改革试点与宅基地退出利用较为典型的重庆为例，基于农民视角，探讨农民分享宅基地退出增值收益路径，以期为国家和地方出台“以人为本”的宅基地退出增值收益分配措施，提供不同角度的参考。

# 第二节　研究界定与内容

## 一、研究界定

### （一）宅基地退出

宅基地退出指城镇化过程中农民在政府引导下自愿放弃其闲置或者废弃宅基地使用权及其附属建筑物、构筑物所有权，并获得相应补偿的过程。宅基地退出后的利用方式大致可分为三种：一是宅基地退出后，经复垦转变为耕地，而节余的农村建设用地指标经“增减挂”转变为城镇建设用地指标，在此过程中实现建设用地指标的城乡异地转移。二是宅基地退出后，维持集体土地性质不变，利用退地节约的土地进行集中居住点和配套基础设施建设。三是宅基地退出后，经征收、整治转变为国有建设用地，进行规划建设。关于宅基地退出后这三种利用方式，第一种是当前各地宅基地退出的普遍做法，较多实施在传统农区；第二种则实施在有新农村建设任务的地区；第三种则是针对位于城镇腹地且符合规划的宅基地。因而第一种做法更具有普遍性，第二种、第三种则是个案特例。本书所指的宅基地退出利用是指第一种利用方式，即宅基地退出后，经复垦转变为耕地，而节余的农村建设用地指标经“增减挂”转变为城镇建设用地指标，在此过程中实现建设用地指标的城乡异地转移。

（二）宅基地退出增值收益

在城镇化快速推进的背景下，我国的土地利用总体规划确定了规划期内区域新增的建设用地指标，并对该指标进行严格管控，目的在于保护耕地。在区域新增建设用地指标一定的前提下，2008 年 6 月国土资源部发布《城乡建设用地增减挂钩试点管理办法》，目的是通过缩减农村建设用地存量指标，增加城镇建设用地增量指标，以此保证区域建设用地总量不增加。缩减农村建设用地存量指标，主要是通过农村建设用地的整理复垦与建新拆旧等措施来实现。在此背景下农村宅基地退出工作应运而生，地方政府通过实施宅基地退出工作，置换出大量的建设用地指标，这些指标经“增减挂”进入区域农村土地交易机构，转变为城镇建设用地指标。显然此指标经区域农村土地交易机构市场化，并向城镇转变过程中，相对于原有退地补偿，就会产生增值。这也是当前理论界对宅基地退出增值收益的普遍理解与研究的重点。

实际上，随着《关于农村土地征收、集体经营性建设用地入市、宅基地制度改革试点工作的意见》的颁布，“三块地”改革加速推进，集体经营性建设用地入市试点陆续进行。为充分发挥宅基地的资产价值，有种思路是将区域退出的、节余的宅基地调整为集体经营性建设用地进而开展入市流转。若按照这种思路，宅基地在此过程中也会产生增值，但这种增值是用途转变产生的增值。现阶段由于集体经营性建设用地入市，各地还处在探索阶段，宅基地调整为集体经营性建设用地入市增值的做法更是鲜见，这种思路产生的增值并不在本书研究范畴，但这为本书继续深化研究指明了方向。

## 二、主要内容

本书主要研究内容框架如图 1-1 所示。

（一）农民宅基地退出增值收益形成机理分析

宅基地退出增值收益与农地非农化中“就地”用途改变产生的土地收益增值有较大区别。本部分首先分析不同阶层农民兼业效益偏好及其宅地基退出决策关系；应用微观经济学无差异曲线创建农民兼业行为与宅基地退出决策理论模型，结合重庆实证调查数据，运用改进的 B-Logistic 回归模型，进行定量分析；其次探讨不同类型农民宅基地退出决策的影响因素；最后以土地增值有关理论为支撑，应用马克思地租地价理论，解释土地增值及宅基地增值的一般原因，进一

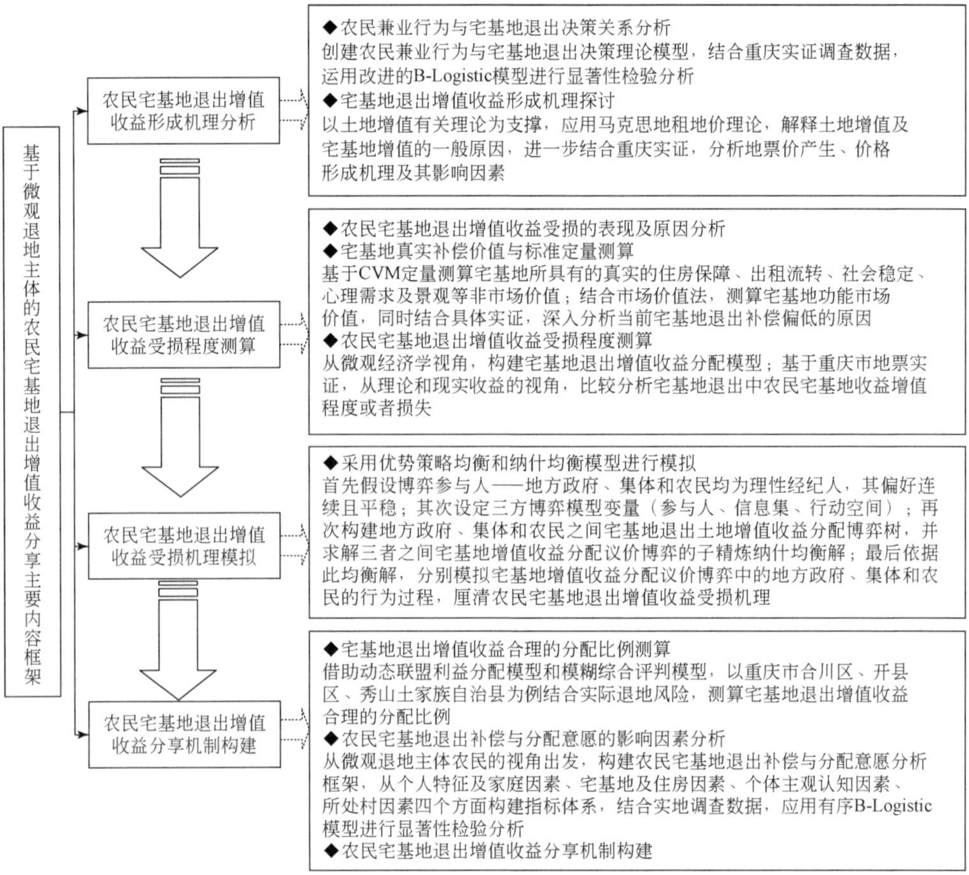


图 1-1　本书主要研究内容框架

步结合重庆市实证，分析地票价产生、价格形成机理及其影响因素，形成农民宅基地退出增值收益解释的理论与实践体系。

（二）农民宅基地退出收益受损程度测算

宅基地是农民重要的家庭财产，是其长期投资的结果，宅基地不仅具有住房保障、社会稳定功能，还具有副业生产及继承性功能。这既包括宅基地的市场价值也包括宅基地的非市场价值。本部分基于 CVM 定量测算宅基地所具有的真实的住房保障、出租流转、社会稳定、心理需求及景观等非市场价值；结合市场价值法，测算宅基地功能市场价值，同时结合具体实证，深入分析当前宅基地退出补偿偏低的原因；进一步从微观经济学视角，构建宅基地退出增值收益分配模型，基于重庆市地票实证，从理论和现实收益的视角，比较分析宅基地退出中农民宅基地收益增值程度或者损失；最后结合分析提出完善重庆市地票交易制度的具体建议。

（三）农民宅基地退出增值收益受损机理模拟

农民宅基地退出增值收益分配是地方政府、集体和农民博弈的结果。本部分采用优势策略均衡和纳什均衡分别构建效用函数，分析农民宅基地退出增值收益分配中，各个利益主体之间的博弈关系，具体包括：首先，假设博弈参与人——地方政府、集体和农民均为理性经纪人，其偏好连续且平稳，博弈过程具有时间成本；其次，设定三方博弈模型变量（参与人、信息集、行动空间）；再次，构建地方政府、集体和农民之间宅基地退出土地增值收益分配博弈树，并求解三者之间宅基地增值收益分配议价博弈的子精炼纳什均衡解；最后，依据此均衡解，分别模拟宅基地增值收益分配议价博弈中的地方政府、集体和农民的行为过程，厘清农民宅基地退出增值收益受损机理。

（四）农民宅基地退出增值收益分享机制构建

农民宅基地退出增值收益分享机制的完善，不仅涉及退地补偿机制的完善，还涉及宅基地增值收益分配机制及其监督机制的完善等内容。本部分借助动态联盟利益分配模型和模糊综合评判模型，以重庆市合川区、开县、秀山土家族苗族自治县（简称秀山县）为例，结合实际退地风险测算宅基地退出增值收益合理的分配比例；从微观退地主体农民的视角出发，构建农民宅基地退出补偿与分配意愿分析框架，从个人特征及家庭因素、宅基地及住房因素、个体主观认知因素、所处村庄因素四个方面构建指标体系，结合实地调查数据，应用有序 B-Logistic 模型进行显著性检验分析；基于以上分析，构建农民宅基地退出增值收益分享机制。

## 第三节　思路、方法与数据

### 一、研究思路

第一步：选择实证研究区域。本书选择宅基地退出的改革试点与宅基地退出利用典型区作为实证研究区域，并采用参与式农村评估（participatory rural appraisal，PRA）法、CVM 法、文献资料收集法等，收集本研究所需的数据及实证资料（图 1-2）。

第二步：在收集必要资料的基础上，构建宅基地退出增值的一般分析框架，并结合具体实证案例，运用 B-Logistic 模型，分析影响宅基地退出后增值的一般因素，并定性探讨各个因素影响退地增值收益的机理。

第三步：基于 CVM 核算宅基地的经济、社会价值市场与非市场价值，确定宅基地退出真实补偿标准；进而采用理论模型分析法、实证分析法、比较分析法分析宅基地退出中农民土地增值权益受损程度。

第四步：结合实地调查访谈资料，构建宅基地退出增值收益博弈研究假设、设定三方博弈模型变量、构建退地博弈树，利用博弈效益函数，模拟地方政府、集体和农民之间的博弈过程，并结合实地调查案例，进行博弈过程合理性检验。

第五步：构建理论分析框架与指标体系，定量分析农民宅基地退出意愿及其影响因素，并结合构建的退地增值收益分享总体思路，从完善宅基地退出补偿机制、收益分配机制、分配监督机制及其他配套机制等方面探讨农民分享宅基地退出增值收益的路径。

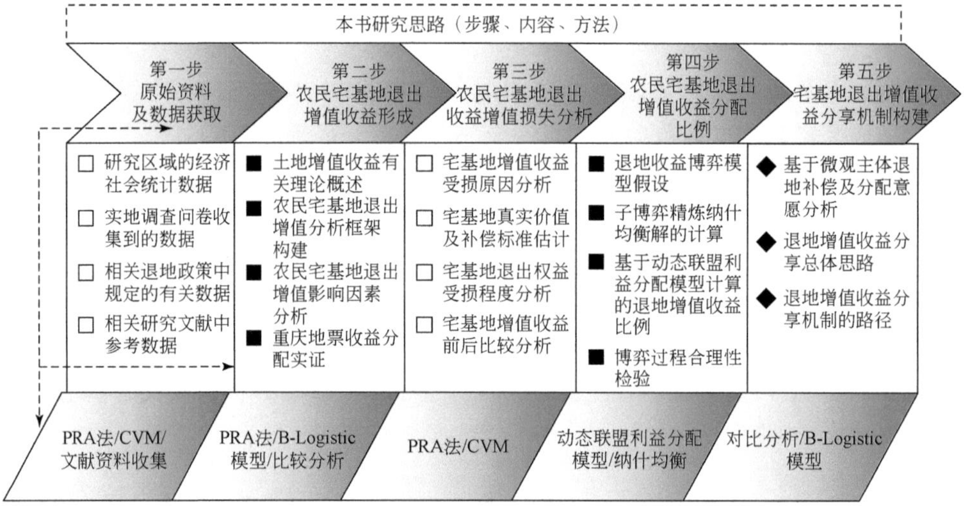


图 1-2　研究技术路线

## 二、研究方法

本研究拟采用的方法总体分为两类：第一类是调研方法，如 PRA 法与 CVM 法；第二类是研究方法，如定性与定量分析、比较分析、理论与实证分析等方法。

### （一）调研方法

1）PRA 法。PRA 法实施的核心是调查人员与被调查人员共同参与某一问题的调查，其中调查人员仅仅起到评价、分析、实施、监督和评估作用，以此使被调查人员易于接受。PRA 法不仅具有灵活性、发散性特点，还具有范围广、成本低、参与程度高、综合性等特点，是理想的农村经济社会调查方法。作者团队在村镇干部的带领下，采取村民小型会议及深入农户家庭等形式对农民进行随机抽样问卷调查与访谈，并就问卷有关问题进行共同评估。例如，预调查设定问题为“您对宅基地退出后住房预期如何?”，有“提高、不变、下降”3 个选项，建议受访农民参考当地“巴渝新村”建设情况与调查人员一起评估判断。

2）CVM。CVM 基于被调查人员的陈述偏好，设定虚拟的市场，征求被调查人员对某一公共物品的支付意愿（willingness to pay，WTP）金额或受偿意愿（willingness to accept，WTA）金额，据此评价资源的经济价值。针对 WTP 金额或 WTA 金额，被调查人员需要回答“是”或“否”。如果被调查人员对第一个问题回答“是”，那么将被问及一个更高的投标值；如果被调查人员对第一个问题回答“否”，那么将被问及一个更低的投标值，以此获取受访者最高或者最低支付意愿。例如，本书调查中设定问题①：秦巴山重庆片区是连片特困地区，当前本区域农村宅基地利用存在闲置废弃、面积超标、一户多宅等问题，增加了耕地保护的压力，制约了城镇化的发展，而实施宅基地退出复垦与“指标”交易既是解决上述问题的重要途径，也是增加农民财产性收入的重要手段。由于实施宅基地复垦涉及多方利益补偿，对贫困地区而言，推进该项工作面临较大的财政资金压力。为加快推进宅基地复垦工作，地方政府拟每月向您征收________元（或等价劳动），您是否同意?

A. 是　B. 否

如果问题①的答案为 A，则增加投标值；如果问题①的答案为 B，则减少投标值，同时追加问题②。

②________元，您是否同意?

A. 是　B. 否

## （二）定量研究方法

1）农民宅基地退出决策影响的定量分析方法。采用 B-Logistic 模型分析：设定农民宅基地退出收益是否增值为 0→1 型二分因变量。本部分 B-Logistic 模型回归一般表达式为“农民宅基地退出增值收益影响因素 = B-Logistic（个人特征及家庭因素、宅基地及其建筑物因素、生计及观念因素、政策因素）+随机扰动项”。

2）农民宅基地功能市场价值期权价格核算方法。采用 Black-Scholes 期权定价模型计算：

$$C=SN(d_1)-Ke^{-rt}N(d_2);\ P=Ke^{-rt}N(-d_2)-SN(-d_1);$$

$$d_1=\frac{\ln\ (S/K)\ +\ (r+0.5\sigma^2)\ t}{\sigma\sqrt{t}};\ \ d_2=d_1-\sigma\sqrt{t}$$

式中，$C$ 为看涨期权价格；$P$ 为看跌期权价格；$S$ 为当期股票市价；$K$ 为期权执行价格（约定价格）；$r$ 为无风险利率；$\sigma$ 为股票收益率标准差；$t$ 为期权到期的时间（用年表示）；$N(d_1)$ 、$N(d_2)$ 分别为 $d_1$、$d_2$ 的标准正态分布。

3）农民宅基地退出增值收益分配比例测定。采用动态联盟利益分配模型：设定 $V$ 为“联盟体”在宅基地复垦指标交易过程中获取的最终增值收益，各联盟成员（集体、农民）投资额为 $I_i$；成员 $i$ 所承担的风险（系数）为 $R_i$ [ $R_i\in(0,\ 1)$ ]，其是对成员 $i$ 所承担风险的评价，那么其联盟成员 $i$ 的收益为

$$v_i=V\left[\frac{R_i\times I_i}{\sum_{i=1}^{2}R_i\times I_i}\right]\quad i=1,\ 2 \tag{1-1}$$

进一步依据式（1-1），“联盟体”中各成员的增值收益分配比例为

$$\alpha_i=\frac{R_i\times I_i}{\sum_{i=1}^{2}R_i\times I_i}\quad i=1,\ 2 \tag{1-2}$$

因而确定农民宅基地退出增值收益分配比例的前提是确定“联盟体”各成员（集体、农民）的投资额（ $I_i$ ）和风险（系数）（ $R_i$ ）。

4）农民宅基地退出补偿与分配意愿影响因素的定量分析方法。采用 B-Logistic 模型分析：设定农民宅基地退出补偿分配意愿为因变量，且有“愿意”“不愿意”两个选择，本部分有序 B- Logistic 模型一般表达式为“农民宅基地退出补偿分配意愿=Logistic（个人特征及家庭因素、宅基地及住房因素、个体主观认知因素、所处村庄因素）+随机扰动项”。

### （三）比较分析法

本书比较分析法主要体现在三个方面：一是将书中研究成果与理论界已有的成果进行比较分析验证，如在进行宅基地非市场价值评估过程中，将结果与宅基地市场价值进行比较分析；二是将实证研究结果与地方政府出台的有关政策进行比较，如本书利用动态联盟利益分配模型进行重庆典型区县的农民宅基地退出增值收益分配比较关系测算，将结果与重庆市出台的《重庆市国土房管局关于完善地票价款分配的补充意见》和《重庆市国土房管局关于调整地票价款分配及拨付标准的通知》规定的分配比例进行对比分析；三是研究过程中不同实证区域进行比较，如测算地票收益分配农民收益问题及增值分配比例时，本书选择不同区位条件及经济发展水平的区县进行实证研究。

（四）理论与实证结合

本书在每个章节均力求内容的理论深度，同时结合具体实证进行理论验证。例如，在研究农民宅基地退出决策过程和农民增值收益分配比例及收益损失与模拟过程中，均基于微观经济学视角构建有关理论模型，同时结合实证研究进行理论的验证。

## 三、数据来源

（一）实地调查数据

通过理论分析，结合四川省、贵州省、浙江省、湖北省、安徽省等地调研发现，无论是嘉兴市的"分与换"举措、义乌市的"集地券"制度还是"宜城经验"、郑州市的"复垦券"、重庆市的地票交易制度，各地做法均是在"城乡建设用地增减挂钩"政策指引下，鼓励农民自愿有偿退出宅基地，进行建设用地指标空间转移及交易。此外，相应的宅基地退出补偿及增值收益分配措施也有明显的趋同性。鉴于此，本书选择较早在省级层面实施宅基地退出工作且较为典型的重庆市作为实证研究区域，调查研究地点涵盖经济发达、中等、欠发达区县，同时涵盖低山、丘陵、平坝等不同地貌形态的村落。

通过调查发现，渝东北、渝东南及都市区的农民宅基地退出及其补偿分配意愿存在较大差异。为全面客观研究不同区域经济发展水平、不同地貌类型下农民分享宅基地退出补偿及增值收益分配状况，2014 年 6 月至 2015 年 12 月，作者团队依据不同研究内容，分不同时段，深入重庆市 11 个区县的 24 个乡镇的 52 个行政村开展调查，整个调查回收有效问卷 1449 份，其中包括 559 份 CVM（农民、市民）问卷和 890 份农民问卷。调查问卷主要涉及重庆市永川区、铜梁区、潼南区①，渝东北的开县、巫山县、巫溪县、奉节县、城口县、云阳县，渝东南的黔江区、秀山县（表 1-1）。

**表 1-1　调查问卷分布及问卷**

| 区县（11 个） | 镇域（24 个） | 村域（52 个） | 普通问卷（890 份） | CVM 问卷（559 份） |
|---|---|---|---|---|
| 永川区 | 双石镇/陈食街道 | 大涧口村、响滩子村/瓦窑村、莲花塘村 | 111 | 0 |

① 2015 年 6 月 27 日，重庆市潼南区正式挂牌。

续表

| 区县（11个） | 镇域（24个） | 村域（52个） | 普通问卷（890份） | CVM问卷（559份） |
|---|---|---|---|---|
| 铜梁区 | 巴川街道/南城街道 | 玉皇村、盘龙村、大雁村/巴岳村、马滩村 | 119 | 0 |
| 潼南区 | 柏梓镇/塘坝镇 | 中渡村、水头村/金龟村、古家村 | 88 | 0 |
| 开县 | 谭家镇/温泉镇/大进镇 | 向家村、明水村/金龙村、双龙村、东平村/红旗村、云凤村、新元村 | 215 | 0 |
| 巫山县 | 庙宇镇/抱龙镇 | 长坪村、九台村/石花村、青坪村、大梁村 | 103 | 113 |
| 巫溪县 | 柏杨街道/城厢镇 | 新华社区、墨斗社区/双坪村、松柏村 | 0 | 112 |
| 奉节县 | 永安街道/公平镇 | 桂井村、白马村/长兴村、长寨村 | 0 | 110 |
| 城口县 | 复兴街道/岚天乡 | 友谊社区、大园村/岚溪村、红岸村 | 0 | 115 |
| 云阳县 | 双江街道/南溪镇 | 稻场社区、天宫村/南阳村、牛坪村 | 0 | 109 |
| 黔江区 | 阿蓬江/水田乡 | 柒坨村、石河村/龙桥村、大塘村 | 107 | 0 |
| 秀山县 | 溪口镇/清溪场镇/官庄镇 | 中和村、草果村/两河村、溪西村/鸳鸯村、观音村 | 147 | 0 |

详细调查方式、调查过程和具体调查区县详见各章节内容。此外，本书在数据应用过程中，各章节依据具体研究内容选择不同区域的调查样本数据进行实证分析与统计，具体问卷内容详见附录。

### （二）权威统计数据

本书在相关章节实证分析与计算中的经济社会发展统计数据，主要来自各年份的统计年鉴数据，如《中国统计年鉴》《中国农村统计年鉴》《中国农村住户调查年鉴》《重庆统计年鉴》《重庆渝北统计年鉴》《重庆永川统计年鉴》等。此外还涉及相关部门和地方政府统计公报权威数据，如重庆市合川区、永川区、开县、秀山县、渝北区等区县的统计公报及其政府工作报告等，还包括重庆农村土地交易所与重庆市人民政府金融工作办公室的社会公布数据。

（三）空间信息数据

本书研究中还涉及一些固定比例尺的土地利用空间数据库数据，如近几年的重庆市土地利用数据（shapefile，geodatabase 1∶10 000），以此获取不同区县的宅基地面积及其变更状况。在问卷调查分布图制作过程中还涉及重庆市数字高程模型（digital elevation model，DEM）数据（90m），同时在具体复垦区域选点、定位过程中还用到经大气、辐射、几何校正与镶嵌处理的TM遥感影像和无人机摄影图片。

# 第二章　研究进展与评述

宅基地退出增值收益研究是土地增值收益理论体系的重要组成部分。本章首先综述征地土地增值收益分配的理论、方法与研究内容，为研究宅基地退出增值收益提供借鉴；其次鉴于宅基地退出增值收益分配问题与宅基地退出补偿息息相关，对宅基地退出补偿研究进展进行综述；最后对已有的宅基地退出增值收益分配的研究成果进行综述。以期在借鉴已有的研究方法与理论体系的同时，发现相关研究的不足，并在本书研究中加以改进。

## 第一节　征地土地增值收益分配研究

理论界围绕征地土地增值收益分配研究已经产生了大量优秀成果，梳理有关成果不难发现，现有的征地土地增值收益分配研究主要集中于土地增值机理、土地增值收益分配理论、土地增值收益分配实证、土地增值收益分配方法和不同视角的土地增值收益分配五个方面。

### 一、有关土地增值机理的研究

对土地增值的形成原因，不同的学者有不同的认识与理解。周诚（1994）将土地增值分为投资性增值、供求性增值及用途性增值。其中，投资性增值是通过对土地追加直接或间接劳动价值量（投入）而形成的增值；供求性增值是土地作为一般商品，因其资源的稀缺性，供不应求，而由市场供求机制而形成的增值；用途性增值则是在投资及供求一定的前提下，土地用途由低收益用途转为高收益用途而引起的土地增值。马贤磊和曲福田（2006）将土地增值归因于土地自然增值与价格扭曲。土地自然增值是农用地与建设用地价值差；而价格扭曲是由市场失灵与政府失灵两种结果导致的价格上涨，即“不完全补偿”引起的增值。邓宏乾（2008）认为土地增值是由生产性因素与非生产性因素引起的。生产性因素主要是对土地追加的劳动、资本等要素；而非生产性因素主要是土地的稀缺性、土地用途调整、利率、政策性等要素。高雅（2010）认为土地增值是劳动力、技术、资金、管理等要素投入的结果。已有文献对土地增值成因的探讨均建立在周诚（1994）的研究基础上，即认为我国征地中土地增值形成过程主要受投资、供求、用途、补偿四个方面的影响，本书中宅基地退出形成的土地增值也受这四个方面的影响。

## 二、有关土地增值收益分配的理论研究

对土地增值收益分配，当前形成了几种观点：一是“涨价归公”论，代表性人物有美国经济学家 Henry George、英国经济学家 John Mill 等。乔治认为任何情况下土地增值都不是占有土地的个人创造的，而是由社会发展创造的。二是“涨价归私”论，代表性人物有 Alston，Dennis，蔡继明等。Alston 认为产权影响农民投资土地的积极性，因而由投资引起的土地增值应当归农民所有。三是“公私兼顾”论，代表性人物有周诚、周其仁、常进雄等。周诚（1994）认为，通常来讲，投资性增值（人工增值）收益应当归土地所有者所有，自然增值收益应当归国有或全社会所有，但这种做法显然不利于调动土地经营者或开发者的积极性。围绕上述三种观点，当前理论界依据土地增值机理进行了更为深入的研究，总体认为不同增值机理的增值收益分配应有所差别。底亚玲等（2006）认为土地自然增值应当归全社会所有，土地投资性增值应当归土地使用者或经营者所有，土地辐射性增值虽然是国家直接参与的结果，但其基建资金来源于农民，因而这部分投资增值应分配给农民集体，对由土地用途改变而引起的增值应当属于政府，而对征地补偿偏低的增值，这部分分配应兼顾农民。张俊和于海燕（2008）在分析美国、英国及我国台湾地区土地增值收益的基础上，总结出其土地增值收益分配的规律，他们认为国家和地区的城市土地的自然增值要回收归于全社会所有，在分配过程中应当以市场为基础，寻求分配公平及多样化，在分配过程中他们还认为应当注重分配过程中的公众监督，减少寻租行为。张俊（2008）在研究了美国的土地价值捕获制度之后，认为美国的土地私有制决定了土地增值收益分配应当归私人业主所有，同时他还认为将土地增值收益部分或全部收归公共部门是一种社会需要。姜开勤（2004）在分析我国土地增值机理之后，认为土地投资性增值收益应按照“谁投资，谁收益”的原则进行分配，农民或集体在初期投资引起的土地增值，在征地过程中应予以补偿；而对由用途性质引起的增值及自然增值，他认为应当归国家所有；对由不完全补偿引起的土地增值，应当归农民或集体所有。

## 三、有关土地增值收益分配的实证研究

在征地过程中各地围绕土地增值收益分配，形成了不同的政策规定，对此理

论界结合各地具体实践产生了很多优秀成果。王小映等（2006）基于昆山市、桐城市、新都区三地的抽样调查，对征地中的征地补偿、初次土地增值收益和二次土地增值收益进行了实证分析，结果表明征地补偿标准偏低，土地增值主要由县、市两级政府所获得且收益过大。陈莹等（2009）通过对武汉市征地过程中土地增值收益进行研究，认为土地市场规范与政府职能完善，能够消除市场与政府失灵而导致的土地增值扭曲问题。邵绘春（2010）基于南京郊区实证，研究城市化进程中农民土地权益变化，认为农民自身特征、地方政府行为及当前土地产权制度安排是造成农民土地权益受损的主要原因；另外，在集体建设用地流转过程中，农民因失去话语权与监督权而不能获得全部的或更多的农地非农化转用及流转增值收益。诸培新和唐鹏（2013）基于江苏省的实证，研究了农地征收与供应中的土地增值收益分配问题，结果表明尽管国家不断地提升农民在土地增值收益分配中的比例，但农民获得的比例依然较低，而地方政府占有绝大部分收益，原因是现有征地补偿以一次性补偿为主，不注重农民发展权的补偿。李元珍和杜园园（2013）基于成都市大英村调查，认为新集体主义是解决当前农村土地增值收益分配的新机制。孙乐（2013）基于杭州市萧山区实证，应用系统动力学模型模拟了三种农地增值收益分配方式（“一次性现金补偿”“一次性现金补偿+保障”“一次性现金补偿+股份”），结果表明“一次性现金补偿”方式使失地农民权益受到损害的程度最大，土地入股分红能够最有效地均衡分配主体之间的比例关系，同时最能够调动农民生产的积极性。

## 四、有关土地增值收益分配方法的研究

理论界对土地增值收益分配的方法多数是基于各地政策规定的定性阐述，也有部分研究对政策规定的收益分配比例提出质疑，继而结合定量模型，测定各利益主体之间的分配比例关系。

杜葵和李伟（2002）基于技术经济中现金流与折现率等方法，分析了城镇土地增值原因，从理论上提出了城镇土地增值收益分配调节的计算模型：

$$V_{增} = V_2 - V_1 - V_3$$

$$V_1 = \frac{A}{r_d}\left[1 - \frac{1}{(1 + r_d)}\right];\ V_2 = A\left[\frac{1 - (1 + S)^n}{(r_d - S)(1 + r_d)}\right];\ V_3 = \frac{R}{r}\left[1 - \frac{1}{(1 + r)^n}\right]$$

式中，$V_1$、$V_2$ 为土地出让金；$V_3$ 为土地改良投入的现值；$A$ 为地租；$r_d$ 为土地还原利率；$R$ 为单位面积土地年改良投入；$r$ 为土地改良投资的投资利用率；$S$ 为地租年增长比例。

陈莹等（2009）基于 CVM 测算了武汉市征地过程中土地增值收益问题，他们认为武汉市各区域的土地增值及分配差异明显，主城区的土地增值额、自然增

值额和人工增值额均高于近郊区。彭开丽和张安录（2008）运用阿特金森指数 $[W(x)=n^{-1}\sum_{i=1}^{n}U(x_i)]$ 和社会福利指数 $\{w(x)=\bar{x}[1-G(x)]\}$，以武汉市为实证，研究土地征收中增值收益分配问题，表明武汉征地收益分配的不平等程度呈现波动变化趋势。苑韶峰等（2012）基于物元模型，结合慈溪市实证，分析了农地非农化过程中土地增值收益分配问题，其设定的物元模型论域为

$$R_{0j}=(N_{0j}\ c_i\ x_{0j\ i})=\begin{bmatrix} N_{0j} & c_1 & x_{0j1} \\ & c_2 & x_{0j2} \\ & \vdots & \vdots \\ & c_n & x_{0ji} \end{bmatrix}$$

式中，$N_{0j}$ 为土地增值收益的第 $j$ 类收益；$c_i$ 为收益类别 $N_{0j}$ 的第 $i$ 个特征值；$x_{0ji}$ 为土地增值收益的第 $j$ 类收益关于 $C_i$ 特征值；结果表明，土地增值收益中农民获得组分较少，地方政府和用地单位是最大受益者。

谭术魁等（2015）基于期权模型，探讨二次开发中政府分享土地增值收益的测算方法。结果表明，历史房产价值及土地开发动态风险是影响政府分享土地增值收益的重要因素，同时土地二次开发后的土地规划用途是影响政府分享土地增值水平的重要因素。

## 五、有关不同视角的土地增值收益分配的研究

对土地增值收益分配的研究，理论界从多视角透视当前征地过程中土地增值收益分配问题，以此评判当前土地增值收益分配存在的问题，并提出完善土地增值收益分配的具有针对性的建议。许恒周（2005）从农地发展权的视角，探讨了农地发展权的设立对征地过程中保障农民利益产生的影响，认为设立集体土地发展权和开展集体土地入市是保障农民征地土地权利的重要途径。王永慧和严金明（2007）则以北京市海淀北部地区为例，对农地发展权进行了界定、细分与量化，并将农地发展权细分为基本发展权、实体发展权和虚拟发展权，它们的关系分别为基础、主体与延伸的关系，在具体分配过程中，应充分考虑基本发展权、实体发展权、虚拟发展权的价值的差异。底亚玲等（2006）则基于产权视角分析了我国征地制度现状、农地产权现状、农地价格构成和土地被征收后增值空间来源，认为自然增值应当归全社会所有，土地投资性增值收益应当归土地使用者或经营者所有，土地用途改变增值收益应当归政府所有。张广辉和魏建（2013）认为土地产权并非影响土地增值收益分配格局的关键要素，在现有的土地产权制度下，为提高失地农民所获利益份额提供法律层面的支持和加强政府的法律执行力度才

是重点。高雅（2010）基于要素投入视角，重新界定土地增值，提出农用地转用中的土地增值分配应按照按劳分配与按生产要素分配相结合的原则进行，同时认为劳动、土地、资金、技术、管理等要素是土地增值收益产生的原因，且各种要素应在平等的基础上进行合理分配。朱一中等（2013）基于土地租税费的视角，分析了土地增值收益分配，认为在土地增值收益初次分配中农民获得绝对地租和级差地租Ⅰ，开发商获得级差地租Ⅱ，政府则退出土地经营，转向土地税收的形式，在二次分配中实现土地增值的回收。

## 六、征地土地增值收益分配的研究评述

本书从征地土地增值机理、土地增值收益分配理论、土地增值收益分配实证、土地增值收益分配方法和不同视角的增值收益分配五个方面，对土地增值收益进行综述。纵观有关研究发现，相关研究存在以下不足：一是土地增值收益分配各利益主体界定不清。多数研究将土地增值收益分配的利益相关方，仅仅界定为地方政府与农民或农户，忽略了集体经济组织与开发商在土地增值收益分配中的利益诉求，这不利于形成完善的土地增值收益分配格局，无法充分体现兼顾国家、集体、个人的土地增值收益分配机制的要求。二是相关研究没有准确地界定在土地增值收益分配中农民或农户的损失状况。由于相关研究中较少提到农民承包地的真实的价值，更没有对农地或宅基地真实价值进行核算与分配比例的确定，没有准确地测算在征地土地增值收益分配中，农民或农户价值的损失状况，也就无法真正确定合理的分配格局与补偿标准。三是土地增值收益分配的研究区域不够全面。现有研究土地增值收益仅限于城市边缘区，没有涉及相对偏远地区及镇域的土地增值收益研究；事实上偏远地区及镇域同样存在土地增值收益分配不合理等问题，而对这类地区的征收后的土地增值收益，由于其增值的幅度不大，同时缺乏有效的监督机制，此类区域的土地增值收益分配很可能与城市边缘区域存在较大差异。因而通过开展相对偏远地区及镇域土地增值收益分配的研究能够完善土地增值收益分配研究的理论体系。四是理论规范研究、动态性研究和深入实证研究偏少。相关研究更多的是进行单纯的理论或者单纯的实证研究，而将规范理论与实证分析两者结合的研究成果偏少。在模型构建过程中，相关研究多构建静态经济分析模型，并未考虑土地增值是随时间不断变化的动态过程，同时相应补偿也应该具有弹性，缺乏考虑农地或宅基地功能所具有的期权价值，也就无法准确地界定土地增值收益分配中利益相关方的比例。

## 七、征地土地增值收益分配对宅基地退出增值收益分配的指导意义

当前征地土地增值收益分配已经形成较为完备的理论体系，包括成熟的研究方法、完备的研究内容，而宅基地退出增值收益分配补偿的方法及内容，目前还存在诸多不足，特别是研究方法及有关补偿标准均需要进一步参考征地土地增值收益分配的有关成果加以完善，如在征地土地增值收益分配中，动态联盟利益分配模型已经被广泛应用于有关利益分配比例确定中，本书首次将其应用于确定宅基地退出增值收益比例，既可以拓展模型应用的范围，又可以创新宅基地退出增值收益分配比例确定的方法体系。此外诸如征地利益分配主体的确定过程中农民、集体与地方政府之间的博弈，同样可以被应用于分析宅基地退出中各利益主体的利益博弈过程。

# 第二节　宅基地退出补偿研究

农民不仅是“经济人”，更是社会“理性人”，其退出宅基地并非将追求最大经济补偿作为唯一目的，同时更加关注生计、社会、福利的最大化。当前理论界围绕宅基地退出补偿有关研究主要集中于宅基地退出补偿机制构建定性研究、农户视角的宅基地退出补偿定量研究及宅基地退出中价值核算研究三个方面。

## 一、有关宅基地退出补偿机制构建定性研究

理论界围绕宅基地退出补偿机制，从切实保障退地农民权益出发，结合我国国情及现有法律规范与本地区实际，定性阐述宅基地退出补偿机制构建思路及路径。欧阳安蛟等（2009）应用综合分析法与文献综述法，探讨了宅基地退出补偿机制，认为当前应重点建立农村宅基地收回补偿制度、健全多元化的农村住房保障体系、实施农村宅基地有偿使用制度。滕亚为（2011）认为重庆市户改退地设计存在的补偿标准不一、补偿偏低、补偿缺乏弹性等问题是影响农民宅基地退出的主要障碍因素，应从建立协调补偿机制，规定最低保护价等方面加以完善。傅介平（2012）认为建立以激励机制和补偿机制为核心的宅基地退出机制是促进节约集约用地，优化城乡建设用地布局，实现耕地总量动态平衡的重要途径。徐小峰（2012）以湖北省鄂州市为例，研究了城乡建设用地增减挂钩区农村宅基地退出补偿机制，认为应从退地补偿的目的、原则、主体、方式、内容、标准、资金管理等方面考虑，综合设计一套涵盖土地规划、住房保障、户籍改革、农村服务

组织、宅基地收购储备等方面的宅基退出补偿机制。程春丽（2014）研究了宅基地退出补偿中涉及的宅基地产权与市场、补偿与规划、地方政府角色和收益分配等方面内容，提出了完善农房宅基地评估机制，综合运用现金补偿、实物补偿、修建补偿等多体系补偿措施，以规划为推力，建立多渠道的补偿机制等对策建议。黄璐水等（2014）采用实地调查法、问卷调查法，基于贵州省的宅基地退出状况，探讨了农村宅基地退出实践中的困难及障碍因素，认为宅基地退出补偿偏低、分配不合理是影响宅基地退出的主要障碍因素。成生权等（2013）基于陕西省“退宅还耕，退宅还林”调查，选择非合作的博弈模型，建立了农村宅基地退出中政府与农民博弈模型，定量探讨了农村宅基地退出补偿机制，认为宅基地退出补偿政策的制定应重点考虑土地留置税是否使用、补偿标准是否符合当地农民经济情况、政策执行力度是否到位及农民进城后收入是否能满足生活条件四个方面的内容。罗亚海（2015）基于公共政策理论分析了农村宅基地退出补偿机制，认为宅基地退出制度的构建需要进行深层次的规则设计，在尊重宅基地权益主体的基础上，应建立合理的利益补偿机制和正当的退出程序。梁发超和袁立虎（2014）以土地发展权理论为指导，采用系统分析、对比分析和演绎归纳等方法，在土地增值收益合理分配的基础上构建了农村宅基地退出补偿机制。

## 二、有关农户视角的宅基地退出补偿定量研究

当前理论界有关农户视角的宅基地退出补偿定量研究，主要分为两大类：一是基于农户视角的宅基地退出补偿意愿的定量研究，二是基于农户视角的宅基地退出补偿机制的定量分析。

### （一）基于农户视角的宅基地退出补偿意愿的定量研究

#### 1. 农户退地现金补偿意愿定量分析

许恒周（2012）基于 CVM 和 Tobit 计量模型，以山东省临清市为实证，对宅基地退出现金补偿意愿进行分析，结果表明，山东省临清市农户退出宅基地的平均受偿意愿为 704.22 元/$m^2$，其中对退地农户补偿意愿有显著正向影响的因素主要包括年龄、外出务工年限、家庭农业收入占比、家庭供养系数等，对其有显著负向影响的因素主要包括是否参加新型农村合作医疗或其他保险、区位变量、非农就业稳定性变量等。胡银根和张曼（2013）基于武汉市城市圈的问卷调查，应用相关分析法，开展农户宅基地退出的现金补偿意愿及影响因素的研究，结果表明，农户对现金补偿意愿存在差异，而农户的宅基地退出意愿、农业收入比例、宅基地产权认知和地区因素对宅基地退出的补偿意愿影响较为显著。彭长生

(2013) 基于安徽省的农户调查数据，运用二元 Logistic 回归模型，分析了退地农户货币化补偿意愿及其影响因素，结果表明，有 24% 的农民愿意选择货币化补偿模式，空间流动、户主年龄、户主学历是否为高中及以上、家庭人口数、子女中是否有男孩等因素对货币化补偿模式选择意愿有显著的负向影响；而非农就业、家庭年收入和是否在城镇中拥有住房及是否参加新型农村养老保险等因素则对货币化补偿模式选择意愿有显著的正向影响。

**2. 农户退地安置补偿意愿定量分析**

彭长生 (2013) 认为农民类型分异导致农民对宅基地的功能诉求产生差异，进而对其宅基地退出中的补偿模式选择意愿产生重要影响，农民在宅基地的居住和养老等方面的保障功能诉求越强烈，其选择住房安置的意愿也就越强烈，基于安徽省的调查发现，超过 60% 的农户选择以安置补偿为主的非货币补偿；理论上农民子女数量、农民年龄、农民非农职业、农村医保水平等因素对农民选择以安置补偿为主的非货币补偿，产生正向或负向的影响。彭长生 (2014) 基于安徽省 6 县 444 户农户的问卷调查，应用二元 Logistic 模型定量分析了欠发达地区农村宅基地退出安置模式选择及影响因素，结果表明，60% 的农民选择新型农民社区安置点，仅有 12.4% 的农民选择集镇集中安置点，且对农民安置补偿意愿产生正向影响的因素包括户主的健康状况、家庭承包地数量、是否在城镇中拥有住房、参加农村居民养老保险和村庄与镇政府的距离等；对农民安置补偿意愿产生负向影响的因素包括户主的年龄、就业地点、非农就业、收入分化等。

### (二) 基于农户视角的宅基地退出补偿机制的定量分析

毕影 (2014) 基于农户分层视角与陕西省杨凌区的实证，运用 B-Logistic 模型分析了影响各阶层农户退出宅基地意愿的因素，在此基础上，确定各层农户退地补偿标准、补偿形式、补偿资金的管理方式，并设计出适合陕西省不同分层农户的农村宅基地退出补偿机制，结果表明，对地处发达区域及城郊的中等收入以上的农户 (家庭人均收入超过 1 万元)，比较适合 “两分两换” 模式、宅基地换房模式、“双交换” 模式及整体搬迁模式。对家庭人均收入低于 1 万元的低收入农户，比较适合社区化和异地改造两种模式。对影响不同层次农户退地的因素，各个层次农户存在较大差异，具体来看，赡养老人数、人均耕地规模、打工地点、在县城 (市内) 有没有住房、补偿标准、社会交往情况等因素对不同层次农户退地意愿有显著影响。因而要针对性地综合设计退地补偿措施，以此保障农户的宅基地退出合法收益。成生权等 (2013) 基于国家有关宅基地退出政策，以陕西省为例，采用非合作博弈均衡进行政府与农民之间的博弈分析，结果表明，宅基地退出补偿机制构建中，应重点考虑土地留置税是否使用、补偿标准、农民经济状况与政策执行力这方面问题。

## 三、有关宅基地退出中价值核算研究

当前各地宅基地补偿标准偏低，是影响农民宅基地退出积极性的重要因素。通过核算农民宅基地退出真实补偿价值，能够有效地保障退地农民的合法土地增值收益。胡银根等（2013）以商丘市为例，基于综合分析法、模型测算法、实证分析法，在合理确定宅基地真实功能基础上，定量核算宅基地真实补偿价值，结果表明，商丘市偏远地区宅基地在不考虑期权价值的情况下为 317.597 元/m$^2$，不确定性条件下的宅基地期权价值是确定条件下的 1.592～5.405 倍，同时该条件下的期权价值占总价的 37.18%～81.5%，而这一比例还将随着期权价值不确定性的增加而增加。

孙维（2013）以成都市温江区为例，参考征地补偿标准，确定宅基地退出补偿机制，具体补偿标准测算公式为

$$V_{\text{退出}} = V_{\text{住房}} + V_{\text{宅基地}};\ V_{\text{住房}} = P_{\text{征地}} \times Q_{\text{住房}};\ V_{\text{宅基地}} = \text{土地增值比例} \times P_{\text{基准地价}} \times Q_{\text{宅基地}}$$

式中，$P$ 为征地补偿价格；$Q$ 为面积。

研究表明，宅基地上的房屋和构（附）着物的补偿标准，参考同区域国有建设用地价值后，可以参照当地征地补偿标准执行，前提是宅基地使用权价值的补偿必须以宅基地使用权价值为基础。

陈丽娜和尹奇（2013）在分析宅基地退出过程中宅基地价值演变机理基础上，通过建立理论分析框架，结合成都市温江区实证，探讨宅基地退出中兼顾效率与公平的补偿标准，结果表明，在完全竞争市场和买卖双方要价能力相等的条件下，宅基地退出将会产生的均衡的补偿价格为 $(P_{n1}^2 + P_{N-n1}^2)/2$，若农民获得此均衡价格将既有效率又兼顾公平，结合温江区实证来看，在改革现有产权上，建立城乡统一的建设用地市场，完善宅基地价值评估机制，能够实现退出补偿中的效率与公平问题。

## 四、宅基地退出补偿相关研究评述

宅基地退出补偿机制构建是农民分享宅基地退出增值收益的重要内容，从现有研究来看，对宅基地退出补偿机制的构建分析，相关研究尽管构建了较为宏观的补偿机制，但具体补偿缺乏可操作性，同时这些补偿机制缺乏对“城乡建设用地扩展边界外的传统农区”和“城乡建设用地扩展边界内”这两类宅基地补偿差异与模式的考虑；对农户宅基地退出补偿意愿部分，相关研究尽管搭建了指标

体系进行定量分析，但是指标体系搭建不够全面，不仅缺乏对不同区域安置或现金补偿差异性的考虑，而且缺乏对农民异质性及其宅基地退出补偿选择意愿差异性的研究；宅基地价值核算相关研究中，对宅基地具体功能考虑不够全面，缺乏对宅基地作为副业生产价值的考虑，同时宅基地退出补偿参考征地补偿标准的做法也值得商榷；另外，尽管相关研究对宅基地真实价值进行了核算，但没有进行宅基地理论价值与实际价值的比较，因而也就无法准确测算宅基地退出中农民的损失程度。

## 第三节　宅基地退出增值收益分配研究

宅基地退出后，经由地方政府复垦成为农村建设用地指标，此指标经“增减挂”，进入地方土地产权交易市场，通过充分市场竞争，形成了指标的增值收益。检索相关文献发现，现有宅基地退出增值收益的研究主要集中于宅基地置换增值收益分配、宅基地流转及退出中的增值收益分配、地票交易增值收益分配三方面的研究。

### 一、有关宅基地置换增值收益分配研究

刘正英和蒲春玲（2012）在“理性人”假设前提下，基于新疆伊宁市塔什科瑞克乡实地调研，构建地方政府-农牧民的宅基地置换决策模型，探讨宅基地置换中的增值收益分配问题，结合实地调研，测算宅基地置换过程中政府与农牧民分别获得的宅基地置换增值收益。

蒲方合（2009）通过对利益相关方（农民与政府）在宅基地使用权置换中的成本收益分析，认为宅基地置换过程中应注重利益平衡机制，在利益相关方中寻求各方利益平衡点。同时，对宅基地置换后土地集约利用问题，认为应在节余土地的发展权增值和宅基地复垦、耕地保护及原宅基地上的建筑资源充分利用之间进行利益平衡。

### 二、有关宅基地流转及退出中的增值收益分配研究

穆向丽和巩前文（2014）在城乡建设用地增减挂钩背景下，以天津市华明街道的“宅基地换房”为例，估算了该项目中农民宅基地的增值收益，结果表明拆旧区宅基地集约的土地，在占补平衡后，用于工业建设的增值收益远低于用于房地产的增值收益，并据此认为完全公开增减挂钩项目的相关信息，建立农民参

与土地增值收益分配机制等措施是增减挂钩中保障宅基地增值收益合理分配的重要途径。黄贻芳（2014）基于森的可行能力理论探讨了宅基地退出中农民权益变化问题，同时基于博弈论探讨了宅基地退出中农民权益受损的原因，结果认为，伴随着农民居住状况的改善，农民生活生产方式也发生了深刻变化，在此过程中农民的经济权益、社会权益、政治权益都不同程度地受损。同时她还认为宅基地使用权主体模糊、农村宅基地使用权权能受限、土地发展权制度缺失是造成农民权益受损的制度根源。刘玥汐（2013）通过对南京市金磁村和苏州市天福村两种宅基地流转模式进行对比分析，认为两种宅基地流转模式在宅基地增值收益方面均存在较大问题，主要是在补偿标准及分配比例方面；对此他认为“政府主导”导致流转过程中农民所分享到的收益完全由政府决定及在此过程中失地农民的长期利益没有得到重视等问题急需政府解决。郭世强等（2014）基于公平与效率视角，并结合重庆市的地票交易，天津市的“宅基地换房”及浙江省的“两换”模式，提出分别从社会、区域公平的角度和城镇化、工业化效率角度分析流转增值收益分配，并认为包括宅基地在内的集体建设用地流转增值收益分配应以市场的方式形成流转收益，以税收方式进行收益调节，再通过农业补贴实现利益均衡。赵亚莉（2009）应用微观经济学原理分析了宅基地流转增值的原理，构建理论模型，结合金坛市（现为金坛区）的实证，分别从新增和存量两个方面进行宅基地流转增值收益测算，在此基础上，进一步应用博弈论来模拟地方政府、集体及农民在宅基地流转中的博弈过程，通过分析认为“存量集体建设用地流转增值收益等于新增集体建设用地价格、农用地转用价格和原土地使用者开发投资现值之和”，在增值收益分配中，农民与集体参与分配的比例偏低。

## 三、有关地票交易增值收益分配研究

地票交易制度是我国城乡统筹发展中农村土地制度改革的一项重要探索，当前有关地票交易增值收益分配研究，主要集中在地票交易价格、地票交易增值收益分配问题、地票交易增值收益分配问题机理、地票交易收益分配满意度四方面。

### （一）地票交易价格研究

地票交易显然要涉及地票价格价值问题，苏康传（2012）认为地票价值至少包括资源价值、资本价值与发展权价值，并参考国有建设用地基准地价的确定方法测定了地票基准价格为 $P=V_1+V_2+V_3+V_4+V_5$，其中，$V_1$ 为复垦成本；$V_2$ 为宅基地上建筑构筑补偿费；$V_3$ 为农村建设用地发展权补偿价值；$V_4$ 为购房补贴；$V_5$

为地票生产购房成本。通过计算认为，重庆市地票基准价格为 235.6 万元/$hm^2$，这一结果与当前重庆市地票价格基本持平。张泽梅（2012）认为重庆市地票交易价格连续攀升的根本影响因素是地票用途、竞价累积效应、地票票面面积、拍卖方式和市场需求。

### （二）地票交易增值收益分配问题研究

按照重庆市有关规定，地票交易完成后，在扣除原宅基地复垦成本等费用后，剩余增值部分按照 15∶85 的比例分别再次返还给集体与农户，以实现对集体与农户的二次补偿。对地票交易后分配问题，学界对此也有些不同观点。刘朝旭和雷国平（2011）认为地票交易价格有助推房价抬升的可能，而地票交易中存在的“打包”方式，将部分小面积建设项目排除在外，容易出现交易不够活跃、竞价不够充分等问题。另外，在增值收益分配过程中缺少农民监督参与，不利于保障农民合法土地收益。杨庆媛和鲁春阳（2011）认为当前地票交易在地票基准价格测算及收益分配方面存在基准价格测算不合理、土地发展权和土地保障能力不公平等问题。黄美均和诸培新（2013）基于地票性质及功能的视角分析当前地票交易增值收益分配中存在的利益主体，特别是作为弱势群体的农民的土地权利保障问题，认为当前地票交易中“农户和乡镇企业作为使用权人，在集体土地权利实现上比作为所有权权利主体的农民集体获得了更大的利益，集体土地的所有权权能在经济上没有得到充分体现”。陈晓军等（2012）认为当前地票交易中，增值收益分配存在的问题主要是农民的复垦主体地位不高，补偿对宅基地复垦后住房保障考虑不足，对地票落地区征地农民权益保障不够充分及地票落地区与复垦区农民保障差异等问题。鲁春阳等（2010）认为当前地票交易收益分配中存在的主要问题是参与收益分配的主体不一致、收益分配缺乏理论依据、收益分配缺乏统一管理等。倪静（2011）认为各区县参与收益分配主体不一致、分配比例及格局差异大、收益分配缺乏统一管理、收益分配市场化程度较低及参与收益分配的农民缺乏社会保障是当前地票交易存在的主要问题。尤嫚（2012）认为地票交易指标的打包方式侵犯农民交易权、地票收益的合理分配机制缺失侵犯农民收益分配权，这是当前地票增值收益分配存在的主要问题。

### （三）地票交易增值收益分配问题机理分析

有关地票交易中，增值收益分配问题产生的机理，多数研究基于博弈论视角进行分析。孟卫东和熊欢（2015）基于个体农民、地方政府、中央政府和土地开发商等利益主体的博弈策略，分析了重庆地票收益分配的问题，认为地票交易制度的实施使各相关主体都获利实现了帕累托改进，但要达到帕累托最优还有很大的改进空间。谭新龙（2010）通过建立开发商与政府、农民与政府之间的利益博弈模型，分析地票交易增值收益分配产生的问题及原因，其研究认为地票交易实现了复垦农民、政府和开发商三方利益主体的帕累托改进，但忽略了退地农民的利益。当 $n \geqslant (\delta P-1)W/(1-P)r$ 时，村干部会选择合谋，并且地票交易中政府的无意创租给村干部创造了寻租机会，因而政府需要强化对村干部的监督。倪静（2011）在分析了地票收益分配存在的问题后，基于博弈论分析了农民、集体、企业、开发商及政府之间的纳什均衡问题，在此基础上，进一步分析了区域之间及城乡之间在地票产生、交易、分配等环节的利益博弈过程，结果表明，增值收益分配不仅涉及各利益主体，还涉及城乡与区域之间的利益博弈；在利益分配过程中大小利益集团可以形成“合谋”，以保障利益最大化。

### （四）地票交易收益分配满意度研究

上述对增值收分配存在的问题，学者普遍认为增值收益分配中农民主体地位缺失，导致农民参与收益分配中存在较大的土地权益损失。针对此状况，侯培等（2013）基于重庆市 7 个区县的调查，运用 Logistic 回归分析法，分析地票交易收益分配中农民满意度及其影响因素，通过研究发现，重庆市对地票交易收益分配不满意程度仅为 3.45%，就不同区域来看，重庆主城周边满意度最低，为 2.19%；其次，为渝东北地区，为 2.49%；最后，为渝东南地区最高，为 5.67%。就影响农民地票交易收益分配满意度的因素来看，对其有正向影响的因素包括家庭成员受教育程度、非农收入比例、参与复垦宅基地面积、地票交易价格、收益分配监管力度、收益使用公开度；对其有负向影响的因素包括有务工地点、复垦前后农民生活水平变化、复垦成本、地票“打包”规模与主要宣传方式。

## 四、宅基地退出增值收益分配相关研究评述

当前有关宅基地退出增值收益分配的成果还非常有限，主要是对重庆市地票收益分配问题的研究；相关研究同样多以地方政府资政的宏观视角提出完善地票收益分配的对策，较少从微观退地主体农民的视角研究宅基地退出增值收益分配分享问题，并对农民分配意愿考虑不够，缺乏理论构建；此外，相关研究缺乏对农民宅基地退出增值收益“隐性”损失的挖掘，没有厘清各利益主体之间行为过程及深层次原因，研究内容也缺乏系统性；在研究方法上多以定性分析为主，缺少理论模型与实证分析相结合的定量研究成果。

## 参考文献

毕影. 2014. 陕西农村宅基地退出补偿机制研究——基于农户分层视角 [D]. 西北农林科技大学.
陈丽娜, 尹奇. 2013. 宅基地退出：兼顾效率与公平的补偿标准 [J]. 中国人口·资源与环境, 23 (S2)：380-383.
陈晓军, 张孝成, 郑财贵, 等. 2012. 重庆地票制度风险评估研究 [J]. 中国人口·资源与环境, 22 (7)：156-161.
陈莹, 谭术魁, 张安录. 2009. 武汉市征地过程中的土地增值测算 [J]. 中国土地科学, 23 (12)：16-21.
成生权, 吴丽娜, 马增辉. 2013. 农村宅基地退出补偿机制的博弈论分析 [J]. 西安科技大学学报, 33 (4)：499-504.
程春丽. 2014. 农村宅基地退出补偿与利益机制构建探析 [J]. 农村经济, (1)：13-17.
邓宏乾. 2008. 土地增值收益分配机制：创新与改革 [J]. 华中师范大学学报（人文社会科学版), 47 (5)：42-49.
底亚玲, 郝晋珉, 朱道林. 2006. 基于产权的土地征收增值收益分配探讨 [J]. 农村经济, (12)：34-36.
杜葵, 李伟. 2002. 城镇土地增值收益计算模式研究 [J]. 昆明理工大学学报（理工版), 27 (3)：106-108, 111.
傅介平. 2012. 宅基地退出机制解析——以江苏省为例 [J]. 中国土地, (12)：32-36.
高雅. 2010. 从要素角度论农转非土地增值收益分配 [J]. 前沿, (10)：76-78.
郭世强, 罗崇亮, 游斌. 2014. 农村集体建设用地流转收益分配研究——基于公平与效率视角 [J]. 中国房地产, (6)：22-29.
侯培, 杨庆媛, 宁涛, 等. 2013. 地票收益分配满意度影响因素——基于重庆市 7 区县的实证调研 [J]. 国土资源科技管理, 30 (5)：82-88.
胡银根, 张曼, 魏西云, 等. 2013. 农村宅基地退出的补偿测算——以商丘市农村地区为例 [J]. 中国土地科学, 27 (3)：29-35.
胡银根, 张曼. 2013. 农民工宅基地退出的补偿意愿及影响因素研究——基于武汉市城市圈的问卷调查 [J]. 华中农业大学学报（社会科学版), (4)：90-95.
黄璐水, 罗海波, 钟锋. 2014. 贵州省农村宅基地退出的障碍因素调研与对策建议 [J]. 中国农业资源与区划, 35 (4)：94-99.
黄美均, 诸培新. 2013. 完善重庆地票制度的思考 [J]. 中国土地科学, 27 (6)：48-52.
黄贻芳. 2014. 农村宅基地退出中农民权益保护问题研究——以城乡建设用地增减挂钩政策为背景 [D]. 华中农业大学博士学位论文.
姜开勤. 2004. 征用土地增值收益分配分析 [J]. 农业经济, (10)：14-16.
李元珍, 杜园园. 2013. 新集体主义：土地增值收益分配的新机制——以成都市大英村调查为基础 [J]. 贵州社会科学, (4)：113-118.
梁发超, 袁立虎. 2014. 土地发展权视角下农村宅基地退出机制的构建 [J]. 资源开发与市场，30（6）：722-726.
刘朝旭，雷国平. 2011. 重庆地票制度施行中存在的问题与对策［J］. 西部论坛，21（1）：32-36，89.
刘玥汐. 2013. 农村宅基地流转过程中的土地增值收益分配机制研究［J］. 吉林农业，（11）：10.
刘正英，蒲春玲. 2012. 城镇化进程中宅基地置换增值收益分配探讨——以伊宁市塔什科瑞克乡为例［J］. 科技和产业，12（3）：117-120.
鲁春阳，文枫，杨庆媛. 2010. “地票”收益如何分配［J］. 中国土地，（7）：45-46.
马贤磊，曲福田. 2006. 经济转型期土地征收增值收益形成机理及其分配［J］. 中国土地科学，20（5）：2-6，12.
孟卫东，熊欢. 2015. 基于博弈论的重庆地票价格与收益分配问题研究［J］. 生态经济，31（4）：20-23.
穆向丽，巩前文. 2014. 城乡建设用地增减挂钩中农民宅基地增值收益形成及估算［J］. 华中农业大学学报（社会科学版），（3）：110-116.
倪静. 2011. 重庆市地票交易收益分配问题研究［D］. 西南大学硕士学位论文.
欧阳安蛟，蔡锋铭，陈立定. 2009. 农村宅基地退出机制建立探讨［J］. 中国土地科学，23（10）：26-30.
彭长生. 2013. 农民分化对农村宅基地退出的补偿模式选择的影响分析［J］. 经济社会体制比较，（6）：133-146.
彭长生. 2014. 欠发达地区农村宅基地退出安置模式选择及影响因素分析［J］. 财贸研究，25（3）：41-48.
彭开丽，张安录. 2008. 农地城市流转中土地增值收益分配不公平的度量——方法与案例［J］. 价值工程，31（31）：1-4.
蒲方合. 2009. 宅基地使用权置换中的利益平衡机制研究［J］. 经济体制改革，（4）：92-96.
邵绘春. 2010. 城市化进程中农民土地权益变化研究——以南京市郊区农户为例［D］. 南京农业大学博士学位论文.
苏康传. 2012. 重庆地票基准价格测算研究［D］. 西南大学硕士学位论文.
孙乐. 2013. 农地增值收益分配及政策仿真研究——基于系统动力学模型的杭州市萧山区实证分析［D］. 浙江工商大学硕士学位论文.
孙维. 2013. 农村宅基地退出补偿标准测算——以成都市温江区为例［D］. 四川农业大学硕士学位论文.
谭术魁，张路，王斯亮，等. 2015. 土地二次开发中政府分享土地增值收益研究［J］. 资源科学，37（3）：436-441.
谭新龙. 2010. 地票交易中各利益主体博弈的经济学分析［J］. 改革与战略，26（3）：91-93，141.
滕亚为. 2011. 户籍改革中农村土地退出补偿机制研究——以重庆市为例［J］. 国家行政学院学报，（4）：101-105.
王小映，贺明玉，高永. 2006. 我国农地转用中的土地收益分配实证研究——基于昆山、桐城、新都三地的抽样调查［J］. 管理世界，(5)：88-95.
王永慧，严金明. 2007. 农地发展权界定、细分与量化研究——以北京市海淀区北部地区为例［J］. 中国土地科学，21（2）：25-30.
徐小峰. 2012. 城乡建设用地增减挂钩区农村宅基地退出补偿研究——以湖北省鄂州市为例［D］. 华中农业大学硕士学位论文.
许恒周. 2005. 农地发展权的设立与土地征用制度改革［J］. 广东土地科学，4（3）：26-30.
许恒周. 2012. 基于农户受偿意愿的宅基地退出补偿及影响因素分析——以山东省临清市为例［J］. 中国土地科学，26（10）：75-81.
杨庆媛，鲁春阳. 2011. 重庆地票制度的功能及问题探析［J］. 中国行政管理，(12)：68-71.
尤嫚. 2012. 基于农民权利保护的地票交易制度研究［D］. 南京农业大学硕士学位论文.
苑韶峰，杨丽霞，施伟伟，等. 2012. 农地非农化过程中土地增值收益分配的物元模型分析［J］. 上海国土资源，33（4）：17-20.
张广辉，魏建. 2013. 土地产权、政府行为与土地增值收益分配［J］. 广东社会科学，(1)：45-52.
张俊，于海燕. 2008. 国内外城市土地增值收益分配制度的比较与借鉴［J］. 价格月刊，(3)：66-68.
张俊. 2008. 美国土地价值捕获制度借鉴［J］. 中国土地，(1)：58-62.
张泽梅. 2012. 重庆地票交易价格问题研究［J］. 社会科学研究，(6)：30-32.
赵亚莉. 2009. 集体建设用地流转增值收益及其分配研究［D］. 南京农业大学硕士学位论文.
周诚. 1994. 论土地增值及其政策取向［J］. 经济研究，(11)：50-57.
朱一中，曹裕，严诗露. 2013. 基于土地租税费的土地增值收益分配研究［J］. 经济地理，33（11）：142-148.
诸培新，唐鹏. 2013. 农地征收与供应中的土地增值收益分配机制创新——基于江苏省的实证分析［J］. 南京农业大学学报（社会科学版），13（1）：66-72.

# 第三章 理论框架

农民宅基地退出决策与其退地预期收益、风险规避能力及策略息息相关。退地增值收益分配涉及众多利益关系调整，更是利益博弈过程，因而本章从预期理论、博弈论、土地产权及功能论等方面探索农民分享宅基地退出增值收益的理论体系。

## 第一节 预期理论

### 一、理论概述

“预期”是行为学中重要的概念与理论基础，一般认为是行为人从事某项活动或者决策之前，对其行为后果与结果的估计与判断，也包括在此基础上采取必要的策略而达到的目标。因而预期结果的准确与否直接决定目标是否实现。农民或农户同样是理性经济人，其生计、生产决策同样是追求决策效益的最大化，因而必须对与其相关的经济社会变量进行预测与估计并及时思考应对策略，才能避免决策损失，并使决策风险决策最小化，进一步避免可能造成的经济损失或错过盈利的机会。预期理论总体分为静态预期、外推型预期、适应性预期、理性预期四个部分。

**1. 静态预期**

静态预期是以蛛网模型理论为基础而建立的，具体指按照过去已经发生过的类似经济行为类比、估计、判断未来的经济行为。其一般表达式为 $p_t^* = p_{t-1}$ ，这种预期是一种以过去的事实作为当期预期唯一参考信息的简单预期形式。其缺陷也非常明显，就是个体行为决策受到经济社会等重要因素影响，其结果因人、因地、因事而异；此外，以前一期的结果或后果作为当期结果预期的唯一参照，形式过于简单。

**2. 外推型预期**

鉴于静态预期固有的缺陷，Metzler（1941）引入外推型预期模型进行修正，外推型预期模型较静态预测改进之处在于不仅以变量的过去水平为基础，还考虑其未来的变化趋势。其一般表达式为 $p_t^* = p_{t-1} + \varepsilon(p_{t-1} - p_{t-2})$ ，其中，$p_t^*$ 为外推型预期；$\varepsilon$ 为预期系数；$p_{t-1}$ 和 $p_{t-2}$ 分别为 $t-1$ 时期和 $t-2$ 时期的预期收益。

**3. 适应性预期**

适应性预期是一种反馈性预期，即根据当前实际收益与预期收益的差异，调整下期的预期值，是一种相互适应的过程，具体是当本期实际收益低于同期预期收益时，下期预期收益会相应地降低，反之则需要增加。Cagen 将适应性预期表达为 $p_t^* = p_{t-1} + \beta(p_{t-1} - p_{t-1}^*)$ ，其中，$\beta$ 为适应性预期系数；$p_{t-1}^*$ 为上期的预期收益，在此模型下，理性经济人会依据当前的收益预期误差（$p_{t-1} - p_{t-1}^*$）来修正当期的预期收益。适应性预期依然存在凭经验进行未来判断的问题，并没有充分考虑经济社会因素变量。

**4. 理性预期**

为克服上述静态、适应性预期可能存在的缺陷问题，Muth（1961）提出了三个假设：一是信息是充分的；二是市场结构是完善的；三是“公众预期”对收益结果影响甚微。理性预期一般表达式为

$$q_t^{\mathrm{d}} = a - bp_t；\ q_t^{\mathrm{s}} = c + d_t^{\mathrm{e}} + \mu_t$$

$$p_t^{\mathrm{e}} = E(p_t | I_{t-1})；\ q_t^{\mathrm{d}} = q_t^{\mathrm{s}}$$

式中，$q_t^{\mathrm{d}}$、$q_t^{\mathrm{s}}$ 分别为 $t$ 时期市场需求量和市场供给量；$a$、$b$、$c$、$d$ 分别为常数；$\mu_t$ 为随机变量；$E(p_t | I_{t-1})$ 为 $t$ 时期收益的期望，该期望是基于 $t-1$ 时期所获取的所有信息。

## 二、预期理论对本研究的指导意义

预期理论是农户行为学的重要理论基础，农民宅基地退出决策同样是追求退地前后的效益最大化，农户在决策前也会进行预期收益的判断与比较；在此过程中农民的年龄、性别、家庭收入、土地利用特征等经济社会因素对其退地决策产生重要影响，这显然也是符合理性预期理论的；进一步按照 Muth（1961）提出的三个假设，完全信息条件下也就是农民充分了解有关退地及补偿政策前提下，同样可以构建起农民退地前后的收益市场，农民决策更多地取决于其个体家庭、收入、土地利用等影响因素。此外预期理论同样对宅基地退出收益分配有重要参考意义，具体体现在宅基地退出前后的理论收益与实际收益是否按照以往的分配比例进行分配等，这对制定合理的宅基地退出补偿政策有重要参考价值。

# 第二节 博 弈 论

## 一、理论概述

博弈论是研究决策主体决策均衡的理论。近代博弈论始于策墨洛（Zermelo）、波雷尔（Borel）及冯·诺依曼（von Neumann）。1928年冯·诺依曼证明了博弈论的基本原理，从而宣告了博弈论的诞生，其后他与摩根斯坦将双人博弈推广至多人博弈，并将其应用到经济学领域，使得博弈论发扬光大。20世纪50年代初，约翰·纳什（John Nash）基于不动点定理，进一步证明了均衡点的存在，使得博弈论进一步发展。

博弈论按照目的可分为合作博弈与非合作博弈；按照信息可分为完全信息博弈与不完全信息博弈；按照行动可分为静态博弈和动态博弈；按照支付可分为零和博弈与非零和博弈。不论哪种分类，通常包含如下三个基本要素。

1）博弈参与主体：行为（参与）人。一般用 $i$ 表示，$i = 1, 2, 3, \cdots, n$ 。

2）博弈策略集：每个参与人一般都有若干个策略可供选择，所有可供选择的策略构成该参与人的行动空间。参与人 $i$ 的纯策略空间用 $S_i$ 表示，倘若 $S_i$ 由 $k_j$ 个战略构成，则有：$S_i = (s_{i1}, s_{i2}, \cdots, s_{ik_j})$ 。

3）效用函数：参与人在博弈结束后得到的利益（可能为正也可能为负）即参与人 $i$ 的支付为 $U_i(s)$ ，其中 $\boldsymbol{s} = (s_1, s_2, \cdots, s_r)$ ，其中 $s_j$ 表示第 $j$ 个参与人所采取的策略，$s$ 表示 $r$ 个参与人的战略组合向量。显然，一个参与人的支付不仅取决于自己所选择的策略，同样取决于其他参与人所采取的策略。

## 二、博弈论对本书的指导意义

博弈论是厘清增值收益分配的重要理论基础与方法，宅基地退出增值收益分配过程也是退地主体、集体经济组织、地方政府之间的利益博弈过程。本书中博弈论应用是在厘清各个利益主体行动空间基础上，构造集体和农民、农民和地方政府、集体和地方政府之间的效用函数，计算其纳什均衡解，并据此提出保护退地农民土地权益的对策建议。此外在宅基地退出增值收益分配比例确定过程中，同样存在相关利益主体间的关系调整与博弈过程；通过区别利益主体，厘清利益主体行动空间，计算纳什均衡解，同样能够确定各利益主体分享增值收益的合理比例。进一步讲，只有厘清利益主体的收益分配行为及机理才能够制定出合理的宅基地退出增值收益分享政策。

## 第三节　土地产权及功能论

### 一、理论概述

产权起源于原始的财产归属性质与秩序，不同学科对产权有不同理解，总体来看产权具有四个方面的重要性质：一是产权是与财产有关的，具有排他性的权利；二是产权是一种行为权利，是界定人们行为关系的一种规则；三是产权是可以分解的一束权利；四是产权是可以交易的权利。在此基础上，延伸出土地产权的内涵：土地产权是土地制度的核心内容，一般属不动产物权范畴，是指权利人按照法律的规定直接支配土地的权利，包括土地的所有权，以及构成土地所有权的占有权、使用权、收益权、处分权、租赁权、抵押权、继承权等权能，是一组权利组成的“权利束”。

从土地产权内涵出发，结合产权功能，一般认为土地产权具有稳定、激励、资源配置、保障约束等功能。

1）稳定功能。土地产权的稳定功能主要体现在，明晰的产权能够使土地权利主体对其使用的权利与义务边界有明确认识，当遇到不法侵害时，能够自觉维护自身的权益。

2）激励功能。土地产权的激励功能主要体现在用途产生的收益差异的激励，若某项土地用途使土地权利主体付出的努力程度与其应得的报酬相一致，其供给量就大；如果两者之间是离散的，其供给量就小。例如，城市建设用地的激励作用明显强于农用地，这主要是由其比较收益差异导致的。

3）资源配置功能。资源配置作用是激励功能的衍生品，土地用途转换与流转是土地资源配置功能的集中体现；农用地向建设用地转换是市场化机制下的资源配置结果，也是土地资源发挥其最大效益的根本途径。

4）保障约束功能。明晰的产权受到法律的严格保护，在防止不法侵害时，能够保障土地关系中利益相关者的决策权和经济利益的实现，同时对不法行为进行约束。例如，进行农地确权的目的，一方面是防止非法占用耕地，另一方面是保障征地中农民土地权益的实现。

### 二、土地产权及功能论对本书的指导意义

农村宅基地主要包括农村住宅建设用地及其附属用地。我国宅基地制度在设

计之初是社会主义公有制国家保障农民基本居住权利的福利制度，是“两权”分离的制度设计。该项制度在设计之初顺应生产力发展，极大地促进了当时农村经济社会的进步，但随着我国经济社会转型加快，尤其是在当前城乡融合发展与乡村振兴战略背景下，宅基地福利性日渐减弱，而资产性日渐加强，为适应宅基地流转需求，国家提出宅基地“三权分置”，即所有权、资格权、使用权分离。宅基地的“三权分置”使宅基地基本功能由福利性向资产性加快转变，同时使宅基地功能进一步拓展。宅基地的功能价值对厘清宅基地真实价值有非常重要的意义。因为只有明确了宅基地的价值功能才能够合理确定宅基地市场与非市场价值，才能制定出合理的退地补偿标准并确定收益分配路径。

## 第四节　分析框架

宅基地退出增值指宅基地退出后节余的农村建设用地指标市场化交易相对于原退地补偿产生的增值。厘清宅基地退出增值收益的形成机理是农民分享增值收益的基础；在此基础上科学核算宅基地退出中农民理论补偿与实际补偿的差距则是确定农民宅基地退出增值收益损失的关键；进一步通过博弈论探寻各利益主体行动空间最大化前提下农民宅基地退出增值收益损失的机理，并通过动态联盟利益分配模型，合理确定农民分享宅基地退出增值收益的合理份额是构建科学合理的退地补偿机制与增值分享机制的前提。

### 一、农民宅基地退出及其增值收益形成机理

长期以来宅基地是我国农村居民的主要住房保障，随着我国农村经济社会转型加速，普遍性的农民外出务工导致我国宅基地粗放利用，并总体呈现季节性闲置、长期闲置、废弃三类状态。另外，历史等原因，造成的农村宅基地面积超标、一户多宅也是当前我国宅基地利用存在的突出问题。如何盘活低效利用的宅基地，发挥其资产属性是当前我国乡村振兴、城乡融合发展的重要课题之一。实施宅基地自愿有偿退出是解决当前我国宅基地低效利用问题的重要途径之一。通过合理的制度设置，鼓励兼业农民退出宅基地，并通过城乡建设用地增减挂钩将区域多余的建设用地指标转移到城镇，并通过指标交易对复垦区域农户进行反哺，既可以加快区域新型城镇化发展，促进农民财产性收入增长，又可以提高农村建设用地集约利用水平，改善村容村貌，增加有效耕地面积（图 3-1）。

在宅基地复垦形成的农村建设用地指标转移到城镇过程中，首先需要进入区域农村土地交易平台进行市场化交易，由此形成指标的市场化价值与超额利润。

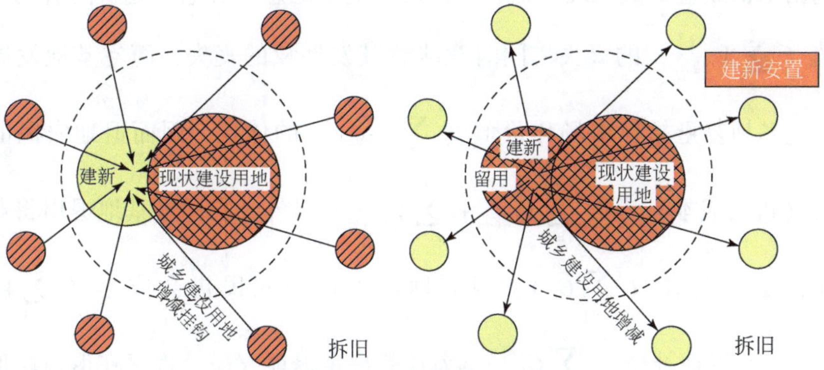


图 3-1　城乡建设用地增减挂钩原理

资料来源：杨庆媛等（2018）

增值收益的产生有赖于供需双方的市场化竞价；增值收益的幅度是相对于退地补偿差值而言的。宅基地退出增值收益形成与征地增值收益既有联系又有区别：征地增值收益是地块空间位置的固定性，是由用途转变而产生的增值收益；而宅基地退出增值收益是指标空间转移产生的增值收益，尽管产生指标的地块同样也存在用途的转变，但这种用途转变恰好与征地增值过程相反，即由农村建设用地复垦为耕地。当然两者也存在联系，具体增值收益原理都是地块（指标）市场化交易后产生的超额利润相对于原有补偿产生的增值收益，两者都是土地发展权的价值体现（图 3-2）。

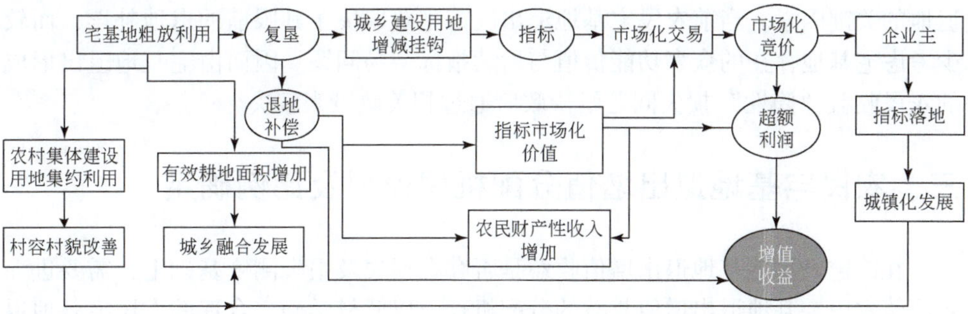


图 3-2　宅基地退出增值收益产生原理

## 二、农民宅基地退出增值收益损失测度

宅基地退出涉及农民生产、生活的方方面面，是一项系统工程。通过上述宅

基地退出增值收益形成机理可知，农民退出宅基地意味着宅基地所附着的所有功能价值（$\sum_{i=1}^{n} V_{功能i}$）的灭失，同时意味着其发展权的丧失，而宅基地发展权价值正是宅基地复垦指标市场化价值（$\sum_{i=1}^{n} V_{指标i}$）的体现，因而退地农民的总收益损失（机会成本）应为 $\sum_{i=1}^{n} V_{功能i} + \sum_{i=1}^{n} V_{指标i}$。另外，农民宅基地退出将获得政府给予的必要补偿（$\sum_{i=1}^{n} C_i$），因而理论上退地农民机会成本（$\sum_{i=1}^{n} V_{功能i} + \sum_{i=1}^{n} V_{指标i}$）与退地补偿（$\sum_{i=1}^{n} C_i$）的差值是决定退地农民是否存在退地增值收益损失的关键。具体如下：

当 $\sum_{i=1}^{n} V_{功能i} + \sum_{i=1}^{n} V_{指标i} - \sum_{i=1}^{n} C_i > 0$ 时，农民宅基地退出前后增值收益存在损失。

当 $\sum_{i=1}^{n} V_{功能i} + \sum_{i=1}^{n} V_{指标i} - \sum_{i=1}^{n} C_i < 0$ 时，农民宅基地退出前后增值收益存在盈余。

当 $\sum_{i=1}^{n} V_{功能i} + \sum_{i=1}^{n} V_{指标i} - \sum_{i=1}^{n} C_i = 0$ 时，农民宅基地退出增值前后收益保持平衡。

进一步讲，农民宅基地退出前后增值收益是否存在损失，并非决定农民是否退地的关键因素。当前农民宅基地退出决策主要取决于其眼前的退地补偿，而较少考虑宅基地存在的众多功能价值与后续指标交易问题。因而由宅基地退出形成的农民收益“隐性”损失问题亟待政府通过相关政策来解决。

## 三、农民宅基地退出增值分配机理模拟及比例确定

在确定农民宅基地退出增值收益是否存在损失及损失测度基础上，需要进一步厘清农民宅基地退出增值收益的分配机理，以此科学确定合理的农民宅基地退出增值收益分配比例，保障退地农民的合法土地收益。博弈论是模拟农民分享宅基地退出增值机理的重要方法，其前提是厘清各利益主体的行为空间；在宅基地退出增值收益分配中，地方政府作为该项工作的推动者与政策制定者，垄断复垦与农村建设用地指标的出让市场，控制指标交易价格与复垦成本，处于优势地位。集体经济组织既代表农民反映农民宅基地收益分配的诉求，又依赖于地方政府，并协助其完成宅基地退出各项工作，因而其中集体经济组织是否存在“道德

风险”，决定着农民能否合理地分享宅基地退出增值收益。农民作为微观退地主体实际上处于相对“弱势地位”，其获得收益仅为退地补偿与指标增值收益，而这些收益又受到不同程度的损失，因而只有在合理界定各行为主体最大行动空间的基础上，模拟构建效用函数与求解纳什，才能厘清农民宅基地退出增值收益分配机理，保护退地农民权益（图 3-3）。

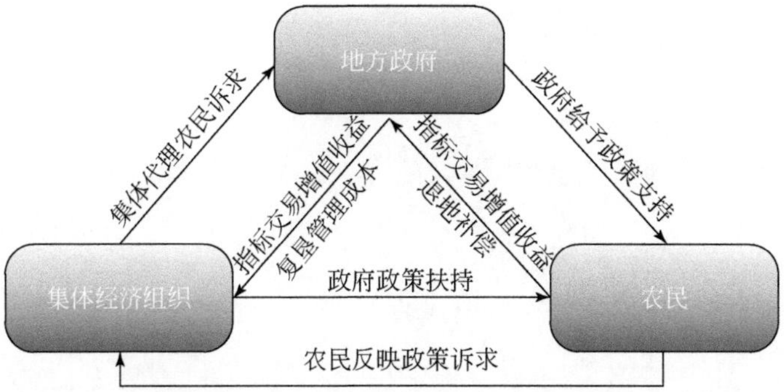


图 3-3　宅基地退出中利益主体行为空间

对农民分享宅基地退出增值收益比例的确定，本书拟利用动态联盟利益分配模型进行测算，并形成如下的理论假设。

假设Ⅰ：“联盟体”中，各成员“收益共享、风险共担”。

假设Ⅱ：将各联盟成员各权利主体参与宅基地复垦行为看作一种分享城市化成果的投资行为，联盟成员之间合作“产出”的“产品”为由农村建设用地指标转化的稀缺的城镇建设用地指标。

假设Ⅲ：在宅基地复垦补偿过程中，地方政府不再按照政策既定的比例进行补偿，而是在各联盟成员“合作”的基础上，根据各成员对宅基地的投入及退地所承担的风险确定科学分配比例。

在此假设的基础上，分别测算宅基地退出中各利益主体的风险系数与投资额，并求解理想状态下的农民分享宅基地退出增值收益的份额。

## 参考文献

王兆林，谢晶，林长欣. 2017. 基于动态联盟利益分配模型的宅基地退出增值收益分配研究［J］. 资源开发与市场，33（11）：1300-1305.

王兆林，杨庆媛. 2017. 秦巴山重庆片区宅基地非市场价值评估［J］. 中国土地科学，31（9）：80-88.

薛志勇. 2012. 基于预期理论的房地产宏观政策效果的影响分析［D］. 中国科学技术大学博士学位论文.

杨庆媛，刘燕，王兆林，等. 2018. 新型城镇化背景下农民土地财产性收益研究［M］. 北京：科学出版社.

Metzler L A. 1941. The nature and stability of inventory cycles［J］. The Review of Economics and Statistics，23（3）：113-129.

Muth J F. 1961. Rational expectations and the theory of price movements［J］. Econometrica，29（3）：315-335.

# 第四章　农民宅基地退出及其增值收益形成机理

## 第一节　农民兼业异质化及其宅基地退出决策的影响因素分析

当前中国农村宅基地利用普遍存在规模偏大、面积超标、一户多宅、闲置低效利用等问题；近年来，随着城镇化步伐的加快，一些地方农民宅基地面积甚至出现“不减反增”的问题，这不仅使农村大量宅基地资产属性无从发挥，同时加剧了城镇化进程中耕地保护的压力（Sun et al.，2011；Liu et al.，2014；Wang et al.，2015；Li，2016），实施宅基地有偿退出是解决上述问题的重要途径。地方政府通过鼓励农民将超面积的、多余的、闲置废弃的宅基地有偿退出复垦，并将农村建设用地指标转移到城镇，既可以增加有效耕地面积，缓解城镇建设用地指标压力，又可以增加退地农民的财产性收入，助推“扶贫”工作。为此，党的十八届三中全会通过的《中共中央关于全面深化改革若干重大问题的决定》及中共中央办公厅、国务院办公厅印发的《关于农村土地征收、集体经营性建设用地入市、宅基地制度改革试点工作的意见》等指导农村土地制度改革的重要文件，均明确了农民对宅基地的收益、有偿退出及抵押、担保、继承权等权利。以中央政策为支撑，截至2014年11月全国已有22个省（自治区、直辖市）陆续出台政策探索推进宅基地退出工作；纵观各地现有的退地复垦政策，存在明显的趋同性；退地补偿多以一次性货币补偿为主，缺乏对农民兼业异质化差异化补偿的考虑，使各地在宅基地退出工作推进过程中面临一些阻力，亟待通过政策完善加以解决。

当前理论界有关农村宅基地退出决策的研究，多从单一农户（农民）的视角进行考察，如陈霄（2012）对重庆市“两翼”地区农户宅基地退出意愿的研究；彭长生（2013）对安徽省农户宅基地退出意愿的实证研究；高欣等（2016）对上海市金山区、松江区等经济发达地区农民宅基地退出决策的实证分析；于伟等（2016）对山东省农民宅基地退出决策的实证研究。有学者从不同类型农户的视角研究宅基地退出决策，如黄贻芳和钟涨宝（2013）运用Logistic模型以重庆市梁平县（现为梁平区）为例，对不同类型农户宅基地退出意愿进行实证研究。

但是相关研究较少从理论层面分析农民退地决策的机理，因而存在对退地影响因素指标考虑不够全面等问题，尤其缺乏对农房特征因素、农户主观因素的考虑，实际上这两类因素与农民宅基地退出决策息息相关。

有鉴于此，本书理论上从微观经济学视角解释农民宅基地退出决策的过程，实证上构建较为全面的指标体系，结合重庆市实地调查数据，基于 B-Logistic 模型，定量分析农民兼业异质化及其宅基地退出决策的影响因素，以期丰富农民宅基地退出决策的研究理论体系，同时可以为地方政府制定差异化的退地补偿政策提供参考。

## 一、一般分析

改革开放以来，随着农民兼业程度的深入，出现了不同类型的兼业农民，各类兼业农民在家庭收入、生活生计方式、文化观念等方面存在较大差异；这些差异对农民宅基地的利用与管理产生差异性影响，进一步对其宅基地退出行为决策也产生影响（Liu et al.，2014；于伟等，2016）。

对农民兼业异质化的划分，本书参考陈晓红和汪朝霞（2007）的分类指标，依照非农收入占家庭收入的比例划分为［0，10%］、（10%，50%］、（50%，90%］、（90%，100%］四个标准区间，将兼业农民划分为纯农民、Ⅰ兼农民、Ⅱ兼农民与非农民四种类型。不同兼业农民在生计方式、宅基地利用等方面存在较大差异。

纯农民：主要生计方式为细碎化种植、养殖经营，家庭收入最低；受限于家庭收入，该类农民自住的房屋通常较破旧、危房居多，农村养老及社会保障水平不高。现阶段其退地的主要目的是利用退地补偿与政策，改善居住环境，提高自身社会保障水平。

Ⅰ兼农民：主要生计方式为细碎化种植、养殖经营，并利用农闲短期非农务工；家庭主要经济来源依然是农业经营，家庭收入较低。受限于家庭收入，该类农民在农业生产扩大、子女受教育、农村养老及社会保障水平提高等方面存在一些问题。由于长期生活在农村，其宅基地依然是以自住为主。现阶段其退地主要目的是利用退地补偿与政策，发展农业生产，提高自身养老及社会保障水平。

Ⅱ兼农民：主要生计方式为长期非农务工，较少参与农业生产，家庭收入较高；该类农民融入城镇的愿望强烈，但多数在城镇没有稳定住所与稳定非农收入，也没有获得城镇基本公共服务；由于长期非农务工，其宅基地一般处于闲置状态。现阶段其退地主要目的是利用退地补偿与政策，购买城镇住房，并提高其城镇社会保障水平。

非农民：主要生计方式为常年非农生产，脱离农业生产；该阶层在城镇有稳定的非农收入与住所，家庭收入最高，并多已获得城镇基本公共服务，已经成为市民或准市民，但发展非农生产经营资金相对缺乏；由于常年在外发展非农生产经营，其宅基地多数处于废弃状态。现阶段其退地主要目的是利用退地补偿与政策，发展、扩大非农生产经营等。

尽管不同兼业农民有不同的生计策略，但不论是哪类农民在退地决策前都会进行退地前后的成本、收益与风险评估；只有当风险在可控范围之内且退地后总效益显著大于退地前总效益时，农民才会做出退地决策。

1）从退地推拉模型看，农民退地决策是一系列推力与拉力因素共同作用的结果。推力因素 $\mathrm{TR}_i$，如退地补偿、更好的居住条件、更好的养老及社会保障条件等；拉力因素 $\mathrm{LR}_i$，如退地后居住保障、退地后适应性、退地政策稳定性、补偿资金分配透明度等。因而只有 $F_{合力} = \sum_{i=1}^{n} \mathrm{TR}_i - \sum_{i=1}^{n} \mathrm{LR}_i > 0$ 时，也就是农民退地推力大于其拉力时，农民才会做出退地决策。

2）从退地效益视角看，退地后总效益显著大于退地前总效益时，农民才会做出退地决策。农民退地前社会效益为 $OC$，经济效益为 $OC'$，农民退地目的在于追求更好的社会经济效益，因而农民退地社会效益由 $OC$ 增加至 $OD$，经济效益由 $OC'$增加至 $OD'$，农民退地总收益也由 $OAE'_1A'$增加至 $OBE'_2B'$，由此引致该类型农民退地总效用曲线由 $I'_1$ 增加至 $I'_2$，增加了 $ABE'_2B'A'E'_1$（阴影部分）。由于 $I'_2>I'_1$，此时该类农民将做出退地决策（图 4-1）。

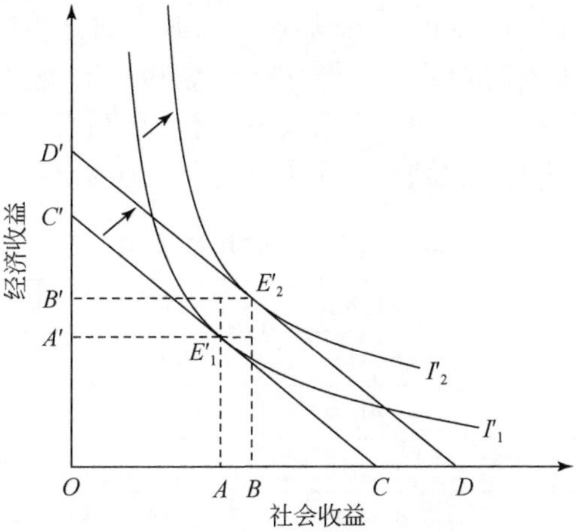


图 4-1　农民宅基地退地决策曲线

基于以上农民兼业异质化特征，结合农民退地推力、拉力影响因素及退地效益决策，本书构建较为完善的指标体系，基于重庆市实证调查，分析农民兼业异质化及其宅基地退出决策的影响因素。

## 二、实证分析

### （一）调查与数据

重庆市是在省级层面较早推进宅基地退出工作的区域之一。针对该问题，2014 年 6 月初，作者团队到重庆菜园坝、龙头寺火车站和汽车站等农民工相对集中的场所，随机探访农民工对宅基地退出复垦的看法，初步获得农民工宅基地退出意愿、动因等信息，并结合有关文献及待研究的问题，形成了初步的调查问卷；6 月底，利用该问卷，作者团队在潼南县柏梓镇中渡村进行了 25 份预调查，并利用 SPSS 模块中的信度分析对预调查结果进行分析，对问卷中不合理的问题进行了修正，形成了正式的调查问卷。问卷的主要内容包括农民个体及家庭特征，如年龄、性别、受教育程度、家庭收入等；农民宅基地利用状况，如宅基地面积、闲置废弃状况等；农房特征，如农民造价、结构、层数、建筑面积等；农民宅基地退出驱动因素及障碍因素等。此后，本书按照 Scheaffer（1979）的抽样公式：$N^{*}=N/[(N-1)\delta^{2}]+1$，$\delta=0.05$，确定样本调查数量。具体以所选择样本区域 2014 年 1000 万人口计算，依据抽样公式，那么所需随机选取被调查农民的样本数应至少大于 800 个。基于人力、物力、财力考虑，最终确定 1000 个农民的样本量。2015 年 1 ~7 月作者团队深入重庆市 6 个区县的 16 个乡镇的 34 个行政村，采用 PRA 法进行随机抽样、整群抽样和典型抽样调查。本次调查共发放问卷 1000 份，剔除无效问卷后，获得有效问卷 890 份，总体有效率达到 89%，并从中分离出纯农民样本 112 份、Ⅰ兼农民样本 227 份、Ⅱ兼农民样本 324 份和非农民样本 227 份，进行农民兼业异质化及其宅基地退出决策的分析（表 4-1）。

**表 4-1　不同兼业农民基本特征**

| 项目 | 纯农民 | Ⅰ兼农民 | Ⅱ兼农民 | 非农民 |
|---|---|---|---|---|
| 样本数（个） | 112 | 227 | 324 | 227 |
| 愿意退地比例（%） | 41.96 | 44.93 | 54.63 | 55.36 |
| 平均年龄（岁） | 61 | 47 | 42 | 47 |
| 初中以上比例（%） | 14.29 | 21.15 | 24.38 | 34.80 |
| 家庭收入（万元） | 1.81 | 3.49 | 5.30 | 6.90 |
| 宅基地闲置、废弃比例（%） | 8.04 | 7.49 | 32.72 | 37.89 |
| 砖木结构房、土坯房比例（%） | 42.86 | 29.96 | 20.06 | 17.18 |

分析表4-1可知，由纯农民→非农民，随着农民兼业程度的加深，农民愿意退地比例逐渐增加；宅基地闲置、废弃比例也在增加；农民住房中砖木结构房、土坯房比例越来越少，农房结构越来越好。另外，由纯农民→非农民，农民年龄有降低趋势，受教育程度呈现升高趋势，家庭收入也呈现增长趋势。

（二）变量设定

基于理论分析，结合重庆市的实地调查，参考王兆林和杨庆媛（2014）的研究成果，本书从农民的个体及家庭特征因素、宅基地特征因素、农房特征因素、个体主观因素四个方面分析农民兼业异质化及其宅基地退出决策的影响因素。本书以“您是否决定退出宅基地”作为衡量农民宅基地退出决策的因变量，并以上述四个方面的16项指标作为自变量进行定量分析。变量设定及描述性统计结果见表4-2。

**表4-2　变量设定及描述性统计**

| 变量分类 | 具体变量 | 赋值范围（单位） | 变量定义与获取 | 均值 | 标准差 |
|---|---|---|---|---|---|
| 个体及家庭特征 | 年龄（$x_1$） | 岁 | 实际观测 | 47.27 | 12.95 |
| | 受教育程度（$x_2$） | 1，2，3，4 | 小学及以下=1；初中=2；高中=3；大专及以上=4 | 1.83 | 0.77 |
| | 家庭总收入（$x_3$） | 万元 | 实际观测 | 4.79 | 2.84 |
| | 家庭决策类型（$x_4$） | 0，1 | 民主=1；非民主=0 | 0.84 | 0.37 |
| | 家庭主要成员是否定居城镇（$x_5$） | 0，1 | 是=1；否=0 | 0.25 | 0.43 |
| 宅基地特征因素 | 宅基地面积（$x_6$） | $m^2$ | 实际观测 | 173.27 | 92.60 |
| | 宅基地利用状况（$x_7$） | 1，2，3 | 闲置或废弃=1；自住=2；出租等方式流转=3 | 1.81 | 0.52 |
| | 宅基地是否在城镇规划范围（$x_8$） | 0，1 | 是=1；否=0 | 0.14 | 0.35 |
| | 是否有多处宅基地（$x_9$） | 0，1 | 是=1；否=0 | 0.18 | 0.38 |
| 农房特征因素 | 农房造价（$x_{10}$） | 万元 | 实际观测 | 7.21 | 4.44 |
| | 农房结构（$x_{11}$） | 1，2，3，4 | 钢混结构=4；砖混结构=3；砖木结构=2；土坯房=1 | 3.10 | 0.88 |
| | 农房是否新建（$x_{12}$） | 0，1 | 是=1；否=0 | 0.34 | 0.47 |

续表

| 变量分类 | 具体变量 | 赋值范围（单位） | 变量定义与获取 | 均值 | 标准差 |
|---|---|---|---|---|---|
| 个体主观因素 | 新居住环境的适应性（$x_{13}$） | 0，1 | 较强=1；较差=0 | 0.85 | 0.36 |
| | 退地复垦政策是否稳定（$x_{14}$） | 0，1 | 是=1；否=0 | 0.67 | 0.47 |
| | 退地补偿是否有被截留（$x_{15}$） | 0，1 | 是=1；否=0 | 0.47 | 0.50 |
| | 宅基地是否为家庭主要财产（$x_{16}$） | 0，1 | 是=1；否=0 | 0.72 | 0.45 |

### （三）模型构建

B-Logistic 回归模型是一个二元概率模型，其因变量 $Y$ 的变化范围被限制在区间 [0，1]，特别适用于因变量为“是、否”的数据统计分析。不同兼业农民是否决定退出宅基地也是二元选择问题，因而构建解释变量与被解释变量的 B-Logistic模型，设定自变量为 $i$ 个，则有

$$b_0x_0 + b_1x_1 + b_2x_2 + \cdots + b_ix_i = \sum_{i=1}^{n} b_ix_i$$

式中，$b_0$ 为常数项；$x_0$ 恒为 1。那么 Logistic 概率函数为式（4-1），再设定 $\sum_{i=1}^{n} b_ix_i = z$，且将分子、分母乘以 exp（$z$），可以得到式（4-2）：

$$\mathrm{prob(type)} = f\left(\sum_{i=1}^{n} b_ix_i\right) = \frac{1}{1 + \exp\left[-\sum_{i=1}^{n} b_ix_i\right]} \tag{4-1}$$

$$\mathrm{prob(type)} = \frac{1}{1 + \exp(-z)} = \frac{\exp(z)}{1 + \exp(z)} \tag{4-2}$$

式（4-2）是 Logistic 概率函数常用表达式之一。其中 prob（type）表示农民宅基地退出的概率，Logistic 回归方程依然是以最大似然估计（maximum likelihood estimation，MLE）法求参值，所以回归方程式的检验依然是采用似然值（likelihood）法，并通过数次迭代法来对模型进行修正。此部分中 4 类兼业农民，形成 4 条 B-Logistic 回归方程，具体表达如下：

$$\mathrm{prob}_1 = \mathrm{prob}_{(\text{纯农民})} = \frac{\exp(z_{\text{纯农民}})}{1 + \exp(z_{\text{纯农民}})};\ z_{\text{纯农民}} = \sum_{i=1}^{16} b_ix_i = b_0 + b_1x_1 + b_2x_2 + \cdots + b_{16}x_{16}$$

$$\text{prob}_2 = \text{prob}_{(\text{I兼农民})} = \frac{\exp(z_{\text{I兼农民}})}{1+\exp(z_{\text{I兼农民}})};\ z_{\text{I兼农民}} = \sum_{i=1}^{16} b'_0 x_i = b'_0 + b'_1 x_1 + b'_2 x_2 + \cdots + b'_{16} x_{16}$$

$$\text{prob}_3 = \text{prob}_{(\text{II兼农民})} = \frac{\exp(z_{\text{II兼农民}})}{1+\exp(z_{\text{II兼农民}})};\ z_{\text{II兼农民}} = \sum_{i=1}^{16} b''_0 x_i = b''_0 + b''_1 x_1 + b''_2 x_2 + \cdots + b''_{16} x_{16}$$

$$\text{prob}_4 = \text{prob}_{(\text{非农民})} = \frac{\exp(z_{\text{非农民}})}{1+\exp(z_{\text{非农民}})};\ z_{\text{非农民}} = \sum_{i=1}^{16} b'''_0 x_i = b'''_0 + b'''_1 x_1 + b'''_2 x_2 + \cdots + b'''_{16} x_{16}$$

## 三、结果分析

依据统计原理，B-Logistic 回归结果中，-2LL 报告值越小，方程拟合度越好；Nagelkerke $R^2$ 越接近于 1，方程拟合优度越高。本书利用 SPSS19.0 软件对重庆市不同区位、地形条件下的 890 份农民样本数据进行 B-Logistic 回归分析，回归结果表明：四类农民的 Nagelkerke $R^2$ 分别达到 0.723、0.706、0.739、0.895，回归结果良好。不同兼业农民宅基地退出决策的 B-Logistic 回归结果详见表 4-3。

**表 4-3　不同兼业农民宅基地退出决策的 B-Logistic 回归结果**

| 因素 | 因子代码 | 纯农民（$\text{prob}_1$） | Ⅰ兼农民（$\text{prob}_2$） | Ⅱ兼农民（$\text{prob}_3$） | 非农民（$\text{prob}_4$） |
|---|---|---|---|---|---|
| 个体及家庭特征 | $x_1$ | 0.074*（0.050） | 0.002（0.024） | -0.038（0.022） | 0.006（0.019） |
| | $x_2$ | 1.378（0.793） | 0.083（0.305） | 0.403（0.309） | -0.024（0.290） |
| | $x_3$ | 0.446（0.395） | 0.118（0.197） | -0.133（0.148） | -0.124（0.069） |
| | $x_4$ | 0.815（1.266） | 0.095（0.641） | 0.302（0.743） | 0.58（0.389） |
| | $x_5$ | -0.775（0.796） | 0.683（0.644） | -0.394（0.450） | 0.863（0.375） |
| 宅基地特征因素 | $x_6$ | -0.002（0.007） | 0.001（0.003） | -0.007（0.002） | 0.002（0.002） |
| | $x_7$ | 2.212**（1.244） | 0.782*（0.721） | 0.505*（0.407） | 0.084（0.263） |
| | $x_8$ | 2.514（1.735） | -0.099（0.842） | -0.158**（0.660） | -0.339*（0.407） |
| | $x_9$ | -1.465（1.005） | 0.507*（0.599） | 0.257*（0.506） | -0.054（0.426） |
| 农房特征因素 | $x_{10}$ | 0.231（0.189） | -0.049（0.085） | -0.078（0.083） | 0.029（0.051） |
| | $x_{11}$ | -1.242*（0.649） | 0.371（0.414） | -0.096（0.295） | -0.079（0.251） |
| | $x_{12}$ | -9.49（2.735） | -1.796（0.728） | -0.636*（0.619） | -0.737（0.380） |
| 个体主观因素 | $x_{13}$ | 0.654*（1.053） | 1.658（0.732） | 0.052（0.630） | -0.142（0.41） |
| | $x_{14}$ | 5.572（1.714） | 2.526*（0.616） | 2.85*（0.540） | 2.249*（0.516） |
| | $x_{15}$ | -1.801**（0.874） | -2.126**（0.513） | -2.502**（0.417） | -1.197*（0.334） |
| | $x_{16}$ | 0.612（1.110） | 0.033（0.617） | 0.41（0.539） | -0.120（0.356） |
| 常量（$b_0^i$） | | -19.680 | -4.852 | 1.327 | -1.249 |

续表

| 因素 | 因子代码 | 纯农民（$prob_1$） | Ⅰ兼农民（$prob_2$） | Ⅱ兼农民（$prob_3$） | 非农民（$prob_4$） |
|---|---|---|---|---|---|
| 拟合优度指标 | −2 LL | 66.902[a] | 142.258[a] | 185.439[a] | 234.850[a] |
| | Nagelkerke $R^2$ | 0.723 | 0.706 | 0.739 | 0.895 |

**、* 表示在1%、5%的水平下显著，括号中的数值为估计系数标准误差

a为软件结果，无具体含义

(1) 纯农民宅基地退出决策的影响因素分析

个体及家庭特征中，自变量 $x_1$ 在5%的显著性水平下对因变量纯农民退地决策（$prob_1$）产生显著正向影响，说明年龄较大的纯农民退地可能性更大。这是因为年龄较大的纯农民，家庭收入较低，加之农业生产能力的下降，多以退地补偿资金进城投靠子女或在村镇福利院集中养老。宅基地特征因素中，自变量 $x_7$ 在1%的显著性水平下对因变量纯农民退地决策（$prob_1$）产生显著正向影响，说明有宅基地闲置、废弃的纯农民退地可能性更大。鉴于纯农民生计以细碎化耕种、养殖为主，家庭收入较低，将闲置、废弃的宅基地转变为资产变现是完善其养老保障的理性选择。农房特征因素中，自变量 $x_{11}$ 在5%的显著性水平下对因变量纯农民退地决策（$prob_1$）产生显著负向影响，说明农房结构较差的纯农民退地可能性更大。纯农民房屋结构多以砖木结构房、土坯房为主，年久失修，结构较差，危房居多，因而有着更为强烈的退地改善居住条件的愿望。个体主观因素中，自变量 $x_{13}$ 在5%的显著性水平下对因变量纯农民退地决策（$prob_1$）产生显著的正向影响，说明对新居住环境的适应性较差的纯农民退地可能性更小，这是由纯农民具有更为浓厚的恋土情结及较弱的新环境适应性决定的。自变量 $x_{15}$ 在1%的显著性水平下对因变量纯农民退地决策（$prob_1$）产生显著负向影响，说明认为退地补偿有被截留的纯农民退地可能性更小，这是农民对退地补偿受损风险规避的理性反应。

(2) Ⅰ兼农民宅基地退出决策的影响因素分析

宅基地特征因素中，自变量 $x_7$、$x_9$ 在5%的显著性水平下均对因变量Ⅰ兼农民退地决策（$prob_2$）产生显著正向影响，说明有宅基地闲置废弃、一户多宅的Ⅰ兼农民退地可能性更大。在当前农村抵押物较为缺乏的前提下，以农业经营作为家庭主要收入来源的Ⅰ兼农民退地，将闲置或多余的资产转变为货币并用于农业生产与扩大养殖，显然是一种理性的选择。个体主观因素中，自变量 $x_{14}$ 在5%的显著性水平下对因变量Ⅰ兼农民退地决策（$prob_2$）产生显著正向影响，说明认为退地复垦政策不稳定的Ⅰ兼农民退地可能性更小。政策稳定是农民获得稳定退地补偿的关键，政策波动会增加农民退地风险，进而增强Ⅰ兼农民的观望氛围。自变量 $x_{15}$ 在1%的显著性水平下对因变量Ⅰ兼农民退地决策（$prob_2$）产生显著负向影响，

说明认为退地补偿有被截留的“理性”Ⅰ兼农民退地可能性更小。

（3）Ⅱ兼农民宅基地退出决策的影响因素分析

宅基地特征因素中，自变量 $x_7$、$x_9$ 在 5% 的显著性水平下均对因变量Ⅱ兼农民退地决策（$prob_3$）产生显著正向影响，说明有宅基地闲置或废弃、一户多宅的Ⅱ兼农民退地可能性更大。Ⅱ兼农民长期非农务工，有着融入城镇生活的强烈愿望，尽管收入较高，但其收入与其购买城镇住房及完善城镇基本教育、医疗等基本公共服务成本相比甚少，因而将闲置与多余宅基地资产变现是其缓解资金压力的重要选择。自变量 $x_8$ 在 1% 的显著性水平下对因变量Ⅱ兼农民退地决策（$prob_3$）产生显著负向影响，说明宅基地在城镇规划范围的农民退地可能性更小，主要是由于现阶段重庆市退地补偿标准低于其征地补偿标准，Ⅱ兼农民为获取最大的土地利益而更不愿意退出宅基地。农房特征因素中，自变量 $x_{12}$ 在 5% 的显著性水平下对因变量Ⅱ兼农民退地决策（$prob_3$）产生显著负向影响，说明农房新建的Ⅱ兼农民退地可能性更小。尽管长期外出非农务工导致农房闲置，但Ⅱ兼农民更愿意将新建住房集体内部流转或转让而非退出，以获取相对退地补偿更多的收益。个体主观因素中，自变量 $x_{14}$ 在 5% 的显著性水平下对因变量Ⅱ兼农民退地决策（$prob_3$）产生显著正向影响，说明认为退地复垦政策不稳定的Ⅱ兼农民退地复垦可能性更小。自变量 $x_{15}$ 在 1% 的显著性水平下对因变量Ⅱ兼农民退地决策（$prob_3$）产生显著负向影响，说明认为退地补偿有被截留的Ⅱ兼农民退地可能性更小。

（4）非农民宅基地退出决策的影响因素分析

宅基地特征因素中，自变量 $x_8$ 在 5% 的显著性水平下对因变量非农民退地决策（$prob_4$）产生显著负向影响，说明宅基地在城镇规划范围的农民退地可能性更小，这是由非农民退地追求最大经济效益决定的。个体主观因素中，自变量 $x_{14}$ 在 5% 的显著性水平下对因变量非农民退地决策（$prob_4$）产生显著正向影响，说明认为退地复垦政策不稳定的非农民退地可能性更小。自变量 $x_{15}$ 在 5% 的显著性水平下对因变量非农民退地决策（$prob_4$）产生显著负向影响，说明认为退地补偿有被截留的非农民退地可能性更小。尽管非农民已经成为市民或准市民，但其发展非农经济的资金依旧较为缺乏，在其将闲置废弃宅基地变现，带着“资本”进城中，依旧追求最大的退地经济效益。

## 四、研究结论

本书构建分析框架，结合重庆市调查，应用 B-Logistic 估计模型，定量分析农民兼业异质化及其宅基地退出决策的影响因素，研究结果如下。

1）理论分析表明：农民兼业异质化对其宅基地利用及退地决策产生差异性影响，其原因是不同兼业农民生计策略的差异。不论是哪类农民在退地决策前都会进行退地前后的成本、收益与风险评估，只有当风险在可控范围之内且退地后总收益显著大于退地前总收益时，农民才会做出退地决策。

2）实证分析表明：对纯农民而言，那些年龄较大、宅基地有闲置废弃、农房结构较差的纯农民退地可能性更大；而那些对新居住环境的适应性较差、认为退地补偿有被截留的纯农民退地可能性更小。对Ⅰ兼农民而言，那些宅基地有闲置废弃、有多处宅基地的Ⅰ兼农民退地可能性更大；而那些认为退地复垦政策不稳定的、认为退地补偿有被截留的Ⅰ兼农民退地可能性更小。对Ⅱ兼农民而言，那些宅基地有闲置废弃、有多处宅基地的Ⅱ兼农民退地可能性更大；而那些宅基地在城镇规划范围的、农房是新建的、认为退地复垦政策不稳定的、认为退地补偿有被截留的Ⅱ兼农民退地可能性更小。对非农民而言，那些宅基地在城镇规划范围的、认为退地复垦不政策稳定的、认为退地补偿有被截留的非农民退地可能性更小。

基于以上分析，本书认为应针对农民兼业异质化，实行差异化的退地复垦补偿对策，以稳妥地推进宅基地退出复垦工作。现阶段，对纯农民在退地复垦补偿政策制定中应充分考虑到其改善居住环境、提高社会保障水平等社会效益的迫切需要，通过“扶贫搬迁”等形式退出宅基地，地方政府在加大农村社保投入的同时，应结合“精准扶贫”逐步提高该阶层退地农民的社会保障水平。对Ⅰ兼农民与Ⅱ兼农民在退地复垦补偿政策制定中应充分考虑其兼业的特征，在维持退地复垦政策的前提下，提高该阶层的退地补偿水平及发放的时效性是稳妥推进该类农民退出宅基地的重要途径。对非农民在退地复垦补偿政策制定中在通过财政预支等方式提高补偿到位的时效性的同时，应强化对该类农民在住房保障及金融扶持等方面的优惠政策，使之真正成为城镇居民。

# 第二节　农民宅基地退出增值收益形成机理

## 一、土地增值收益形成一般分析

按照马克思地租地价理论，自然土地是非劳动产品，因而不具有价值，但作为劳动产品的土地资本，则具有真实的劳动价值。土地增值是在现实经济生活中土地价格的增加，而不是作为土地价格重要基础的土地劳动价值的增加（周诚，1994）。土地增值是一种经济现象，受多种因素影响，但有规律可循。土地增值理论一般将土地增值原因归结为五类，包括区位因素、用途转变因素、投资因素、市场供求因素和政策因素。

区位因素：区位条件差异导致的土地增值，不同地块所处的位置差异、交通条件差异导致某些地块较其他地块更有利于生产生活，将使得区位条件好的地块供需紧张，进而引起地块价格上升和土地增值，如城郊地块较远郊地块价格高，其实质是由级差地租Ⅰ引起的土地增值。

用途转变因素：土地用途转变是土地重要的属性，在投资水平和供求状况不变的情况下，由于产业用地之间存在比较效益，经济利益驱动下土地用途一般会由较低效益的农业用地向较高效益的第二、第三产业用地转变，在此过程中土地将增值。另外，非农用地内部也存在比较效益，如工业用地转变为商服用地过程中土地也将增值，其实质是土地发展权的转移增值。

投资因素：投资性增值是在对地块追加投入后引起的增值，其实质是级差地租Ⅱ。同一地块，通过改善基础设施条件，追加劳动和资本投入，其产出能力将极大提升，因而其租金水平必将上升，进一步引致其地价的上涨，形成土地增值。投资性增值可分为宗地直接投资性增值和外部投资辐射性增值两类，外部投资辐射性增值即由投资的外部辐射效应（邻里效应）所形成的外部性效益。前者如宗地的“七通一平”，后者如城市轨道交通引起的周边地价上升。

市场供求因素：市场供求增值是由供需双方市场机制共同决定的“供不应求”情形下产生的增值。具体指随着经济社会的发展，对土地的需求日益增加，土地面积，特别是区位条件较好的土地面积有限性，造成供不应求度日益提高，从而使地价不断上涨。这种上涨是土地作为一般商品因市场供求机制而引起的价格上涨，与土地的投资无关，其本质是土地物质的稀缺性所引起的价格上涨。

政策因素：政策性增值是由政府土地管理政策变更而引起的区域土地价格上升过程。总体来看，对土地增值收益影响较大的政策包括土地利用规划、行政隶属变更、土地相关制度、地价政策等。例如，城镇土地无偿使用到有偿使用，集体经营性建设用地由不能入市流转到市场化交易等政策变更均可以引起不同用途的土地价格的上涨。

总之，不论哪种增值均会引起地租量的变化，并通过土地价格的变化表现出来，因此可以利用地租理论来分析土地增值收益的形成原理（图 4-2）。

图 4-2 显示的是在时段内不同影响因素作用下土地增值的变化，具体看：

1）$OT_3$ 时段内，对曲线 $L_1$ 和 $L_2$ 而言，经济发展、人口增长导致建设用地和农用地不断扩大，在土地资源面积有限性约束下，市场对各类用地需求不断增长，加之土地所有权的垄断，形成绝对地租，在绝对地租资本化的基础上，引致土地价格上升，形成土地增值。具体土地增值是农用地 $L_1$ 曲线在 $OT_1$ 时限内的

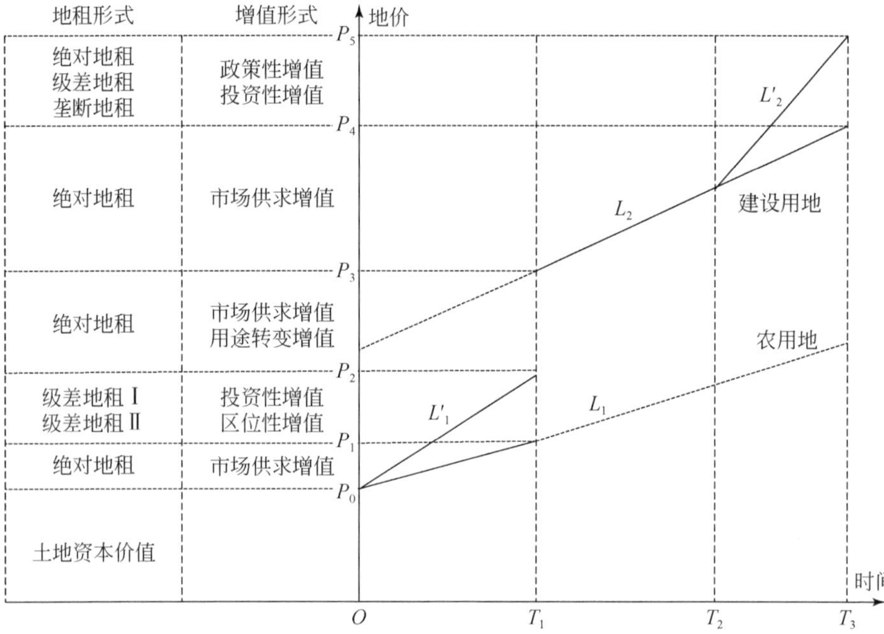


图 4-2　土地增值收益形成一般解释（林瑞瑞，2015）

$P_1P_0$ 或者建设用地曲线 $L_2$ 在 $T_1T_3$ 时段内的 $P_4P_3$。

2）对 $OT_1$ 时段内的 $L'_1$ 而言，农用地独特的区位优势或者同一地块连续追加投入或者地块完善基础设施，引起地块地租上升，形成了级差地租Ⅰ和级差地租Ⅱ，此时农用地价格曲线由 $L_1$ 上升至 $L'_1$，其增值部分为 $P_2P_1$。

3）在 $T_1$ 时间点上，农用地转变为效益更高的建设用地，也就是曲线 $L_1$ 变为曲线 $L_2$，在此过程中土地类型转变的动因是农用地比较效益较低且市场需求较低，同时建设用地比较效益较高且市场需求较高，因而看似是用途转变引起的增值，实质同样是由市场供求关系引起的增值，增值额度为 $P_3P_2$。

4）在 $T_2T_3$ 时段内，在 $T_2$ 时间点上，政府处于宏观经济调控的需要，出台某项政策措施强化对某类土地利用或者放松对某类土地利用的管控，引起社会资本涌向该类土地，导致该类土地价值的上升，在图 4-2 上表现为曲线 $L_2$ 上升增加至 $L'_2$，增值额度为 $P_5P_4$。同样看似政策性增值是由政府政策利好引致的，实质是资本涌入助推某类产业用地增值。

## 二、宅基地退出增值形成一般分析

从全国 33 个宅基地改革试点地区及重庆、四川、安徽、山东等地调查来看，宅基地退出普遍利用复垦为耕地，同时复垦形成的农村建设用地指标经“增减挂”转变为城镇建设用地指标以此缓解城镇用地压力。此做法既可以增加有效耕地面积，又可以提高农村建设用地集约利用水平，还可以增加农民财产性收入。鉴于此，本章形成的宅基地退出收益有广义与狭义的两种理解。广义的宅基地退出收益指地方政府通过宅基地退出复垦增加有效耕地面积和城镇建设用地指标，并由此引致的区域城镇化和农业现代化发展，村容村貌改善和农村土地集约利用，集体经济发展和城乡居民收入增加等系列经济社会效益。狭义的宅基地退出收益指宅基地退出复垦，节余的农村建设用地指标，经“增减挂”进入区域农村土地产权交易市场，形成的指标市场化、货币化的价值。本书所指的宅基地退出收益是狭义的宅基地退出收益。

（一）指标形成过程

针对当前各地宅基地粗放利用，通过对四省（直辖市）调查发现各地通常的做法是将宅基地退出复垦，并通过“城乡建设用地增减挂钩”政策，将复垦后产生的农村建设用地，转变为城镇建设用地指标，以此保障城镇区域产业发展布局在符合规划的前提下有指标可用。具体指标形成过程如下：为防止农村集体经济组织利益受到损害，集体经济组织申请耕地复垦，需经三分之二以上成员或者三分之二以上成员代表同意。同时为保障农民复垦宅基地后依然拥有居住权，申请复垦的农民需提供其他稳定居所、有稳定工作或生活来源的证明。除此之外，指标形成过程还要经历四个环节：一是复垦的宅基地需经规划审批，具体是县级土地行政管理部门编制相关规划后报省级政府批准后实施。二是宅基地使用权人向县级土地行政管理部门提出复垦立项申请，经批准后复垦所立项的土地。三是宅基地复垦后，复垦方需向县级土地行政管理部门提出质量验收申请。四是区县土地行政管理部门组织验收，合格后，向省级土地行政管理部门申请确认，并由其核发票证。指标竞买者获取指标并不意味着将一定能获得指标指向明确的用地，成功申购指标的所有权人获得的仅仅是一个将来可以获取出让的用地指标。要想真正获得建设用地，还需要符合土地利用规划，等待政府对所需用地的征地完成后，并经过再次竞标获得土地出让权后才能最终完成指标交易（图4-3）。

（二）增值收益形成过程

宅基地复垦后形成的农村建设用地指标转移进入农村土地交易所交易，并通过“城乡建设用地增减挂钩”转变为城镇建设用地指标。由于城镇建设用地指标是城镇化及产业发展用地的基本保障，属于稀缺资源，经历了市场化竞争，此时指标将会有大幅增值，形成了指标市场化价值。指标市场化价值在扣除复垦成

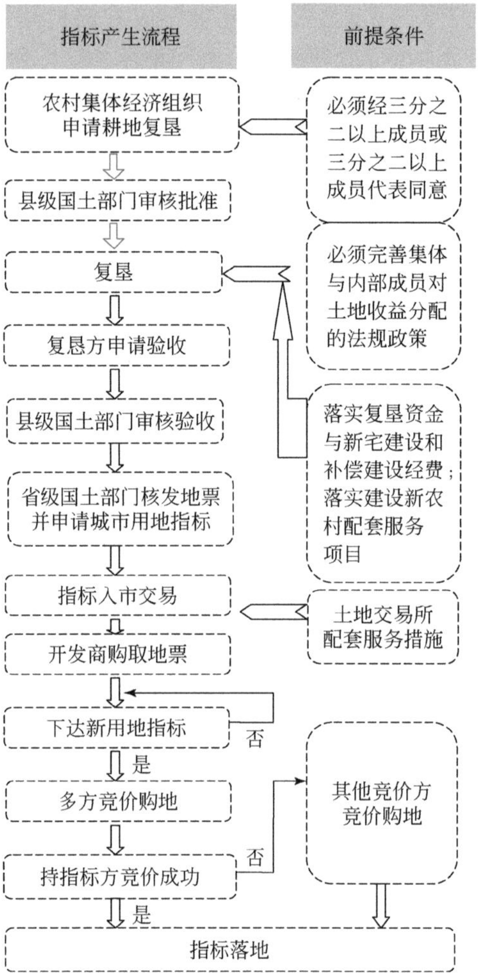


图 4-3　退地收益形成示意图

本（工程、管理等成本）及给予集体与农民的退地补偿后，剩余的市场化价值为指标最终的增值收益（图 4-4）。

因而宅基地退出增值收益，可以表达为

$$IB = ML - RC - LC \tag{4-3}$$

式中，IB 为退地增值收益；ML 为指标市场化价值；RC 为复垦成本；LC 为退地补偿。

（三）宅基地退出增值收益典型案例

**1. 天津市“宅基地换房”模式**

“宅基地换房”是宅基地退出的一种模式，具体指在充分尊重农民意愿的前

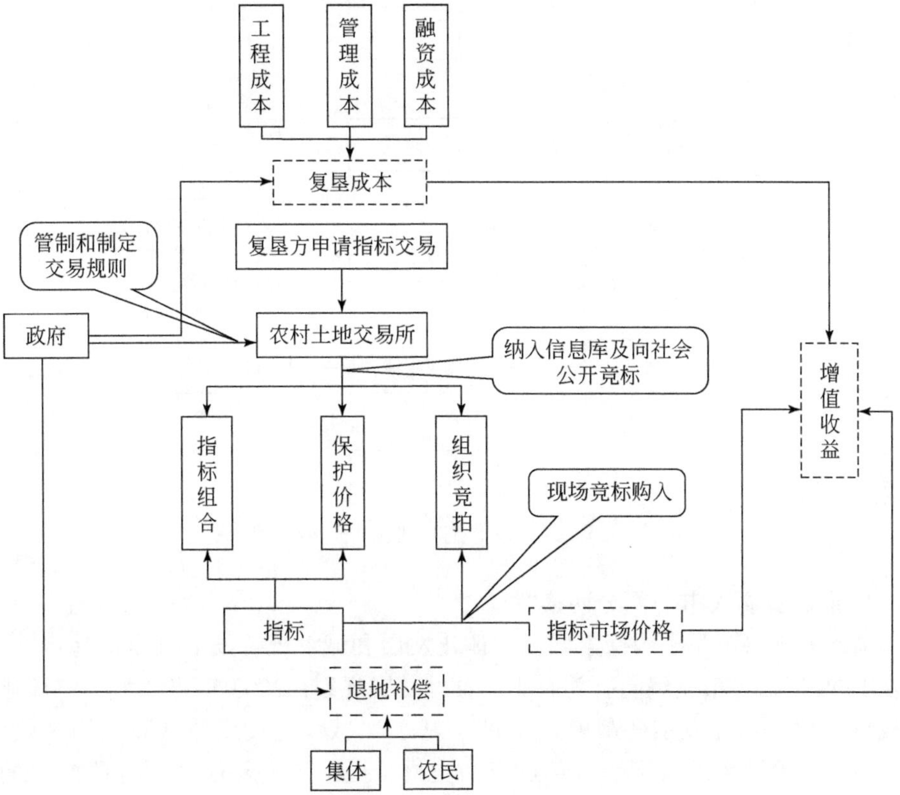


图 4-4　宅基地退出增值收益形成一般过程

提下，通过高水平的规划设计，建设一批有特色、利于产业聚集和生态宜居的新型小城镇。农民自愿放弃宅基地，并将原来宅基地与住房折价置换规定标准的小镇住房，同时农民将原来的宅基地进行复垦，增加有效耕地面积，实现耕地的占补平衡。规划的新型小城镇，除了规划农民住宅小区外，还要规划出一块可供市场开发出让的土地，并以土地出让获得的收入平衡小城镇建设资金，做到“政府不拨钱、企业不亏钱、农民不出钱”。这种模式最初始于天津市，此举对提高土地利用效率、筹措必要资金、保护农民土地权益有重要意义。随着经济社会发展，宅基地换房的范围也在不断延伸，形成三种模式：

一是“以房换房”，置换本镇（街道）农民集中居住区公寓房；

二是“以房换钱”，直接给予相应的货币补贴，自行到城镇购买商品房；

三是“以房换租”，主要考虑低收入农户，在社区的农民公寓或镇（街道）农民集中居住区租住廉租房，同时给予一定的货币补贴，具体操作流程如图 4-5 所示。

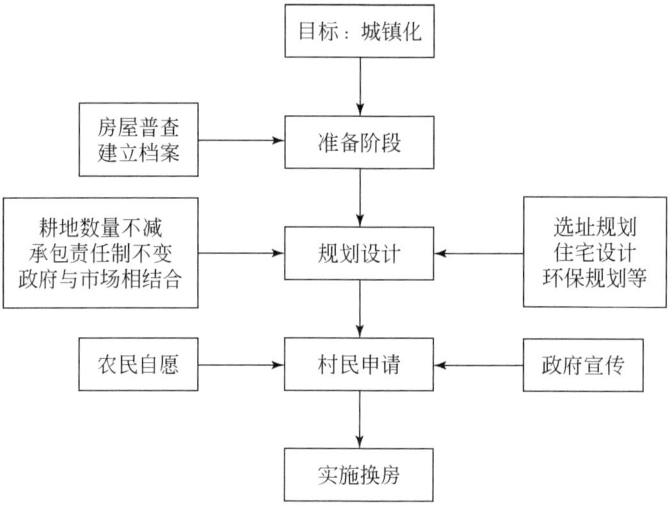


图 4-5　天津市“宅基地换房”示意图

**2. 浙江省嘉兴市“两分两换”**

浙江省嘉兴市是全国探索城乡一体化发展和城乡统筹发展较早的地区之一，早在 1998 年嘉兴市就编制有关农业、农村发展规划；2003 年将“城乡一体化发展战略”列入当地发展的战略；2008 年基于“城乡建设用地增减挂钩”政策，嘉兴市以统筹城乡综合配套改革试点为契机，提出了宅基地“两分两换”的发展改革思路。

“两分”：①将宅基地与农村承包地分开，即在政策问题上分开处理宅基地使用权和农村土地承包经营权。②将土地流转与农民搬迁分开，即对农村土地承包经营权、耕地流转与农民搬迁安置分开处理。“两换”：①用原有宅基地在城镇或新型农村社区中置换房产，即农村把旧有宅基地退还给农村集体，在城镇或新农村社区中按照规定换取新住房。在具体的操作过程中，嘉兴市的 13 个试点乡镇，概括起来有三种模式：中心城区和开发区内以公寓式安置为主，新市、镇区域内以公寓式和联排安置为主，以中心村形式集聚形成的城乡新社区则以建联排房为主。②用土地承包经营权换取社保，即农民将自己的土地承包经营权转租给农村集体经济组织或是由农村集体经济组织成立集体公司，统一进行土地经营管理，农民可以每年从农村集体经济组织或集体公司分得一定比例的农产品或租金，获得社会生活保障。其操作流程如图 4-6 所示。

**3. 重庆市地票制度**

（1）地票增值收益决定因素：地票价格

重庆市农村宅基地有偿退出复垦，并经过土地行政管理部门验收后形成并转

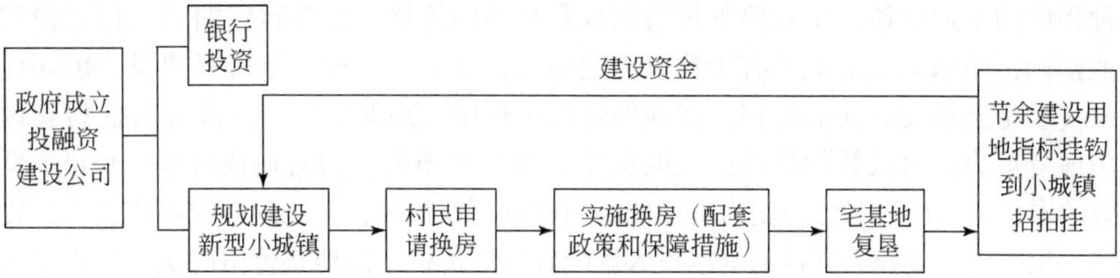


图4-6　嘉兴市“两分两换”模式操作流程示意图

移城镇的农村建设用地指标，称为“地票”。转移的地票经重庆市农村土地交易所市场竞争，形成了地票市场化价值。按照《重庆市国土房管局关于完善地票价款分配的补充意见》和《重庆市国土房管局关于调整地票价款分配及拨付标准的通知》的规定，地票市场化价值在扣除宅基地退地补偿及宅基地复垦成本后仍有剩余溢价，则按照85∶15的比例分别再次支付给退出宅基地的农户和农村集体经济组织。地票复垦成本保持不变，宅基地退出补偿保持稳定，按照IB=ML−RC−LC，因而地票增值收益主要是由地票价格决定的。图4-7是按照上述重庆市颁布的文件中有关宅基地退出补偿、增值收益分配及复垦成本的规定构建的增值收益形成模型。$OP_2$ 为地票交易价款；$CP_1$ 为宅基地复垦成本；$OP_1$ 为宅基地退出补偿。

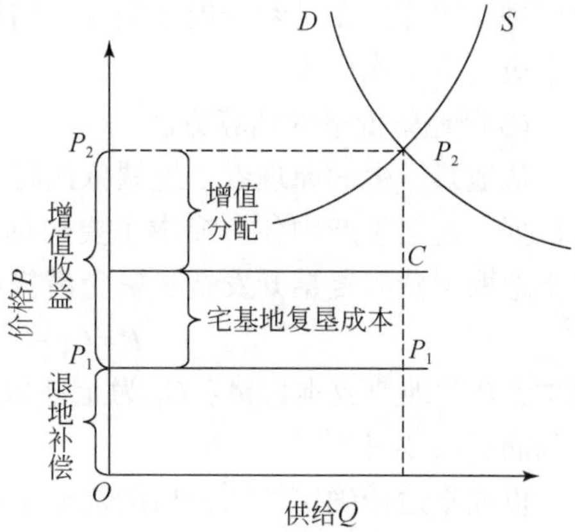


图4-7　地票增值收益形成模型

模型显示：宅基地复垦形成的地票，经过农村土地交易所的充分市场竞争形成地票平均交易价款 $OP_2$，相对于宅基地退地补偿 $OP_1$，形成的增值收益为 $P_2P_1$，这部分增值收益再扣除宅基地复垦成本 $CP_1$ 后，剩余的 $P_2C$（$P_2C$ 也可能为0）的增值收益应按照85∶15的比例分别再次支付给退地农户和农村集体经济组织。

（2）地票价格形成一般解释

因地票交易的方式与条件的差异及地票制度管理的需要，地票价格表现为多种形式。不同形式的地票价格构成了地票的价格体系。按照地票价格的形成条件，可以将地票价格分为理论价格与交易价格。土地价格是建立在土地权益基础上的，因此，土地的买卖实际上是土地财产权利的买卖。土地产权包括所有权、使用权、他项权利等的“权利束”，土地权利人获得其中某种权利，就获得了某种程度的土地收益，也就要支付与该权利相关的价格。地票转移的是农村建设用地指标，城镇地票落地区有了建设用地指标，只要符合规划就可以建设，因而地票实质是土地发展权的转移。在地票转移过程中，地票生产地的高效益农村建设用地复垦为相对低效的耕地，也就意味着效益的损失。而对地票落地区来讲，低效的农村建设用地指标转变为高效的城镇建设用地指标，土地预期收益将会大大提高。地票生产过程中支付的资本投入影响其生产价格，但地票价格的决定因素是人们从中获取的土地权益而不是生产成本。因此地票价格应在确定其生产成本的基础上，由农村集体土地发展权的权益价格决定。

一般复垦宅基地发展权的价格由复垦地块的建设用地用途和农用地用途的价格差异来决定。土地复垦后的建设用地价格可以参考国有建设用地估价原理及方法进行评估。而对土地复垦前的农用地价格可以参考农用地分等定级估价规程的原理进行测算，在已经开展并完成农用地定级估价工作的地区，可直接利用农用地定级估价工作成果。

（3）地票价格的估算方法

从地票产生的原理看，地票依然将投资物品的生产成本作为其价格构成的重要依据。地票生产中各类成本主要包括生产申请、复垦、验收和落地环节成本，如土地取得费、复垦开发费、资金借贷产生的利息费用等。测算方法如下：

$$P=C_1+C_2+C_3+C_4+C_5$$

式中，$P$ 为地票成本价格；$C_1$ 为土地取得费；$C_2$ 为土地复垦费；$C_3$ 为利息；$C_4$ 为利润；$C_5$ 为手续费。

以成本途径确定地票价格的优点是地票的成本构成以地票产生的程序和生产过程中需要投入的资本为依据，与实际地票生产过程中的投入量较为吻合，在缺乏较为完善的土地市场环境和充分的市场信息的情况下是土地价格估算常用的方法。但是地票只是一种指标，并非是一种特定的城镇地块，还需要通过"招拍挂"多次手续后才能获得土地，以成本途径确定地票价格的缺陷也是显而易见的。

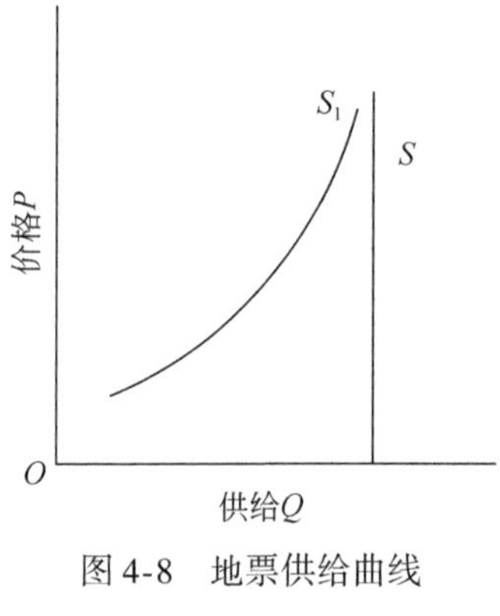

图 4-8　地票供给曲线

（4）供求关系与地票价格

一是地票的供给分析。地票产生于传统农区的农村建设用地的复垦。区域农村建设用地总量的有限性造成地票的自然供给不具备弹性；在地票供给曲线中表现为垂直于横轴的直线 $S$（图 4-8）。据重庆市 2012 年土地利用变更调查数据库，2011 年重庆市农村建设用地面积为 35.96 万 $hm^2$，在现有的农村建设用地规模基础上考虑农村发展的产业用地和农村居民的居住用地之后的规模可以作为地票供给的理论规模。但地票供给的实际规模受社会经济各方面的影响，是有一定弹性的，表现为地票供给曲线中的 $S_1$。根据调研情况，地票的经济供给量主要受集体建设用地所有权人和使用权人对地票预期及复垦产生的机会成本影响。若农户家庭经济收入来源相对单一，通常会对其建设用地复垦产生较高的预期，这将影响地票的供给。另外，地票补偿也是对那些家庭收入相对较高的兼业农户未来生计的保障。

二是地票的需求分析。从地票需求的驱动来看，影响土地需求的土地收益、产业结构、城镇化发展等因素刺激了地票需求，是影响地票需求的深层次因素。这些因素与土地制度、宏观政策及市场环境之间存在着一定的协同关系；土地制度、宏观政策及市场环境作为地票市场内涵的重要构成部分，其改变本身也体现出地票市场的某种发展和变化。同时，由于地票市场的不完备，制度因素对地票供给和需求起着重要的约束或者激励作用。

通常一般商品的价格由供需双方决定。然而，地票的公共物品属性及其交易中的市场的不完全竞争性导致地票的供求关系还不能形成真正意义上的地票价格。因而以一般商品供求机制原理来分析地票价格的形成较为困难。但是，通过分析驱动地票价格形成的供求力量，从供求关系的角度来分析地票价格的形成，可以为地票价格的调控路径和政策制定提供一定的基础（图 4-9）。

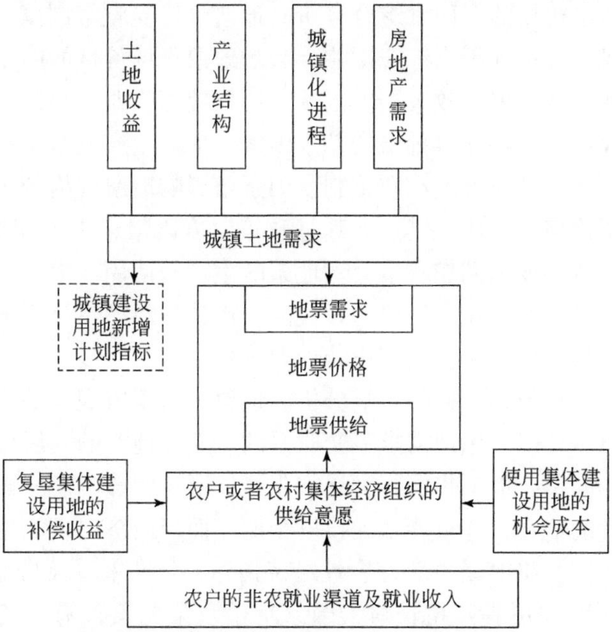


图 4-9　地票价格形成的经济驱动机制

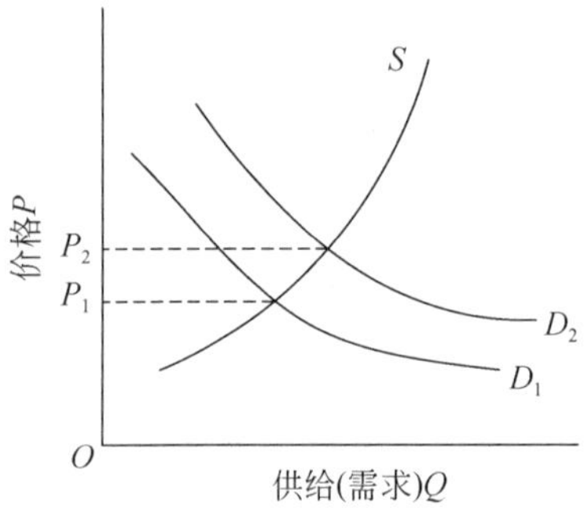


图 4-10　地票供需曲线

三是地票均衡价格与均衡价格区间分析。根据价格机制中的供需函数关系，地票均衡价格的形成是由其供需双方共同作用的结果。在均衡价格水平上，市场对地票需求增加（或供给减少）时，地票市场呈现供不应求局面，此时地票价格会上涨，如图 4-10 所示，当需求从 $D_1$ 升至 $D_2$ 时，价格会由 $P_1$ 涨至 $P_2$；当需求量减小（或供给量增大）时，地票价格会下降（图 4-10）。

地票价格是呈波动上升趋势的。从已经成交的 30 多场地票交易价格来看，并不存在完全相同的两场地票交易价格，每一场的交易均价都在上一场的交易价格基础上有所上升或者略微下降。在同一场次交易的地票中，每一宗地票的交易价格也各有不同，呈现因交易个体特性不同而产生的价格差异。地票价格虽然不存在长期的稳定价格，但是在地票的供求关系没有发生重大改变的情况下，地票的价格不会有大的波动，总是在一定的区间内有序波动，形成地票的均衡价格区间。

（5）地票价格的影响因素

一是影响地票价格的多因素综合分析。地票价格受政策制度、经济发展、使用效益、生产成本等多种因素综合影响。影响地票市场价格的因素具体包含以下几个方面：宏观经济发展、政策制度因素、地票使用收益、地票生产成本等。其中，地票使用收益是影响地票价格的基本因素；地票生产成本是影响地票供求关系的关键因素；宏观经济发展和政策制度因素是影响地票价格的重要因素，以上四个要素是地票价格的形成关键。尤其是政策制度因素，中央和地方（重庆市）对地票政策的支持力度和调控政策会对地票的生产和使用产生重要影响，从而使地票价格发生波动性的变化。地票的替代品，也就是新增建设用地计划指标量也会对地票的需求量产生影响，从而影响地票价格。

二是经济因素对地票价格的影响分析。地票价格受宏观经济周期的影响。地票市场需求是与房地产的用地需求紧密联系的。而房地产的发展周期与宏观经济的波动周期基本同步。地票投资行为受宏观经济形势的影响。一般而言，经济繁荣将增加投资者的信心，并可能增加投资预期。而当经济出现衰退的迹象，投资资金也会更加谨慎。GDP 是一个综合性经济指标，长期来看会与地票价格变动呈正相关的关系。当 GDP 持续增长时，国家货币政策宽松，未来经济发展前景看好，导致投资者对地票需求的增加，推动地票价格上升。而 GDP 下降或者增长势头减弱，投资者对未来经济发展的预期减弱，将会减少对地票的需求，从而导致地票价格下降。银行利率也会影响地票价格。地票价格受地票生产时资本投入的影响。如果生产周期延长或者贷款利率有所调整，则融资成本也会随之浮动。

三是制度因素对地票价格的影响分析。首先，地票价格受国家级地方宏观经济政策的影响，财税政策、宏观经济政策、房地产调控政策等都可能引起地票价格的波动。尽管宏观经济政策可能对地票价格产生影响，但这种影响通常是间接的。这是因为国家宏观经济政策的变动首先对具体产业产生影响，继而对产业用地产生影响。作为地票的主要需求者，房地产行业受国家宏观经济政策环境的影响，会形成房地产行业繁荣或者低落的现象，从而形成对地票的需求量增加或者缩减，进而才会通过地票的供需关系变动影响地票的价格。其次，地票价格受国家土地管理政策的影响。地票的产生源于我国实行的最严格的耕地保护制度，终端是我国实行的建设用地管制制度，本质是城乡建设用地增减挂钩指标。国家实行的城乡建设用地增减挂钩政策是地票制度运行的直接制度支持。土地管理政策制度的制定和执行目的在于促进土地资源的科学和可持续利用，为国民经济的健康发展提供科学的土地资源支撑保障。国家土地管理政策对地票价格的影响取决于地方对政策的理解和执行，如果地方对国家政策能够科学理解、正确执行，相关政策就能发挥很好的作用，获得理想的预期，从而对地票价格产生良性的促进作用。地票制度及相关政策对地票价格的影响还表现在地票的运行程序和管理政策对地票价格的影响。例如，地票运行涉及复垦、验收、补偿等诸多环节，程序较为复杂，容易造成地票生产、交易、补偿的延时，进而助推地票价格上涨。此外，从地票的管理机制看，地票的使用规模、使用范围及使用方式等也可能对地票价格产生影响。通常认为，地票使用范围与方式直接决定其市场规模，使用越广、方式越多，地票市场规模可能越大，地票价格的竞争机制将会更加充分，进而使地票市场价格更为接近其均衡价格。

## 参考文献

陈晓红，汪朝霞. 2007. 苏州农户兼业行为的因素分析［J］. 中国农村经济，(4)：25-31.

陈名村，孙颖. 2008. 美国土地发展权制度对我国的借鉴意义［J］. 决策与信息（财经观察)，(8)：74-75.

陈霄. 2012. 农民宅基地退出意愿的影响因素——基于重庆市“两翼”地区 1012 户农户的实证分析［J］. 中国农村观察，(3)：26-36，96.

高欣，张安录，李超. 2016. 社会保障，非农收入预期与宅基地退出决策行为——基于上海市金山区、松江区等经济发达地区的实证分析［J］. 中国土地科学，30（6)：89-97.

郝利花，杜德权. 2011. 地票价格形成机制探讨［J］. 价格理论与实践，(7)：42-43.

黄贻芳，钟涨宝. 2013. 不同类型农户对宅基地退出的响应——以重庆梁平县为例［J］. 长江流域资源与环境，22（7)：852-857.

林瑞瑞. 2015. 土地增值收益分配问题研究 [D]. 中国农业大学博士学位论文.
鲁春阳，文枫，杨庆媛. 2010. “地票”收益如何分配 [J]. 中国土地，(7)：45-46.
彭长生. 2013. 农民宅基地产权认知状况对其宅基地退出意愿的影响——基于安徽省6个县1413户农户问卷调查的实证分析 [J]. 中国农村观察，(1)：21-33，90-91.
邱继勤，邱道持. 2011. 重庆农村土地交易所重庆地票定价机制探讨 [J]. 中国土地科学，25 (10)：77-81.
王永莉. 2007. 国内土地发展权研究综述 [J]. 中国土地科学，21 (3)：69-73.
王兆林，杨庆媛. 2014. 重庆市不同类型农户土地退出决策的影响因素分析 [J]. 中国土地科学，28 (9)：32-38.
杨庆媛，鲁春阳. 2011. 重庆地票制度的功能及问题探析 [J]. 中国行政管理，318 (12)：68-71.
于伟，刘本城，宋金平. 2016. 城镇化进程中农户宅基地退出的决策行为及影响因素 [J]. 地理研究，35 (3)：551-560.
张鹏，刘春鑫. 2010. 基于土地发展权与制度变迁视角的城乡土地地票交易探索 [J]. 经济体制改革，(5)：103-107.
周诚. 2007. 周诚自选集 [M]. 北京：中国人民大学出版社.
Li W X. 2016. Failure by design-national mandates and agent control of local land use in China [J]. Land Use Policy，52：518-526.
Liu Y S，Hu Z C，Li Y H. 2014. Process and cause of urban-rural development transformation in the Bohai Rim Region，China [J]. Journal of Geographical Sciences，24 (6)：1147-1160.
Scheaffer. 1979. Imperfect frames in statistics and the consequence for their use in sampling [J]. Bulletin of the International Statistical Institute，40：517-544.
Sun H，Liu Y S，Xu K. 2011. Hollow villages and rural restructuring in major rural regions of China：A case study of Yucheng City，Shandong Province [J]. Chinese Geographical Science，21 (3)：354-363.
Wang Q X，Zhang X L，Wu Y Z，et al. 2015. Collective land system in China：Congenital flaw or acquired irrational weakness [J]. Habitat International，50：226-233.

# 第五章　农民宅基地价值评估与核算

农民宅基地价值包含市场价值与非市场价值两部分，合理测算与评估宅基地非市场价值与市场价值对完善当前宅基地退出补偿标准有重要参考意义。本章首先运用 CVM 评估宅基地非市场价值，进而运用市场价值、影子价格等方法核算宅基地市场价值。

## 第一节　宅基地非市场价值评估：基于 CVM

非市场价值是相对于其市场价值而言的，宅基地市场价值是直接货币化的价值，如宅基地征用中的市场化补偿，而其非市场价值是无法直接货币化的价值，两者构成了宅基地的完全价值[①]（Costanza et al.，1998；林超等，2013；方贤国，2014）。当前学术界公认的宅基地非市场价值主要包括宅基地的住房保障、社会保障、社会稳定、社会伦理、风貌遗迹、馈赠继承价值（罗湖平，2014；冯应斌和杨庆媛，2015）。住房保障价值指宅基地因保障农民居住而产生的价值；社会保障价值指住房保障之外，宅基地给农民带来的生活水平的提高和社会福利的增加；社会稳定价值指宅基地对避免农民“流离失所”而使社会不稳的贡献；社会伦理价值指宅基地带给农民的归属感与幸福感；风貌遗迹价值指宅基地及其建筑物产生的景观及旅游价值；馈赠继承价值指宅基地为后代将来能继续利用而事先愿意支付的价值。宅基地在我国具有准公共物品性质，但当前其利用普遍存在规模大、面积超标、一户多宅、闲置低效利用及随着城市化快速推进农村居民点面积不减反增等问题，加剧了城市化进程中耕地保护的压力（Sun et al.，2011；Liu et al.，2014；Li，2016）。实施宅基地退出复垦，探索建立宅基地经济管理机制，是解决当前宅基地粗放利用问题的重要路径，也是当前宅基地制度改革的重要内容。宅基地经济管理机制建构的基础是宅基地资源价值评估；非市场价值长期游离于市场机制之外（王瑞雪，2005），导致宅基地的完全价值缺乏合理有

---

① 鉴于宅基地在我国具有准所有权、准自物权的性质，同时宅基地及其建筑物相比城镇房地具有商品化程度弱、价值低等特点，当前理论界有关宅基地流转、功能价值的主流研究是将宅基地及其建筑物视为一体开展的，即宅基地的流转及其功能价值并非单一由农房或宅基地产生的，而是两者共同作用的结果。

效的货币化度量，也使得当前各地宅基地复垦补偿无法真正体现其完全资产价值（王兆林等，2016）。随着国家“精准扶贫”战略的实施，宅基地作为农民家庭重要的财产，其非市场价值更为社会各界所关注；贫困地区如何利用宅基地市场和非市场价值加快脱贫也是当前理论界研究的热点问题。因而开展宅基地非市场价值评估，既是建立宅基地经济管理机制，提高宅基地集约利用水平的需要，更是发挥宅基地资产属性，服务国家扶贫大局的客观要求。

对资源环境物品和服务等公共物品的非市场价值评估，CVM 被认为是国外 10 余年来研究该问题最重要的和应用最广泛的方法（Loomis et al.，1997；Bateman et al.，2001；Bjornstad et al.，1999；Asafu-Adjaye，2000）。CVM 是典型的陈述偏好技术，是目前应用最广、影响最大的陈述偏好价值评估方法（张志强等，2003），该方法不依赖于现实市场中的数据，而是在假想市场情况下，直接调查和询问人们对某一公共物品或准公共物品保护或改善措施的支付意愿（WTP）或对这一物品损失接受赔偿的意愿（WTA）来估计公共物品效益改善或损失的经济价值（刘治国和李国平，2006），CVM 总体分为创建假想市场，获得个人的 WTP 或 WTA，计算平均 WTP 或 WTA 和估计 WTP 或 WTA 曲线四个基本步骤。

CVM 由 Davis（1963）提出并首次应用于研究缅因州林地宿营、狩猎的娱乐价值。20 世纪 70 年代以来，CVM 逐渐地被用于评估自然资源的休憩娱乐、狩猎和美学效益的经济价值（Randall et al.，1974）。CVM 在发展中国家主要被应用于水资源供给、生态环境修复等公共服务评估（张志强等，2003）。90 年代末 CVM 逐渐被应用于评估我国自然资源与生态系统保护、环境质量改善和生态系统恢复、环境污染损失等领域。土地资源领域，CVM 主要被应用于研究耕地（农地）的非市场价值，并产生了一些优秀案例，如 Dorfman 等（2008）对农地保护非市场价值的研究；Cho 等（2005）对地役权保护支付意愿的研究；蔡银莺和张安录（2007）对武汉农地非市场价值的评估；李广东等（2011）对三峡库区耕地非市场价值的研究等。尽管如此，CVM 被应用于宅基地非市场价值评估的案例还不多见。当前有关宅基地非市场价值的研究，多采用替代市场法；但鉴于当前我国宅基地流转受到诸多法律约束，其市场尚未完全形成，因而替代市场法并不能准确地反映宅基地带来的社会、心理等非市场价值，但条件价值评估法通过模拟真实市场中消费者支付意愿评估资源非市场价值，因而不受市场发育等问题影响，其微观适宜性更强。此外，当前有关宅基地非市场价值的研究，大多存在对其非市场价值归纳总结不够全面，且在计算过程中对市场与非市场价值区分不够清楚等问题。

有鉴于此，本部分基于 CVM 对秦巴山重庆片区宅基地非市场价值进行评估，以期改进研究方法，规避相关研究的不足，同时探索 CVM 在我国贫困地区的应用，并为制定更为合理的宅基地退出复垦补偿标准，增加农民财产性收入提供参考。

## 一、研究区概况

秦巴山重庆片区包括渝东北的城口县、巫溪县、巫山县、奉节县、云阳县，土地面积为 17 956km$^2$。该区域地处渝、川、陕、鄂四省（市）边境，为汉江与嘉陵江的分水岭，平均海拔为 1300m，属于中亚热带气候，雨量充沛，动植物资源丰富，同时巫溪县、巫山县、奉节县、云阳县也是三峡库区重庆段腹地。秦巴山区连片特困区是我国扶贫开发的重点地区，重庆片区 5 个县均为国家级贫困县，据《重庆统计年鉴 2016》，2015 年区域常住人口为 268. 95 万人，其中，城镇居民（市民）为 100. 96 万人，农村居民（农民）为 167. 99 万人；区域人均地区生产总值平均为 21 512 元，为全国的 43. 03%，其中，巫溪县最低，为 18 741 元。区域农村常住居民人均可支配收入平均为 7903 元，为同期全国平均水平的 69. 19%，其中，巫溪县最低，为 7121 元，仅为全国的 62. 35%。另据 5 个县的同期土地利用年度变更调查，区域宅基地总面积为 43 560hm$^2$，农村人均宅基地面积约为 163. 70m$^2$，远超《重庆市农村宅基地管理暂行办法》规定的每户最高 264m$^2$ 的标准，宅基地利用较为粗放，这不但不利于宅基地资产属性的发挥、影响村容村貌，而且增加了耕地保护的压力。

## 二、研究方法

### （一）双边界二分式 CVM

本书采用双边界二分式 CVM 进行调查分析与评估。双边界二分式问卷调查法目前被认为是 CVM 研究中较为先进的方法（张志强等，2003）。与其他 CVM 评估技术一样，双边界二分式 CVM 评估总体也分为四个基本步骤（刘治国和李国平，2006）：①创建假想市场；②获得城乡居民的 WTP 或 WTA；③计算平均 WTP 或 WTA；④估计 WTP 或 WTA 的影响因素。但该方法与其他 CVM 评估技术相比，具有统计效率高、真实市场模拟程度高、评估偏差易于控制、抗议性回答少等优势。其基本思路是针对某一公共物品或准公共物品的基础投标值，受访者只需回答“是”或“否”：若受访者回答“是”，则将被追问一个更高的投标值；若受访者回答“否”，则将被追问一个更低的投标值。因而将会产生“是-是”

（$y$–$y$）、“是–否”（$y$–$n$）、“否–是”（$n$–$y$）、“否–否”（$n$–$n$）四种回答结果。其基本原理是：对初始标的值 $T_0$，根据受访者的回答，将会再选择一个较高标的值 $T^{H}$ 或者较低标的值 $T^{L}$，进行二次询问。四种回答对应的概率分别为

$$P_{y-y}=1-\frac{1}{1+\exp(\alpha_0+\alpha_1 X_i+\alpha_2 T_i^{H})};$$

$$P_{y-n}=\frac{1}{1+\exp(\alpha_0+\alpha_1 X_i+\alpha_2 T_i^{H})}-\frac{1}{1+\exp(\alpha_0+\alpha_1 X_i+\alpha_2 T_i^{0})}$$

$$P_{n-y}=\frac{1}{1+\exp(\alpha_0+\alpha_1 X_i+\alpha_2 T_i^{0})}-\frac{1}{1+\exp(\alpha_0+\alpha_1 X_i+\alpha_2 T_i^{L})};$$

$$P_{n-n}=\frac{1}{1+\exp(\alpha_0+\alpha_1 X_i+\alpha_2 T_i^{L})}$$

式中，$\alpha_0$ 为常数项；$\alpha_1$、$\alpha_2$ 分别为除标的值外其他影响因素变量的回归系数和标的值 $T$ 的回归系数。

（二）Tobit 回归模型

CVM 理论的计量经济学检验是决定 CVM 有效性的关键步骤之一。通常调查问卷中会存在一些0 支付意愿（抗议性支付），鉴于 Probit 与 Logit 模型对0 支付意愿处理的局限性，本书借鉴刘治国和李国平（2006）的研究成果，利用 Tobit 模型对城乡居民支付意愿的影响因素进行分析。本书建立的 WTP 实证模型如下：

$$\begin{cases} Y_i=Y_i^*,\ Y_i^*>0 \\ Y_i=0,\ Y_i^*\leqslant 0 \end{cases} \quad Y_i^*=\beta' x_i+\varepsilon_i$$

$$Y^*_{农民i}=\beta' x_{农民i}+\varepsilon_{农民i}=\beta_0+\beta_1 \mathrm{AGE}_{农民}+\beta_2 \mathrm{GEN}_{农民}+\cdots+\beta_{10}\mathrm{ATU}_4+\varepsilon_{农民i}$$

$$\varepsilon_{农民i}\mid x_{农民i}\sim \mathrm{Normal}\ (0,\ \sigma^2)$$

$$Y^*_{市民i}=\beta' x_{市民i}+\varepsilon_{市民i}=\beta'_0+\beta'_1 \mathrm{AGE}_{市民}+\beta'_2 \mathrm{GEN}_{市民}+\cdots+\beta'_9\mathrm{ATU}_4+\varepsilon_{市民i}$$

$$\varepsilon_{市民i}\mid x_{市民i}\sim \mathrm{Normal}\ (0,\ \sigma^2)$$

式中，$Y_i^*$ 为第 $i$ 个受访者（农民、市民）的社会经济条件，如年龄、性别、家庭收支等（详见表5-8、表5-12）；$\varepsilon_i$为残差项；$\beta_0$ 为截距项；$\beta_i$ 为待估参数。

（三）非市场价值计算方法

在我国由于宅基地如同耕地（农地）具有“无偿取得”“长期使用”“保障性”等准公共物品属性，本书参照理论界在 CVM 应用中对耕地或农地非市场价值计算的通用公式，对宅基地非市场价值进行计算：

$$V=(\mathrm{WTP_F}\times N_F\times P_F+\mathrm{WTP_C}\times N_C\times P_C)/R$$

式中，$V$ 为非市场价值；$\mathrm{WTP_F}$、$\mathrm{WTP_C}$ 分别为农民、市民平均支付意愿；$N_F$、$N_C$

分别为研究区农民、市民人口数；$P_F$、$P_C$ 分别为农民、市民支付意愿支付率；$R$ 为还原率。

## 三、调查方案设计

### （一）问卷预调查

2015 年 4 月下旬作者团队到云阳县南溪镇、巫山县庙宇镇了解区域的宅基地利用、复垦、补偿等基本状况，大体掌握农民对宅基地复垦意愿和补偿态度等基本信息，并到云阳、巫山两县县城初步了解市民对宅基地复垦认知等基本信息。借鉴美国国家海洋和大气管理局（National Oceanic and Atmospheric Administration，NOAA）提出的 CVM 问卷设计原则，参考国内外有关文献，结合当地群众的年家庭收支状况，形成了二分式 CVM 调查问卷的初稿。5 月上旬，作者团队专程在巫溪县城厢镇和柏杨街道，利用该问卷初稿，就宅基地具有的住房保障、社会保障、社会稳定、社会伦理、风貌遗迹、馈赠继承 6 项非市场价值的支付意愿，分别对 30 位农民和 30 位市民进行随机问卷调查，修正初稿问卷中不合理的问题和投标值，有效地规避了起点偏差。6 月上旬，作者团队依据两次预调查的结果，结合修改完善的二分式 CVM 问卷，决定采用更为先进的双边界二分式 CVM，对巫溪县城厢镇和柏杨街道再次进行预调查，并再次修改完善该问卷，形成最终问卷。

### （二）调查方法

本研究采用双边界二分式 CVM 进行调查分析。双边界二分式问卷调查法目前被认为是 CVM 研究中较为先进的方法（Loomis et al.，1997）。与其他二分式方法相比，双边界方法具有统计效率高、真实市场模拟程度高、评估偏差易于控制、抗议性回答少等优势（李广东等，2011）。Bateman 等（2001）、Cooper 和 Hanemann（1995）对单边界和多边界在统计意义上的有效性、精确性进行分析后指出，与双边界相比，增加第三边界收效并不大，从统计意义上讲，双边界已经能够获得足够的信息。双边界二分式 CVM 的基本思路是针对某一公共物品或准公共物品的基础投标值，受访者只需回答“是”或“否”：若针对基础投标值受访者回答“是”，则将被追问一个更高的投标值；若针对基础投标值，受访者回答“否”，则将被追问一个更低的投标值（Carson，1985；Hanemann，1985）。因而将会产生“是-是”、“是-否”、“否-是”、“否-否”四种回答结果。

### （三）问卷内容

本次问卷调查主要内容包括：①调查背景及意义的阐释，主要通过图文对比等形式阐释研究区域宅基地闲置、废弃产生的负面影响及宅基地复垦的重要意义，并强调本次调查的重要性。②受访者个体特征、家庭特征的调查，主要对受访者的性别、年龄、受教育程度、家庭收支状况等进行调查。③受访者对宅基地复垦及其非市场价值认知的调查，主要通过举例、类比等形式使受访者充分理解宅基地复垦及其各类非市场价值的内涵，在此基础上和受访者面对面交流，评估受访者对宅基地复垦及其市场价值的认可程度。④受访者宅基地非市场价值最大支付意愿的调查，主要通过假设地方政府征收宅基地复垦资金等形式创设模拟市场，并运用双边界二分式 CVM 对受访者的最大支付意愿进行调查，其核心问题如①和②。⑤受访者问卷理解度的调查，调查受访者对问卷中所涉问题的理解程度，以百分比形式呈现。

问题①秦巴山重庆片区是连片特困地区，当前本区域农村宅基地利用存在闲置废弃、面积超标、一户多宅等问题，增加了耕地保护的压力，制约了城镇化与非农产业的发展，而实施宅基地退出复垦与“指标”交易既可以增加农民财产性收入，受益农民；又可以保障区域城镇化与非农产业发展，惠及市民；还可以增加有效耕地面积，保障区域粮食安全，涉及全体城乡居民，因而宅基地退出复垦具有准公共物品供给的属性。由于实施宅基地复垦涉及多方利益补偿，对本区域而言，推进该项工作面临一定的财政资金压力。为加快推进宅基地复垦工作，地方政府拟每月向您（农民或市民）征收________元（或等价劳动），您是否同意？

A. 是　B. 否

如果问题①的答案为 A，则增加投标值；如果问题①的答案为 B，则减少投标值，同时追加问题②。

问题②________元，您是否同意？

A. 是　B. 否

问卷中涉及的 12 个初始投标值详见表 5-1。

**表 5-1　核心问题涉及的 12 个初始投标值**　（单位：元/月）

| 标数 | 一 | 二 | 三 | 四 | 五 | 六 | 七 | 八 | 九 | 十 | 十一 | 十二 |
|---|---|---|---|---|---|---|---|---|---|---|---|---|
| 农民 | 1 | 5 | 10 | 20 | 30 | 40 | 50 | 70 | 100 | 150 | 250 | 350 |
| 市民 | 5 | 10 | 20 | 40 | 60 | 80 | 100 | 150 | 200 | 300 | 450 | 600 |

### （四）调查实施

在完善问卷内容、确定调查方法后，问卷调查进入具体实施阶段。此阶段涉及确定调查对象、调查范围、样本量及无效问卷的处理等问题。由于宅基地非市场价值具有准公共物品性质，调查对象涵盖研究区域的城乡居民。本书通过 Scheaffer 抽样公式：$N^*=N/[(N-1)\delta^2]+1$，$\delta=0.05$ 确定所需的样本量，以所研究区 2015 年常住人口 268.95 万人计算，所需随机选取样本数应至少大于 402 份。基于人力、物力、财力综合考量，本次调查最终确定 600 份样本量。

2015 年 8 ~ 10 月，作者团队对秦巴山重庆片区的云阳县双江街道、南溪镇，巫山县庙宇镇，巫溪县柏杨街道、城厢镇，奉节县永安街道、公平镇，城口县复兴街道、岚天乡共 14 个街道及乡镇的农民和市民进行随机抽样、整群抽样和典型抽样调查。调查分三个小组同时进行，每组 3 人，每组一天调查样本 10 ~ 15 份，调查采取面对面的方式进行。对农民调查，调查员走村入户；对市民调查，调查员深入居民生活区和城区公共场所。同时为充分模拟市场，减少抗议性支付，保证受访者回答的真实性；同时为消除农民把调查结果当成以后收费依据的顾虑，申明本调查是以假设为前提的匿名调查。此次调查共发放问卷 600 份，回收 586 份，剔除无效问卷后，总共获得 559 份有效问卷（农民 285 份，市民 274 份），有效率为 95.39%。

（五）偏差控制

CVM 是典型的陈述偏好技术，具有应用简便的特点，可能正是由于其理论前提的相对简单性，用 CVM 得到的价值评估结果的正确性和可靠性会因其内在的偏差而受到质疑（张志强等，2003）。CVM 调查中常见的偏差包括假想偏差、起点偏差、信息偏差、策略性偏差、抗议反映偏差、停留时间长度偏差、调查方式偏差等。为规避调查中可能存在的 7 类偏差，本部分根据国际研究经验，在问卷设计与调查过程中，采取相应的规避策略，有效地消除或减少宅基地非市场价值评估中绝大多数偏差的可能影响（表 5-2）。

**表 5-2 本次 CVM 调查中偏差控制措施**

| 偏差类型 | 处理办法 |
|---|---|
| 假想偏差 | 在巫溪县柏杨街道和城厢镇以图文、对比等形式进行了 60 份问卷的随机预调查，充分模拟真实市场；在正式调查前，对调查员进行集中培训，调查中针对问题随时集中讨论 |
| 起点偏差 | 通过巫溪县的随机预调查，修正了不合理的初始投标值，并确定了投标范围及区间 |
| 信息偏差 | 针对调查区域农民整体文化水平不高的问题，通过图文对比，举受访者身边熟悉的例子等形式，对宅基地各类非市场价值的内涵进行解释与描述 |

续表

| 偏差类型 | 处理办法 |
| --- | --- |
| 策略性偏差 | 针对受访者可能说低或说高支付意愿的问题，调查中说明问题的严肃性与重要性；为保证调查数据质量，并给予受访者适当的报酬（如肥皂等生活用品）；同时对调查结果应用 SPSS 软件进行信度分析，剔除边缘投标 |
| 抗议反映偏差 | 针对受访者对增加某项费用支出的反感而选择零支付的问题，在问卷中专门设计一个问题以辨明零支付的原因；在数据分析中应用 SPSS 软件进行信度分析，剔除抗议投标样本（比例不超过总样本的 15%） |
| 停留时间长度偏差 | 针对调查中停留时间较长使受访者感到不便和厌烦而可能对调查结果产生影响的问题，给予受访者足够的思考时间，同时阐述本次调查的重要意义；通过受访者感兴趣的话题，慢慢引导其回答有关问题 |
| 调查方式偏差 | 运用 Scheaffer 抽样公式确定样本总数，采用整群与分层抽样相结合的方式，随机进行面对面调查。针对城乡居民因所处环境差异导致市民对宅基地非市场价值理解困难等问题。调查中调查员将城镇土地（保障性住房）比作宅基地（农房），让市民据此评估作答 |

## 四、调查结果分析

在 559 份有效问卷中，464 份有支付意愿，占比为 83.01%；95 份支付意愿为 0，占比为 16.99%。在这 95 位无支付意愿的受访者中，42.37% 的受访者因家庭贫困不愿再增加负担；31.51% 的受访者认为地方政府可以通过其他渠道获得宅基地复垦财政资金；20.18% 的受访者对宅基地非市场价值认识不足，认为与自己关系不大；另有 5.94% 的受访者因其他原因而不愿支付，如对此专项资金管理使用担忧等问题。

### （一）宅基地复垦认知

分析表 5-3 可知，农民和市民对宅基地复垦认知水平普遍较低且存在差异。对问题 1，农民认知水平高于市民，这与农民生活环境存在较大关系；对问题 2，市民认知水平高于农民，这表明市民文化水平及接受信息渠道要好于农民；对问题 3，农民与市民认知水平相差不大；对问题 4 ~ 问题 6，市民认知水平均高于农民，这与市民受教育水平较高、全局意识较强、家庭收入较高存在较大关系。

**表 5-3　受访者宅基地复垦认知调查**

| 调查问题 | 调查对象 | 宅基地复垦认知调查 | | | | | 均值 | 样本数 |
|---|---|---|---|---|---|---|---|---|
| | | 1 | 2 | 3 | 4 | 5 | | |
| 1. 您是否了解农村有大量宅基地闲置、废弃? | 农民 | 15 | 48 | 127 | 78 | 17 | 3. 12 | 285 |
| | 市民 | 113 | 90 | 55 | 11 | 5 | 1. 92 | 274 |
| 2. 您是否了解宅基地复垦可以保障本地区城镇（化）发展? | 农民 | 148 | 82 | 40 | 10 | 5 | 1. 74 | 285 |
| | 市民 | 105 | 66 | 53 | 32 | 18 | 2. 24 | 274 |
| 3. 您是否了解宅基地闲置废弃会影响您及后代生活? | 农民 | 146 | 68 | 42 | 18 | 11 | 1. 88 | 285 |
| | 市民 | 151 | 56 | 34 | 23 | 10 | 1. 85 | 274 |
| 4. 您是否认可本人有为加快本区域宅基地复垦贡献人财物的责任? | 农民 | 138 | 96 | 33 | 15 | 3 | 1. 77 | 285 |
| | 市民 | 114 | 85 | 43 | 22 | 10 | 2. 01 | 274 |
| 5. 您是否认可地方为缓解财政压力征收宅基地复垦费用的必要性与有用性? | 农民 | 105 | 137 | 27 | 12 | 4 | 1. 85 | 285 |
| | 市民 | 81 | 113 | 39 | 27 | 14 | 2. 20 | 274 |
| 6. 您是否认可宅基地复垦补偿标准应参考宅基地非市场价值确定? | 农民 | 91 | 132 | 33 | 21 | 8 | 2. 03 | 285 |
| | 市民 | 75 | 102 | 44 | 32 | 21 | 2. 35 | 274 |

注：表中 1、2、3、4、5 为李克特量表分级，分别代表“不了解 = 1、不太了解 = 2、一般了解 = 3、比较了解 = 4、非常了解 = 5”，其他以此类推

## （二）宅基地非市场价值认知

分析表 5-4 可知，受访者对宅基地的各类非市场价值认知存在较大差异。对住房保障价值，农民认可度略高于市民，这与农民所处的生活环境有关。对社会保障价值，市民认可度略高于农民，这是因为受访者对宅基地社会保障价值认识普遍不足，同时“以房养老”等观念在市民中具有更高的认可度。对社会稳定价值，市民认可度高于农民，这是因为受文化程度影响，市民全局意识更强。对社会伦理价值，受访者较为认同宅基地所带来的归属感及幸福感。对风貌遗迹价值，市民认可度远高于农民，这是因为农民与市民对村落遗迹等旅游价值的认可度存在较大差异。对馈赠继承价值，农民认可度高于市民，这是因为农民具有更深厚的“祖产观念”。

**表 5-4　受访者宅基地非市场价值认知调查**

| 项目 | 调查对象 | 宅基地非市场价值认知调查 | | | | | 均值 | 样本数 |
|---|---|---|---|---|---|---|---|---|
| | | 1 | 2 | 3 | 4 | 5 | | |
| 1. 住房保障价值 | 农民 | 7 | 16 | 50 | 77 | 135 | 4. 11 | 285 |
| | 市民 | 13 | 28 | 52 | 78 | 103 | 3. 84 | 274 |

续表

| 项目 | 调查对象 | 宅基地非市场价值认知调查 | | | | | 均值 | 样本数 |
|---|---|---|---|---|---|---|---|---|
| | | 1 | 2 | 3 | 4 | 5 | | |
| 2. 社会保障价值 | 农民 | 152 | 83 | 33 | 12 | 5 | 1.72 | 285 |
| | 市民 | 126 | 69 | 49 | 20 | 10 | 1.97 | 274 |
| 3. 社会稳定价值 | 农民 | 85 | 92 | 63 | 31 | 14 | 2.29 | 285 |
| | 市民 | 53 | 74 | 72 | 46 | 29 | 2.72 | 274 |
| 4. 社会伦理价值 | 农民 | 40 | 61 | 102 | 53 | 29 | 2.89 | 285 |
| | 市民 | 38 | 53 | 95 | 56 | 32 | 2.97 | 274 |
| 5. 风貌遗迹价值 | 农民 | 136 | 80 | 53 | 12 | 4 | 1.84 | 285 |
| | 市民 | 28 | 45 | 87 | 78 | 36 | 3.18 | 274 |
| 6. 馈赠继承价值 | 农民 | 67 | 93 | 74 | 33 | 18 | 2.45 | 285 |
| | 市民 | 106 | 83 | 63 | 14 | 8 | 2.03 | 274 |

注：1、2、3、4、5 分别代表“不认可=1、不太认可=2、一般认可=3、比较认可=4、非常认可=5”

## （三）受访农民宅基地非市场价值支付意愿分析

### 1. 样本农民的基本特征

受访农民样本总体呈现正态分布特征，这符合抽样统计原则，抽样样本具有一定代表性。具体看，样本中，45 岁以上的农民超过 60%，女性比例超过 58%，初中及以下文化程度的农民超过 80%，家庭宅基地面积超过 150m$^2$ 的农民达到 68.77%，家庭有宅基地闲置或废弃的农民达到 38.95%（表 5-5）。

**表 5-5 受访农民基本特征**

| 变量分类 | 具体变量 | 样本数（份） | 比例（%） |
|---|---|---|---|
| 年龄 | 18~35 岁 | 34 | 11.93 |
| | 36~45 岁 | 74 | 25.96 |
| | 46~65 岁 | 91 | 31.93 |
| | 65 岁以上 | 86 | 30.18 |
| | 小计 | 285 | 100.00 |
| 性别 | 男 | 119 | 41.75 |
| | 女 | 166 | 58.25 |
| | 小计 | 285 | 100.00 |

续表

| 变量分类 | 具体变量 | 样本数（份） | 比例（%） |
|---|---|---|---|
| 受教育程度 | 小学及以下 | 106 | 37.19 |
| | 初中 | 129 | 45.26 |
| | 高中 | 35 | 12.28 |
| | 大专及以上 | 15 | 5.27 |
| | 小计 | 285 | 100.00 |
| 非农收入比 | 0%～10% | 77 | 27.02 |
| | 11%～50% | 106 | 37.19 |
| | 51%～90% | 61 | 21.40 |
| | 90%以上 | 41 | 14.39 |
| | 小计 | 285 | 100.00 |
| 家庭月均消费支出 | 0～300元 | 91 | 31.93 |
| | 301～500元 | 127 | 44.56 |
| | 501～1000元 | 53 | 18.60 |
| | 1000元以上 | 14 | 4.91 |
| | 小计 | 285 | 100.00 |
| 家庭宅基地面积 | 0～100$m^2$ | 30 | 10.53 |
| | 101～150$m^2$ | 59 | 20.70 |
| | 151～200$m^2$ | 79 | 27.72 |
| | 200$m^2$ 以上 | 117 | 41.05 |
| | 小计 | 285 | 100.00 |
| 家庭宅基地利用状况 | 闲置或废弃 | 111 | 38.95 |
| | 自主 | 138 | 48.42 |
| | 流转 | 36 | 12.63 |
| | 小计 | 285 | 100.00 |

**2. 样本农民最大支付意愿**

依据初始投标值（表5-1），结合双边界二分式CVM原理，对农民支付意愿进行标的的加减，形成农民最大支付意愿的4个响应序列（是–是、是–否、否–是、否–否），各投标数额的样本分布及支付意愿响应见表5-6。通过分析表5-6可知，农民支付意愿随着投标值的增加而降低，这也正符合CVM“模拟假设市场”的初衷，即“公共物品的价格越高则购买数量越少”。具体看，一方面，随着投标值的增加，样本农民“是–是”和“是–否”的支付意愿逐渐降低，其中

“是–否”降幅更大；特别是在第五、第六标值之间“是–是”和“是–否”降低幅最大，说明多数农民最大支付意愿集中于此。另一方面，随着投标值的增加，样本农民“否–是”和“否–否”的支付意愿逐渐增加，“否–否”增幅更大。

**表 5-6　各投标数额的样本分布及支付意愿响应**

| 标数 | 一 | 二 | 三 | 四 | 五 | 六 | 七 | 八 | 九 | 十 | 十一 | 十二 |
|---|---|---|---|---|---|---|---|---|---|---|---|---|
| 初始标（元/月） | 1 | 5 | 10 | 20 | 30 | 40 | 50 | 70 | 100 | 150 | 250 | 350 |
| 较高标（元/月） | 3 | 7 | 15 | 25 | 35 | 45 | 60 | 90 | 120 | 200 | 300 | 450 |
| 较低标（元/月） | 0 | 3 | 7 | 15 | 25 | 35 | 45 | 60 | 90 | 120 | 200 | 300 |
| 是–是（%） | 30.88 | 28.42 | 25.61 | 23.16 | 20.70 | 14.39 | 12.63 | 10.53 | 6.32 | 4.21 | 1.40 | 0.00 |
| 是–否（%） | 49.12 | 45.26 | 41.75 | 38.95 | 36.84 | 30.52 | 26.32 | 20.70 | 12.63 | 7.37 | 3.86 | 1.40 |
| 否–是（%） | 20.00 | 21.76 | 22.11 | 25.61 | 26.67 | 28.77 | 29.47 | 31.58 | 32.98 | 36.14 | 37.89 | 40.00 |
| 否–否（%） | 0.00 | 4.56 | 10.53 | 12.28 | 15.79 | 26.32 | 31.58 | 37.19 | 48.07 | 52.28 | 56.85 | 58.60 |

进一步根据宅基地非市场价值的构成，在问卷中就农民对各部分价值的支付意愿（元/月·户）进行了调查（表 5-7），结果显示：农民每户月均总支付意愿为 38.71 元，每户年均支付意愿为 464.52 元，是区域农民家庭平均可支配收入的 1.96%。具体看，首先住房保障价值平均支付意愿最高，说明农民已经充分认识到宅基地这一准公共物品的重要保障功能；其次是社会保障价值、社会伦理价值和馈赠继承价值平均支付意愿也较高，说明该区域农村社会保障水平总体偏低，农民对宅基地的心理需求及“祖产观念”具有较强的认同；最后宅基地的风貌遗迹价值和社会稳定价值较低，说明农民缺乏宅基地观赏娱乐价值体验，同时农民全局意识有待提高。

**表 5-7　样本农民宅基地非市场价值支付意愿统计** [单位：元/(月·户)]

| 宅基地非市场价值 | 平均支付意愿 | 标准差 | 最小值 | 最大值 |
|---|---|---|---|---|
| 1. 住房保障价值 | 16.07 | 13.08 | 3 | 120 |
| 2. 社会保障价值 | 8.14 | 6.09 | 1 | 45 |
| 3. 社会稳定价值 | 0.64 | 1.08 | 0 | 5 |
| 4. 社会伦理价值 | 7.21 | 5.86 | 1 | 50 |
| 5. 风貌遗迹价值 | 0.86 | 1.23 | 0 | 10 |
| 6. 馈赠继承价值 | 5.79 | 3.75 | 1 | 50 |
| 总价值 | 38.71 | 31.09 | 6 | 280 |

### 3. 样本农民支付意愿的影响因素分析

CVM 理论的计量经济学检验是决定 CVM 有效性的关键问题之一。由于本次调查问卷中存在一些零支付意愿，鉴于 Probit 与 Logit 模型分析中对零支付意愿处理的局限性，本部分借鉴 Asafu-Adjaye（2000）的研究成果，利用 Tobit 模型对农民支付意愿的影响因素进行分析。以样本农民最大支付意愿为因变量，以农民年龄、性别、受教育程度、家庭月均收入、家庭月均支出、宅基地面积等 10 项经济社会特征变量为自变量，利用 Eviews 5.0 进行 Tobit 回归分析，结果见表 5-8。

**表 5-8 变量设定及农民最大支付意愿的 Tobit 回归结果**

| 变量 | 说明 | 代码 | 估计系数 | 标准误 | z-统计 | 概率值 |
| --- | --- | --- | --- | --- | --- | --- |
| 年龄 | 实际观测（岁） | AGE | -0.0246*** | 0.1069 | -0.2305 | 0.0077 |
| 性别 | 实际观测（男=1，女=0） | GEN | 2.9728 | 3.1176 | 0.9535 | 0.3403 |
| 受教育程度 | 虚拟变量（小学及以下=1，初中=2，高中=3，大专及以上=4） | EDU | 8.6365* | 2.0986 | 4.1154 | 0.0617 |
| 家庭月均收入 | 实际观测（元/月） | FMI | 0.0022*** | 0.0010 | 2.1965 | 0.0081 |
| 家庭月均支出 | 实际观测（元/月） | FMS | -0.0865* | 0.4411 | -0.1962 | 0.0844 |
| 宅基地面积 | 实际观测（$m^2$） | AHT | 0.0311 | 0.0151 | 2.0627 | 0.5391 |
| 是否非常认可宅基地非市场价值 | 虚拟变量（非常认可=1；其他态度=0） | $ATU_1$ | 4.3236*** | 3.0399 | 1.4223 | 0.0049 |
| 是否比较认可宅基地非市场价值 | 虚拟变量（比较认可=1；其他态度=0） | $ATU_2$ | 2.7369** | 3.1590 | 0.8664 | 0.0263 |
| 是否一般认可宅基地非市场价值 | 虚拟变量（一般认可=1；其他态度=0） | $ATU_3$ | 0.9055** | 6.0851 | 0.1488 | 0.0217 |
| 是否不太认可宅基地非市场价值 | 虚拟变量（不太认可=1；其他态度=0） | $ATU_4$ | 0.5035** | 3.1586 | 0.1594 | 0.0333 |
| $C$ | | | 57.1266 | 8.1435 | 7.0150 | 0.0000 |
| Adjusted $R^2$ | | | 0.8150 | | | |
| Log likelihood | | | -1166.0790 | | | |

***、**、*分别表示 1%、5%和 10%的显著性水平

结果显示，Adjusted $R^2=0.8150$，回归结果较好。在 1%的显著性水平上，自变量 AGE 对因变量有显著负向影响，说明年龄越大的农民，其最大支付意愿越低，这与农民随着年龄增大导致收入减少，生活节俭意识、储蓄养老意识越强存在较大关系。性别因素与农民最大支付意愿之间无显著联系。在 10%的显著性水平上，自变量 EDU 对因变量有显著正向影响，说明教育程度越高的农民，其最大支付意愿越高，这是因为受教育程度越高的农民对涉及公共利益的问题认识更深入，考虑更全面。在 1%的显著性水平上，自变量 FMI 对因变量有显著正向影响。在 10%的显著性水平上，自变量 FMS 对因变量有显著负向影响，说明

家庭月均收入越高的农民，其最大支付意愿越高，而家庭月均支出越高的农民，其最大支付意愿越小，这符合福利经济学的“理性”假定。宅基地面积与农民最大支付意愿之间并无显著联系。

此外，在5%的显著性水平上，受访农民对宅基地非市场价值的认可程度“非常认可”（$ATU_1$）、“比较认可”（$ATU_2$）、“一般认可”（$ATU_3$）、“不太认可”（$ATU_4$）均对自变量最大支付意愿有显著正向影响，说明受访农民对宅基地非市场价值的认可程度，对其最大支付意愿具有重要影响。进一步分析可知，从自变量回归系数看，由于$ATU_1>ATU_2>ATU_3>ATU_4$，各个自变量对因变量边际贡献存在差异。说明随着农民对宅基地非市场价值认可程度的减弱，其对宅基地非市场价值的支付意愿也依次降低。也就是说“非常认可”宅基地非市场价值的农民较其他认可程度的农民有着更强的支付意愿。

### （四）受访市民宅基地非市场价值支付意愿分析

#### 1. 样本市民的基本特征

受访市民样本总体也呈现正态分布特征，具有统计意义（表5-9）。具体看，该区域受访市民以中年为主，性别比基本均衡，教育程度以初高中为主，家庭月均收入多数集中在2001～5000元，家庭主要收入来源为工薪收入与经营净收入，家庭月均消费支出集中在501～2000元。

**表5-9　受访市民基本特征**

| 变量分类 | 具体变量 | 样本（份） | 比例（%） |
| --- | --- | --- | --- |
| 年龄 | 18～35岁 | 78 | 28.47 |
| | 36～45岁 | 111 | 40.51 |
| | 46～65岁 | 64 | 23.36 |
| | 65岁以上 | 21 | 7.66 |
| 小计 | | 274 | 100.00 |
| 性别 | 男 | 143 | 52.19 |
| | 女 | 131 | 47.81 |
| 小计 | | 274 | 100.00 |
| 受教育程度 | 小学及以下 | 33 | 12.04 |
| | 初中 | 83 | 30.29 |
| | 高中 | 110 | 40.15 |
| | 大专及以上 | 48 | 17.52 |
| 小计 | | 274 | 100.00 |

续表

| 变量分类 | 具体变量 | 样本（份） | 比例（%） |
|---|---|---|---|
| 家庭月均收入 | 0～1000 元 | 24 | 8. 76 |
| | 1001～2000 元 | 75 | 27. 37 |
| | 2001～5000 元 | 113 | 41. 24 |
| | 5000 元以上 | 62 | 22. 63 |
| 小计 | | 274 | 100. 00 |
| 家庭主要收入 | 工薪收入 | 121 | 44. 16 |
| | 经营净收入 | 83 | 30. 29 |
| | 财产性收入 | 45 | 16. 42 |
| | 转移性收入 | 25 | 9. 12 |
| 小计 | | 274 | 100. 00 |
| 家庭月均消费支出 | 0～500 元 | 20 | 7. 30 |
| | 501～1000 元 | 79 | 28. 83 |
| | 1001～2000 元 | 131 | 47. 81 |
| | 2000 元以上 | 44 | 16. 06 |
| 小计 | | 274 | 100. 00 |

### 2. 样本市民最大支付意愿

依据双边界二分式 CVM 原理，对样本市民的支付意愿进行统计分析形成 4 个响应反应序列（是–是、是–否、否–是、否–否），详见表 5-10。

**表 5-10　各投标数额的样本分布及支付意愿响应**

| 标数 | 一 | 二 | 三 | 四 | 五 | 六 | 七 | 八 | 九 | 十 | 十一 | 十二 |
|---|---|---|---|---|---|---|---|---|---|---|---|---|
| 初始标（元/月） | 5 | 10 | 20 | 40 | 60 | 80 | 100 | 150 | 200 | 300 | 450 | 600 |
| 较高标（元/月） | 7 | 15 | 30 | 50 | 70 | 90 | 120 | 170 | 250 | 350 | 500 | 700 |
| 较低标（元/月） | 1 | 8 | 18 | 35 | 55 | 75 | 95 | 130 | 180 | 270 | 400 | 550 |
| 是–是（%） | 32. 58 | 27. 01 | 22. 63 | 20. 07 | 17. 15 | 13. 71 | 10. 22 | 6. 57 | 3. 65 | 2. 19 | 1. 46 | 0. 00 |
| 是–否（%） | 38. 79 | 36. 70 | 33. 21 | 30. 29 | 26. 64 | 20. 34 | 18. 61 | 9. 12 | 7. 30 | 4. 38 | 2. 19 | 1. 46 |
| 否–是（%） | 16. 89 | 18. 51 | 20. 44 | 22. 99 | 25. 18 | 28. 72 | 32. 85 | 36. 13 | 38. 32 | 40. 15 | 41. 61 | 42. 34 |
| 否–否（%） | 11. 74 | 17. 78 | 23. 72 | 26. 64 | 31. 02 | 37. 23 | 38. 32 | 48. 18 | 50. 73 | 53. 28 | 54. 74 | 56. 20 |

分析表 5-10 可知，随着投标值的增加，市民“是–是”和“是–否”的支付意愿呈现下降趋势，其中“是–否”的降幅更大。同时“否–是”和“否–否”的支付意愿呈现上升趋势，其中“否–否”的增幅更大。特别是第七标和第八标

之间，“是-是”和“是-否”的降幅最大，说明多数市民最大支付意愿集中于此。

由于市民不拥有宅基地使用权，为充分准确评估其对宅基地非市场价值支付意愿，本部分在调查市民宅基地住房保障、社会保障、馈赠继承价值的支付意愿时，以城镇保障性住宅土地与宅基地进行类比调查评估。

结果显示，市民家庭月均总支付意愿为99.07元，年均支付意愿为1188.84元，是区域市民家庭平均可支配收入的1.84%。对比表5-7和表5-11发现，农民和市民在宅基地非市场价值支付意愿方面存在显著差异。市民对各类非市场价值的支付意愿均高于农民，这与两者在家庭收入水平和受教育程度存在较大差异有关。

**表5-11　受访市民宅基地非市场价值支付意愿统计**　［单位：元/(月·户)］

| 宅基地非市场价值 | 平均支付意愿 | 标准差 | 最小值 | 最大值 |
|---|---|---|---|---|
| 1. 住房保障价值 | 31.43 | 51.98 | 5.00 | 200 |
| 2. 社会保障价值 | 16.79 | 14.89 | 5.00 | 75 |
| 3. 社会稳定价值 | 7.07 | 9.51 | 1.00 | 40 |
| 4. 社会伦理价值 | 18.71 | 22.22 | 5.00 | 90 |
| 5. 风貌遗迹价值 | 12.00 | 14.27 | 3.00 | 80 |
| 6. 馈赠继承价值 | 13.07 | 16.86 | 5.00 | 100 |
| 总价值 | 99.07 | 129.74 | 24 | 585 |

### 3. 样本市民支付意愿的影响因素分析

同理，以样本市民最大支付意愿为因变量，以其年龄、性别、受教育程度、家庭月均收入等9个经济社会特征变量为自变量，再次利用Tobit模型对市民最大支付意愿的影响因素进行分析，结果见表5-12。

**表5-12　变量设定及市民最大支付意愿的Tobit回归结果**

| 变量 | 说明 | 代码 | 估计系数 | 标准误 | z-统计 | 概率值 |
|---|---|---|---|---|---|---|
| 年龄 | 实际观测（岁） | AGE | −0.7694** | 0.8048 | −0.9561 | 0.0339 |
| 性别 | 实际观测（男=1，女=0） | GEN | −25.0321 | 19.0270 | −1.3156 | 0.1883 |
| 受教育程度 | 虚拟变量（小学及以下=1，初中=2，高中=3，大专及以上=4） | EDU | 15.6894** | 13.2748 | 1.1819 | 0.0237 |
| 家庭月均收入 | 实际观测（元/月） | FMI | 0.0110*** | 0.0030 | 0.3263 | 0.0042 |

续表

| 变量 | 说明 | 代码 | 估计系数 | 标准误 | z-统计 | 概率值 |
|---|---|---|---|---|---|---|
| 家庭月均支出 | 实际观测（元/月） | FMS | -0.02675 | 0.01653 | -1.6186 | 0.1055 |
| 是否非常认可宅基地非市场价值 | 虚拟变量（非常认可=1；其他态度=0） | $ATU_1$ | 38.3064** | 21.8549 | 1.7528 | 0.0496 |
| 是否比较认可宅基地非市场价值 | 虚拟变量（比较认可=1；其他态度=0） | $ATU_2$ | 27.6694** | 20.9008 | 1.3238 | 0.0186 |
| 是否一般认可宅基地非市场价值 | 虚拟变量（一般认可=1；其他态度=0） | $ATU_3$ | 20.2718* | 20.7862 | 0.9753 | 0.0629 |
| 是否不太认可宅基地非市场价值 | 虚拟变量（不太认可=1；其他态度=0） | $ATU_4$ | 11.4046* | 19.5196 | 0.5843 | 0.0559 |
| $C$ | | | 80.4082** | 60.2958 | 1.3336 | 0.0182 |
| Adjusted $R^2$ | | | 0.8214 | | | |
| Log likelihood | | | -897.8476 | | | |

***、**、*分别表示在1%、5%和10%的水平下显著

结果显示，Adjusted $R^2=0.8214$，回归结果较好。在5%的显著性水平上，年龄越大的市民，其最大支付意愿越低。性别因素与市民最大支付意愿之间无显著联系。在5%的显著性水平上，受教育程度越高的市民，其最大支付意愿越高。在1%的显著性水平上，家庭月均收入越高的市民，其最大支付意愿越高。而家庭月均支出与市民最大支付意愿之间无显著联系，这与对农民的回归结果有较大差异，主要原因是最大支付意愿支出占农民、市民家庭月总支出的比例及其边际效益存在较大差异。在10%的显著性水平上，市民宅基地非市场价值认可程度对其最大支付意愿有显著正向影响：从自变量回归系数来看，各个自变量对因变量边际贡献也存在差异，同样“非常认可”宅基地非市场价值的市民较其他认可程度的市民有着更大的支付意愿。

### （五）宅基地非市场价值评估

#### 1. 宅基地非市场价值估算

依据非市场价值公式：宅基地非市场价值=(农民人口×农民 WTP×农民支付率+市民人口×市民 WTP×市民支付率)/(宅基地面积×还原率)，结合研究区域概况及农民、市民对宅基地非市场价值的（月）支付意愿及其支付率，选取还原率为2015年8月26日的定期存款利率1.75%，计算区域宅基地非市场价值(表5-13)。结果表明，2015年秦巴山重庆片区宅基地非市场价值约为679.26亿元。每公顷宅基地非市场价值约为155.94万元（10.40万元/亩），农民家庭年

均支付意愿为464.52元，市民家庭年均支付意愿为1188.84元。

**表5-13 秦巴山重庆片区宅基地非市场价值评估结果**

| 非市场价值 | 支付意愿价值（万元/年） | | | 月均支付意愿的支付率（%） | | 单位宅基地年支付意愿[元/(hm² · 年)] | 非市场价值（元/hm²） |
|---|---|---|---|---|---|---|---|
| | 农民 | 市民 | 小计 | 农民 | 市民 | | |
| 1. 住房保障价值 | 32 398.07 | 38 076.34 | 70 474.41 | 58.26 | 73.17 | 16 179 | 613 086 |
| 2. 社会保障价值 | 16 415.02 | 20 336.23 | 36 751.25 | 46.86 | 66.00 | 8 437 | 276 737 |
| 3. 社会稳定价值 | 1 295.92 | 8 567.18 | 9 863.10 | 12.41 | 42.86 | 2 264 | 50 278 |
| 4. 社会伦理价值 | 14 543.13 | 22 672.73 | 37 215.87 | 57.66 | 70.14 | 8 544 | 318 618 |
| 5. 风貌遗迹价值 | 1 727.90 | 14 538.24 | 16 266.14 | 13.28 | 40.71 | 3 734 | 80 650 |
| 6. 馈赠继承价值 | 11 663.31 | 15 836.30 | 27 499.60 | 51.65 | 67.86 | 6 313 | 220 000 |
| 总计 | 78 043.35 | 120 027.02 | 198 070.37 | — | — | 45 471 | 1 559 369 |

## 2. 评估结果比较

1）与宅基地非市场价值比较（表5-14中序号1、2）。通过比较不难发现，本书中宅基地单位面积非市场价值虽大于相关研究的宅基地非市场价值，但同属一个数量级。这主要是由相关成果对宅基地非市场价值计算不够全面造成的。就住房保障价值看，本书评估结果略小，这是因为CVM是典型的陈述偏好评估法，在调查或询问过程中，受访者一般综合考虑其能够接受的最大支付意愿，而这个支付意愿通常是被低估的（张志强等，2003；李广东等，2011）。另外，调查区域地处国家扶贫重点地区，城乡居民家庭收入总体偏低也可能导致评估结果出现较低状况。

**表5-14 本研究结论与其他成果结论比较**

| 序号 | 作者（年份） | 研究对象 | 研究区域 | 研究方法 | 单位均值 |
|---|---|---|---|---|---|
| 1 | 胡银根等（2013） | 宅基地退出中宅基地市场和非市场价值（住房保障） | 河南省商丘市 | 替代市场法/市场价值法 | 73.8万元/hm²（住房保障价值为73.8元/m²） |
| 2 | 刘义（2014） | 福利经济学视角下宅基地非市场价值（住房保障、社会保障） | 兰州市七里河区 | 替代市场法 | 145.76万元/hm²（住房保障价值为119.41元/m²、生活就业保障价值为26.35元/m²） |
| 3 | 徐小峰（2012） | 城乡建设用地增减挂钩中宅基地市场价值 | 湖北省鄂州市 | 市场价值法 | 212.51万元/hm²（212.51元/m²） |

续表

| 序号 | 作者（年份） | 研究对象 | 研究区域 | 研究方法 | 单位均值 |
|---|---|---|---|---|---|
| 4 | 陈丽娜和尹奇（2013） | 兼顾效率与公平下的宅基地市场价值 | 成都市温江区 | 市场价值法 | 326.40 万元/$hm^2$（21.76 万元/亩） |
| 5 | 王兆林等（2016） | 宅基地退出中宅基地市场价值 | 重庆市开县①等 | 市场价值法 | 316.50 万元/$hm^2$（21.10 万元/亩） |
| 6 | 蔡银莺和张安录（2007） | 农地非市场价值评估 | 湖北省武汉 | CVM | 1.6447 万元/$hm^2$ |
| 7 | 李广东等（2011） | 三峡生态脆弱区耕地非市场价值评估 | 重庆市巫山县、巫溪县、奉节县、云阳县等 | CVM | 1.7461 万元/$hm^2$ |
| 8 | 本书 | 宅基地非市场价值评估（住房保障等 6 项） | 重庆市巫山县、巫溪县、奉节县、云阳县、城口县 | CVM | 155.94 万元/$hm^2$ |

2）与宅基地市场价值比较（表 5-14 中序号 1、2、3）。通过比较不难发现，本研究中宅基地单位面积非市场价值小于相关研究的宅基地市场价值，但同属一个数量级，这符合“市场价值大于非市场价值”的一般评估结果（Hanemann，1985；Cooper and Hanemann，1995；乔荣锋等，2006）。

3）与同类研究方法比较。通过比较不难发现，本研究中宅基地单位面积非市场价值远大于同类方法计算的耕地单位面积非市场价值（表 5-14 中序号 6、7），单位面积宅基地非市场价值约为耕地的 80 多倍，这较为符合近期案例中单位面积宅基地与耕地市场价值比②。

总体来看，本研究结果处于正常水平，同时，由于当前宅基地市场并未放开，宅基地流转仅限于本村集体经济组织，宅基地流转交易市场在各地普遍存在空缺、扭曲、发育不全等问题，加之替代市场法无法真正反映宅基地给农民带来的社会、心理等价值，而 CVM 是典型偏好陈述方法，消费者支付意愿评估的是资源非市场价值，能极大程度地弥补这一缺陷，不受市场问题的约束，是评估宅

① 2016 年 6 月 8 日，国务院批复同意撤销开县，设立重庆市开州区。

② 胡银根等（2013）计算的单位面积宅基地确定性市场价值为 317.60 元/$m^2$，约 317.60 万元/$hm^2$，单位面积宅基地市场期权价值为确定市场价值的 1.6～5.4 倍，故单位面积宅基地市场期权价值为508.16 万～1715.04 万元。乔荣锋等（2006）计算单位面积耕地市场价值为 9.44 万元/$hm^2$，依据上述结果可知，宅基地市场价值为耕地市场价值的 54～182 倍。

基地非市场价值较为理想的方法。

建立宅基地经济管理机制，促进宅基地集约利用是宅基地制度改革的重要内容。宅基地复垦补偿离不开明晰的宅基地完全价值。而其非市场价值作为宅基地市场价值的外溢，在宅基地复垦补偿制定过程中是必须考虑的。本研究的 CVM 评估结果可作为宅基地复垦补偿标准制定的参考。

## 五、结论与讨论

### （一）结论

1）问卷理解度调查显示受访者对问卷问题的理解度较高（72.57%），受访者基本可以构建起 CVM 假想市场。受访者对宅基地各类非市场价值认知普遍较低且存在较大差异，同时受访者对各类非市场支付意愿支付率也存在较大差异，市民普遍高于农民；原因是受访者往往“理性”地将宅基地价值与切身利益结合起来，同时两者在生活环境、文化水平、家庭收入、价值观念等方面也存在较大差异。

2）Tobit 模型回归结果显示，受访者最大支付意愿受其年龄、受教育程度、家庭收入、非市场价值认可程度等因素影响。年龄越大的受访者的最大支付意愿越低；受教育程度、家庭月均收入、非市场价值认可程度越高，受访者的最大支付意愿越高。但受访农民和市民在家庭月均支出变量回归上存在差异，原因是最大支付意愿支出占农民、市民月总支出的比例及其边际效益存在差异。

3）评估结果表明，秦巴山区重庆片区宅基地非市场价值约为 679.26 亿元。每公顷宅基地非市场价值约为 155.94 万元（10.40 万元/亩），农民家庭年均支付意愿为 464.52 元，是区域农民家庭平均可支配收入的 1.96%；市民家庭年均支付意愿为 1188.84 元，是市民家庭平均可支配收入的 1.84%。

### （二）讨论

CVM 基于受访者的支付意愿或接受意愿来估计公共物品效益改善或质量损失的经济价值。理论上，支付意愿和接受意愿测量结果应当是相当的，但经验研究发现，接受意愿的值常常大于支付意愿的值，这可能是因为人们觉得损失某物的代价会大于得到某物的好处（Brown and Gregory，1999；Hanemann，1999；Asafu-Adjaye，2000），因而 NOAA 与国际研究经验表明支付意愿通常比接受意愿更适合于 CVM 研究。本部分依据国际研究经验采用支付意愿作为测量方法对秦巴山区重庆片区宅基地非市场价值进行评估，但由于各个非市场价值可能存在一定程度的重合与受访者可能存在低报支付意愿的问题，本研究的评估结果也是被低估的。此外，当前尽管 CVM 引导技术在评估宅基地非市场价值中应用还不多见，但本研究的调查与统计分析表明，通过合理的偏差处理，CVM 引导技术在此评估中应用是可行的。

# 第二节　宅基地总价值核算

## 一、宅基地及其市场价值构成

农村宅基地是由村集体符合相关规定的内部成员，依照相关的法律法规，来建造家庭居住所使用的土地。农村宅基地具有严格的身份性、无偿使用性、永久使用性、从属性、范围的严格限制性等特点。

1）严格的身份性。指农村宅基地只在村集体内使用，其流转、出租等行为也限于集体内部。另外，农村宅基地使用权取得者是本村集体经济组织内部成员或者是具有相关法律所规定的身份的人。

2）无偿使用性。农民获得宅基地使用权，只需要按照有关法律程序，经过基层政府审批即可以获得，无须支付有关费用，是国家给予农民的一种住房保障。农民无偿使用，也就意味着宅基地流转、买卖受到法律的严格约束。

3）永久使用性。农民获得宅基地使用权后，按照现行法律，农民可以无限期使用宅基地，这种权利可以继承，这种使用受到国家相关法律的保护，任何单位和个人不能够随意地侵犯。

4）从属性。农村宅基地从属性在于其与农房的一体性，也就是农房抵押，其附属宅基地一并抵押，也就是“地随房走”，但是相关法律法规严格禁止农民单独对农村宅基地的使用权进行抵押、出卖、出租和赠予等一系列的流转行为。

5）范围的严格限制性。农村宅基地的使用范围受到严格的限制，仅限于本村集体经济组织内部成员。

基于以上宅基地特性，本研究认为宅基地具有住房保障功能，同时宅基地具有复垦为耕地功能、出租及副业生产等功能，因而具有住房保障、复垦为耕地、出租、副业生产等确定性功能价值；另外，在确定性功能价值基础上，宅基地还具有不确定性功能价值，其不确定性功能价值主要指由其未来的不确定因素引起的经济社会价值增值过程。因而宅基地功能价值可以通过如下表达（图 5-1）。

宅基地确定性功能价值主要指宅基地所具有的主要功能货币化过程，主要包括住房保障、出租、副业生产、复垦为耕地等功能。

- 宅基地功能价值
  - 确定性功能价值
    - 住房保障功能价值
    - 副业生产功能价值
    - 出租功能价值
    - 复垦为耕地价值
      - 经济价值
      - 社会价值
      - 生态价值
  - 不确定性功能价值（期权价值）
    - 经济收益期权
    - 社会收益期权

图 5-1　宅基地功能价值构成

宅基地住房保障价值是建立在宅基地住房保障功能基础上的，也是宅基地基本功能的体现，宅基地住房保障功能价值核算，主要参考公租房补贴及承租方支出进行替代核算。

宅基地复垦为耕地价值，闲置废弃宅基地复垦为耕地，给予农户必要补偿，并将复垦后的土地交由农户耕种，是保障区域耕地资源平衡的重要手段，也是保障区域粮食安全的重要途径。宅基地复垦为耕地，其价值核算主要依托耕地的价值进行核算，具体包括耕地的经济价值、社会价值、生态价值。

宅基地副业生产价值，主要指农民利用宅基地进行副业生产，包括养殖家畜、家禽或者进行代销、待售等其他非农经营等，以此增加农民收入。

宅基地出租价值，当前宅基地流转在一些经济发达地区较为活跃，主要表现为出租或者买卖等，现阶段有关宅基地流转主要在集体经济组织内部进行，而超出集体经济组织范围的宅基地流转是禁止的。宅基地流转价值是宅基地资产属性的具体体现。

宅基地不确定性功能价值，主要是建立在宅基地确定性功能的基础上，形成的非确定增值过程。主要包括由宅基地不确定性经济、社会收益而产生的价值，具体量化方法采用 Black-Scholes 期权定价模型。

## 二、宅基地功能价值核算：以开县为例

### （一）宅基地住房保障功能价值核算（$V_1$）

进城务工农民退出宅基地后，其住房通常选择公租房、廉租房、经济适用房，鉴于当前廉租房和经济适用房建设、管理、运营中存在的诸多问题，住房和城乡建设部要求各地 2014 年底之前将廉租房建设、资金、申请运营等全部纳入公租房统一管理。鉴于此，本书参考曾吉祥（2013）、胡银根等（2013）的研

究，尝试构建重庆市开县公租房的货币直补模型，以城镇低收入家庭租赁公租房总支出（政府补贴与个人缴纳）类比宅基地住房保障功能价值。构建的公租房租金补贴模型如下：

$$T=\begin{cases}(1-\alpha)\times R_0-k\times D & \left(0<\alpha<1-\dfrac{k\times D}{R_0}\right)\\ 0 & \left(1-\dfrac{k\times D}{R_0}\leqslant\alpha\right)\end{cases},\ 0\leqslant\alpha\leqslant1,\ 0<k<1$$

$$R=\begin{cases}(1-\alpha)\times R_0-S=k\times D & \left(0<\alpha<1-\dfrac{k\times D}{R_0}\right)\\ (1-\alpha)\times R_0 & \left(1-\dfrac{k\times D}{R_0}\leqslant\alpha\right)\end{cases},\ 0\leqslant\alpha\leqslant1,\ 0<k<1$$

式中，$T$ 为政府对每户承租者的公租房补贴；$R_0$ 为公租房年标准租金价格；$R$ 为承租户实际缴纳租金价格；$\alpha$ 为每户家庭拥有公租房产权比例；$D$ 为家庭年可支配收入；$k$ 为关于 $D$ 的递增函数，$k=f(D)$，具体为家庭住房开支占家庭可支配收入的比例，最高不应超过1/4（曾吉祥，2013）。

当$0<\alpha<1-\dfrac{k\times D}{R_0}$时，承租户需要政府补贴租金。当$1-\dfrac{k\times D}{R_0}\leqslant\alpha$时，承租户家庭拥有公租房产权比例超出了需要政府补贴的上限，承租户需要缴纳剩余公租房产权部分租金。不论哪种情况，政府与承租户租赁公租房总支出为 $T+R=(1-\alpha)\times R_0$，由于现行法律没有规定宅基地的使用年限，农民可长期使用，可以将宅基地的使用年限定义为无限年期，依据收益还原法有

$$V_1=\frac{(T+R)}{r_1\times S_{宅}}\times\frac{P_1}{b}=\frac{P_1\times(1-\alpha)\times R_0}{r_1\times S_{宅}\times b}$$

式中，$V_1$ 为单位面积宅基地住房保障功能价值；$P_1$ 为区域农村总人口；$S_{宅}$为区域宅基地总面积；$r_1$ 为资本还原利率；$b$ 为区域户均人口。

依据《重庆统计年鉴2015》、《开县统计年鉴2015》与2015年开县土地利用变更调查，2014年开县农村总人口 $P_1$ 为67.56万人，户均人口 $b$ 为2.95人，宅基地总面积 $S_{宅}$为15 608.6hm²，$r_1$ 取2014年11月22日的中长期贷款利率（五年以上）为6.15%。另据开县国土资源和房屋管理局及开县城乡建设委员会资料，截至2014年该县共进行了两批公共租赁住房配租，总房源为2683套，分别为40m² 住房745套，60m² 住房1938套。其每户家庭拥有公租房产权比例 $\alpha$ 仅为0.69%，公租房平均月租金价格为4.75元/m²，年租金平均价格为57元/m²。因而计算宅基地住房保障功能价值为 $V_1$=49 933.36元/亩。

（二）宅基地出租功能价值核算（$V_2$）

尽管当前《中华人民共和国土地管理法》等法律规定“农村村民出卖、出

租住房后，再申请宅基地的，不予批准”，但在集体经济组织内部，宅基地出租等流转现象较为普遍，特别是在城乡接合部地区，宅基地租赁市场客观存在。宅基地出租是农村土地资本化的具体体现。因而根据马克思地租地价理论有

$$V_2=\frac{R}{r_1}$$

式中，$V_2$ 为单位面积宅基地出租价格；$R$ 为区域单位面积宅基地平均租金水平；$r_1$ 为中长期贷款利率。

通过2014年7月至2015年5月对开县谭家镇等72户宅基地（农房）承租农户的随机调查，可知该地区平均租金水平为685元/年，宅基地平均出租面积为243m$^2$，$r_1$ 取2014年11月22日的中长期贷款利率（5年以上）为6.15%。因而不难求算宅基地年出租价值平均为45.84元/m$^2$，$V_2$=30 339.69元/亩。

### （三）宅基地副业生产功能价值核算（$V_3$）

副业生产是农村宅基地一项非常重要的功能，农民利用宅基地进行的副业生产主要包括养殖与自营。实际上，传统农区农民利用宅基地进行自营非常少，通常每村仅有一两个农村日用品的代售点。而相较自营，农民利用宅基地进行养殖则非常普遍；同样由于农民可以无限期使用宅基地，并假设农民利用宅基地养殖生产年均产值稳定，以此概算宅基地副业生产价值，按照收益还原法有

$$V_3=\frac{P}{r_1\times S_{宅}}=\frac{P_{家畜}+P_{家禽}}{r_1\times S_{宅}}$$

式中，$V_3$ 为单位面积宅基地副业生产功能价值；$P$ 为养殖总产值；$S_{宅}$ 为宅基地面积；$r_1$ 为资本还原利率。

依据《中国农村住户调查年鉴2015》、《重庆统计年鉴2015》和开县畜牧兽医局资料，结合实地调查发现，开县农村家禽规模养殖多依托承包农用地进行，而依托宅基地进行的散养家禽多用于农民自己消费且规模不大，因而在测算开县宅基地副业生产中，家禽养殖可忽略。开县农民家畜养殖主要包括猪、山羊，而养牛较少，故本研究以开县农村散养的生猪、山羊年收益来概算农村宅基地养殖总产值。依据开县畜牧兽医局数据，2014年开县畜禽养殖产值约为22.98亿元，农村地区扣除规模养殖后，其中利用宅基地养殖的约为总产值的10%，同期宅基地总面积为15 608.6hm$^2$，$r_1$ 取2014年11月22日的中长期贷款利率（5年以上）为6.15%。依据公式，宅基地副业生产功能价值为 $V_3$=15 960元/亩。

### （四）宅基地复垦为耕地功能价值核算（$V_4$）

宅基地复垦为耕地是保障区域耕地资源总量动态平衡的重要手段，因而其价值核算的实质是耕地功能价值的核算；一般认为耕地具有经济功能价值、社会功

能价值与生态功能价值，但传统农区耕地的生态功能价值并不明显，耕地的经济及社会功能价值更加明显，因而在核算过程中主要核算其经济功能价值及社会功能价值。对耕地的经济功能价值主要核算其单位面积作物产出价值 $V_{41}$；而对耕地的社会功能价值，则主要核算其社会稳定功能价值 $V_{421}$ 和社会保障功能价值 $V_{422}$，因而宅基地复垦为耕地功能价值可以表示如下：$V_4 = V_{41} + V_{421} + V_{422}$。

**1. 宅基地复垦为耕地的经济功能价值核算（$V_{41}$）**

耕地的经济功能价值通过核算其单位面积作物产出价值确定。参考《全国农产品成本收益资料汇编 2015》《重庆统计年鉴 2015》《开县统计年鉴 2015》，选取开县耕地主要种植的稻谷、菜籽、甘蔗、烟叶、茶叶、蔬菜六类作物，通过获取其净收益，并乘以相应权重核算该区域的耕地经济价值。权重通过当年的各农作物的播种面积与农作物播种总面积的比值确定，由此可知 2014 年开县宅基地复垦为耕地的经济功能价值 $V_{41}=1022.6545$ 元/亩（表 5-15）。

表 5-15　2014 年开县主要农作物收益

| 项目 | 稻谷 | 菜籽 | 甘蔗 | 烟叶 | 茶叶 | 蔬菜 | 合计 |
|---|---|---|---|---|---|---|---|
| 净收益（元/亩） | 486.9900 | 545.9200 | 455.6670 | 1100.0000 | 3202.0250 | 2500.6300 | 8291.2320 |
| 权重 | 0.7121 | 0.0188 | 0.0032 | 0.0007 | 0.0003 | 0.2649 | 1.0000 |
| 加权收益（元/亩） | 346.7856 | 10.2633 | 1.4581 | 0.7700 | 0.9606 | 662.4169 | 1022.6545 |

资料来源：《全国农产品成本收益资料汇编 2015》《重庆统计年鉴 2015》《开县统计年鉴 2015》

**2. 宅基地复垦为耕地的社会功能价值核算（$V_{42}$）**

（1）社会稳定价值核算（$V_{421}$）

宅基地复垦为耕地的社会稳定价值主要体现在宅基地复垦实现区域耕地资源总量动态平衡，从而确保区域粮食安全。因而这一价值可以通过耕地开垦费来替代，耕地开垦费包括有形的宅基地复垦工程成本和无形的土壤经济肥力（吴兆娟，2012）。对有形的宅基地复垦工程成本可以通过对复垦项目区实地调查获取。对无形的土壤经济肥力的确定，要在综合考虑土壤经济肥力形成周期内各年资金投入的现值与经济肥力形成周期内投资的损益两方面基础上确定。本书参考吴兆娟（2012）的研究，运用影子价格，以耕地单位面积凝结的固定资产量、投入折现值、收益损失值三部分来替代宅基地复垦为耕地的社会稳定功能价值。

$$V_{421} = C_1 + C_2 + C_3$$

式中，$V_{421}$ 为单位面积宅基地复垦为耕地的社会稳定功能价值（万元）；$C_1$ 为单位面积固定资产量（宅基地复垦工程成本）（万元）；$C_2$ 为单位面积耕地培肥投入折现值（万元）；$C_3$ 单位面积耕地收益损失折现值（万元）。

$C_1$ 的确定：通过 2014 年 7 月至 2015 年 5 月对开县谭家镇、温泉镇等 5 镇 235 个宅基地复垦工程项目调查发现，该县的宅基地复垦工程成本主要涵盖工程施工费、前期工作、竣工验收、工程监理、安全配套费用，其平均工程成本费用为 10 573 元/亩（表 5-16）。

**表 5-16　2014 年开县宅基地复垦工程成本统计值**

| 工程成本项目 | | 平均值（元/亩） |
|---|---|---|
| 工程施工费 | 房屋拆除 | 4532 |
| | 院坝拆除 | 1097 |
| | 土地平整 | 1327 |
| | 土地深翻 | 530 |
| | 农田水利 | 390 |
| | 田间道路 | 597 |
| | 其他工程 | 100 |
| 前期工作 | | 1200 |
| 竣工验收 | | 200 |
| 工程监理 | | 400 |
| 安全配套 | | 200 |
| 合计 | | 10573 |

资料来源：开县谭家镇等 5 镇随机调查

$C_2$ 的确定：由于宅基地复垦为耕地效益的滞后性和培肥地力的渐进性，一般宅基地复垦为耕地前 4 年的土壤经济肥力不明显，从第 5 年开始才真正发挥效力，本书取土壤经济肥力形成周期为 4 年。则有

$$C_2=\frac{A\times(1+r_1)+A\times(1+r_1)^2+A\times(1+r_1)^3+A\times(1+r_1)^4}{(1+r_2)^4}$$

式中，$A$ 为单位面积耕地化肥投入金额（元/年），在此假设每年投入金额不变；$r_1$ 为中长期贷款利率；$r_2$ 为一年期定期存款利率。

$C_3$ 的确定：4 年收益损失折现值为

$$C_3=\frac{B}{(1+r_2)}+\frac{B}{(1+r_2)^2}+\frac{B}{(1+r_2)^3}+\frac{B}{(1+r_2)^4}$$

式中，$B$ 为单位面积耕地收益损失值（用耕地地均净收益代替）（元/年），并假设每年的损失值相等。

通过 2011 ~ 2015 年《重庆统计年鉴》《开县统计年鉴》求取的该县 2010 ~ 2014 年农用化肥施用量平均为 53 913. 6t，参考各类化肥的年平均价格与开县年均作物播种面积，可求 $A$ 为 438. 3470 元/亩。通过对耕地经济价值计算可知 $B$ 为

1022.7014 元/亩。$r_1$ 取 2014 年 11 月 22 日的中长期贷款利率（5 年以上）为 6.15%。$r_2$ 取 2014 年 11 月 22 日的一年期定期存款利率为 2.75%。可以确定 $C_2$ 为 1606.8096 元/亩，$C_3$ 为 273.4914 元/亩。因而宅基地复垦为耕地的社会稳定价值为

$$V_{421}=C_1+C_2+C_3=10\ 573+1606.8096+273.4914=12\ 453.3010\text{ 元/亩。}$$

（2）社会保障价值综合测算（$V_{422}$）

耕地社会保障功能的测算在依据陈丽等（2006）确定的农地社会保障价值计算方法基础上，充分结合城镇居民社会保障支出，综合考虑养老、医疗、工伤、生育、失业等社会保障，构建如下修正计算公式：

$$V_{422}=\frac{(Y_{养}+Y_{医}+Y_{工}+Y_{生}+Y_{失})}{P\times A_a}$$

式中，$V_{422}$为耕地社会保障价值；$A_a$ 为人均耕地面积；$P$ 为总人口；$Y_{养}$为全社会养老保险支出；$Y_{医}$为全社会医疗保险支出；$Y_{工}$全社会工伤保险支出；$Y_{生}$为全社会生育保险支出；$Y_{失}$为全社会失业保险支出。

依据《开县统计年鉴 2015》与《2014 年开县国民经济与社会发展统计公报》及 2015 开县土地利用变更调查，2014 年重庆市开县总人口为 168.77 万人，其中，农村人口为 114.98 万人，耕地面积为 100 792$hm^2$，农村人均耕地面积为 1.3149 亩；2014 年全年全县城镇职工、城乡居民养老保险分别征收基金 3.61 亿元、0.49 亿元，全县城镇职工、城乡居民医疗保险分别征收基金 1.5541 亿元、0.9296 亿元。工伤、生育、失业保险分别征收基金 6013 万元、456.61 万元、1310 万元。社会保障征收总额度为 7.3617 亿元，人均社会保障价格为 436.19 元，则耕地社会保障价值（$V_{422}$）为 331.7286 元/亩。因而宅基地复垦为耕地的价值 $V_4=V_{41}+V_{421}+V_{422}=1022.6545+12\ 453.3010+331.7286=13\ 807.6841$ 元/亩。

### （五）宅基地功能期权价值核算（$V_5$）

宅基地功能期权价值是宅基地在不确定条件下产生的价值，是在现有确定性价值基础上的浮动。上述分别就宅基地具有的住房保障、出租价值、副业生产、复垦为耕地等功能进行核算，但开县农民宅基地退出功能理论价值并非上述功能之和，按照《重庆市户籍制度改革转户居民农村宅基地及其附属设施用地处置与利用管理实施办法（试行）》，宅基地退出复垦为耕地，经验收合格后，复垦的耕地仍由原宅基地使用权人耕种，仅是农村建设用地指标发生了转移；实际上宅基地退出补偿应该包含对农民宅基地的住房保障功能、出租功能、副业生产功能进行补偿，同时应该扣除给予农民的宅基地复垦为耕地的价值。因而宅基地退出确定性理论价值可以表示为 $V=V_1+V_2+V_3-V_4=49\ 933.36+30\ 339.69+15\ 960-13\ 807.6841=82\ 425.3659$ 元/亩。在此确定性价值基础上，进一步采用 Black-

Scholes 期权定价模型计算其期权价值。

尽管现行法律没有规定宅基地使用期限，但宅基地有偿使用是宅基地制度改革的必然趋势，在此假定宅基地使用期限与城镇住宅用地同样为 70 年（$t$），因而就可以将 70 年的宅基地使用权视为 70 个持有期为 1 年的美式看涨期权。$S$ 为确定性的开县宅基地价值为 82 425. 3659 元/亩（约为 8. 2425 万元/亩）。$K$ 是期权执行价格为当前开县宅基地退出复垦补偿执行标准 12 万元/亩。$r$ 是无风险利率，参照 2014 年 11 月 22 日的中长期贷款利率（5 年以上）为 6. 15%。股票收益率标准差（$\sigma$）参照 2014 年房地产市场商品住宅价格指数变化，并结合胡银根等（2013）的研究取 1. 875%。据此依据 Black-Scholes 期权定价模型，可以计算宅基地功能期权价值为 7. 92 万元/亩。

## 三、宅基地总价值核算

对宅基地市场价值评估，本书从宅基地功能市场价值出发进行核算，结果表明，当前重庆市传统农区宅基地市场价值及其期权价值为 8. 2425 万元/亩+7. 92 万元/亩=16. 16 万元/亩。同期基于 CVM 测算的重庆市传统农区宅基地非市场价值约为 155. 94 万元/$hm^2$（10. 40 万元/亩），这符合“资源市场价值大于其非市场价值”的一般结果，因而重庆市传统农区宅基地总价值为市场价值与其非市场价值之和，约为 26. 56 万元/亩，现行的 12 万元/亩的退地补偿标准偏低。

### 参考文献

蔡银莺，张安录. 2007. 武汉市农地非市场价值评估 [J]. 生态学报，27（2）：763-773.

陈丽，曲福田，师学义. 2006. 耕地资源社会价值测算方法探讨——以山西省柳林县为例 [J]. 资源科学，28（6）：86-90.

陈丽娜，尹奇. 2013. 宅基地退出：兼顾效率与公平的补偿标准 [J]. 中国人口·资源与环境，23（11）：380-386.

方贤国. 2014. 基于农户分化视角的农村宅基地功能分析与评价——以瑞昌市 2 个乡镇为例 [D]. 东华理工大学硕士学位论文.

冯应斌，杨庆媛. 2015. 农户宅基地演变过程及其调控研究进展 [J]. 资源科学，37（3）：442-448.

胡银根，张曼，魏西云，等. 2013. 农村宅基地退出的补偿测算——以商丘市农村地区为例 [J]. 中国土地科学，27（3）：29-35.

李广东，邱道持，王平. 2011. 三峡生态脆弱区耕地非市场价值评估 [J]. 地理学报，66（4）：562-575.

林超，谭峻. 2013. 农村宅基地制度改革研究——基于宅基地功能演变分析的视角 [J]. 经济体制改革，（5）：69-72.

刘义. 2014. 城乡建设用地增减挂钩背景下农村宅基地退出补偿价格与周转指标价格评估研究 [D]. 甘肃农业大学硕士学位论文.
刘治国, 李国平. 2006. 陕北地区非再生能源资源开发的环境破坏损失价值评估 [J]. 统计研究, (3): 61-66.
罗湖平. 2014. 中国土地隐形市场研究综述 [J]. 经济地理, 34 (4): 145-152.
乔荣锋, 高进云, 张安录. 2006. 山地丘陵地区农地资源价值评估——以湖北省宜昌市为例 [J]. 资源科学, 28 (6): 97-103.
王瑞雪. 2005. 耕地非市场价值评估理论方法与实践 [D]. 华中农业大学博士学位论文.
王兆林, 杨庆媛, 王娜. 2016. 重庆宅基地退出中农民土地收益保护研究——基于比较收益的视角 [J]. 中国土地科学, 30 (8): 47-55.
吴兆娟. 2012. 地块尺度耕地社会价值 [D]. 西南大学博士学位论文.
徐小峰. 2012. 城乡建设用地增减挂钩农村宅基地退出补偿研究——以湖北省鄂州市为例 [D]. 华中农业大学硕士学位论文.
杨柳, 张文. 2015. 2014 年底前各地廉租房全部纳入公租房租金咋定 [N]. 《人民日报》(2015 年 04 月 27 日 02 版)
曾吉祥. 2013. 公共租赁住房租金定价与补贴机制的实证研究 [D]. 青岛理工大学工程硕士学位论文.
张志强, 徐中民, 程国栋. 2003. 条件价值评估法的发展与应用 [J]. 地球科学进展, 18 (3) 454-463.
Asafu- Adjaye J. 2000. Environmental Economics for Non-economists [M]. Singapore: World Scientific Publishing Co Pte Led.
Bateman I J, Langford I H, Jones A P, et al. 2001. Bound and path effects in double and triple bounded dichotomous choice contingent valuation [J]. Resource and Energy Economics, 23 (3): 191-213.
Bjornstad D J, Kahn J R. 1999. The Contingent Valuation of Environ- mental Resources: Methodological Issues and Research Needs [M]. Cheltenham: Edward Elgar Publishing Limited.
Brown T C, Gregory R. 1999. Why the WTP- WTA disparity matters [J]. Ecological Economics, 28 (3): 323-335.
Carson R T. 1985. Three essays on contingent valuation [D]. Berkeley: University of California.
Cho S H, Newman D H, Bowker J M. 2005. Measuring rural homeowners´ willingness to pay for land conservation easements [J]. Forest Policy and Economics, 7 (5): 757-770.
Cooper J, Hanemann W M. 1995. Referendum Contingent Valuation: How many Bounds Are Enough? USDA Economic Research Service, Food and Consumer Economics Division [R].
Costanza R, d´Arge R, de Groot R, et al. 1998. The value of the world´s ecosystem services and natural capital. Ecological Economics, 25 (1): 3-15.
Davis R K. 1963. Recreation planning as an economic problem [J]. Natural Resources Journal, (3): 239-249.
Dorfman J H, Barnett B J, Bergstrom J C, et al. 2008. Searching for farmland preservation

markets：Evidence from the southeastern U. S. [J]. Land Use Policy, 26 (1): 121-129.

Hanemann W M. 1985. Some issues in continuous- and discrete- response contingent valuation studies [J]. Northeast Journal of Agricultural Economics, 5: 5-13.

Hanemann W M. 1999. The economic theory of WTP and WTA [A] //Bateman I J, Willis K G. Valuing Environmental Preferences: Theory and Practice of the Contingent Valuation Method in the US, EU, and Developing Countries [C]. New York: Oxford University Press.

Li W X. 2016. Failure by design- national mandates and agent control of local land use in China [J]. Land Use Policy, 52: 518-526.

Liu Y S, Hu Z C, Li Y C. 2014. Process and cause of urban-rural development transformation in the Bohai Rim Region, China [J]. Journal of Geographical Sciences, 24 (6): 1147-1160.

Loomis J B, Walsh R G. 1997. Recreation Economic Decisions: Comparing Benefits and Costs (2nd) [M]. Pennsylvania Venture Publishing Inc.

Randall A, Ives B, Eastman C. 1974. Bidding games for valuation of aesthetic environmental improvements [J]. Journal of Environmental Economics and Management, 1 (2): 132-149.

Sun H, Liu Y S, Xu K. 2011. Hollow villages and rural restructuring in major rural regions of China: A case study of Yucheng City, Shandong Province [J]. Chinese Geographical Science, 21 (3): 354-363.

# 第六章　农民宅基地退出增值收益分析：比较收益视角

江苏省、安徽省、陕西省、重庆市等地陆续开展宅基地有偿退出的试点，截至2014年11月全国已有22个省（自治区、直辖市）陆续开展了农村宅基地退出复垦的实践。从各地实践来看，由于退地复垦政策不够健全，一些地方农民在宅基地退出中存在农民权益受损现象，因而如何有效地保护退地农民合法的土地权益就成了目前学界亟待研究的问题。梳理文献发现，当前学术界对宅基地退出中农民权益保护问题的研究总体偏少，主要从资政视角定性开展有关研究（胡显莉，2011；尤嫚，2012；张力心，2013），研究方法以定性为主，通常缺乏理论分析，问题产生的机理分析不够透彻；鲜有从宅基地退出中农民退地理论收益与实际收益的视角开展宅基地退出中农民退地收益受损问题的研究；实际上，只有厘清农民退地收益中是否存在受损及损失产生的机理等问题，并制定针对性的对策建议，才能保障退地农民合法土地收益。

有鉴于此，本部分结合重庆市宅基地退出复垦的实证，从宅基地退出中农民退地理论收益与实际收益的视角，构建农民退地收益理论模型与实际模型，分析宅基地退出中农民退地收益损失变化状况，提出完善现行宅基地退出补偿政策，保障退地农民合法土地收益的对策建议；既可以补充理论界相关研究的不足，也可以为地方政府完善相关退地补偿政策提供参考。

## 第一节　增值收益分配理论框架

### 一、重庆宅基地退出收益分配分析

宅基地退出收益有广义与狭义两种理解。广义的宅基地退出收益指地方政府通过宅基地退出复垦增加有效耕地面积和城镇建设用地指标，并由此引致的区域城镇化和农业现代化发展、村容村貌改善和农村土地集约利用、集体经济发展和城乡居民收入增加等系列经济社会效益。狭义的宅基地退出收益指农村建设用地复垦转移城镇的指标市场化与货币化收益，本研究所指的宅基地退出收益就属于该范畴。

重庆地票是农村建设用地（含宅基地）复垦并经土地行政管理部门验收后产生的农村建设用地指标；地票形成后经“增减挂”进入重庆市农村土地交易所，经市场竞争，形成地票价款或者市场化价值。对于该部分价值的分配，《重庆市国土房管局关于完善地票价款分配的补充意见》和《重庆市国土房管局关于调整地票价款分配及拨付标准的通知》均规定复垦的宅基地形成的地票平均价款在扣除复垦项目成本后，退地补偿按照 12 万元/亩和 2. 1 万元/亩分别支付给农户和集体，若此地票交易价款在扣除其退地补偿和复垦成本后仍有剩余，即地票剩余溢价，则按照 85∶15 的比例分别再次支付给退出宅基地的农户和集体经济组织（图 6-1）。

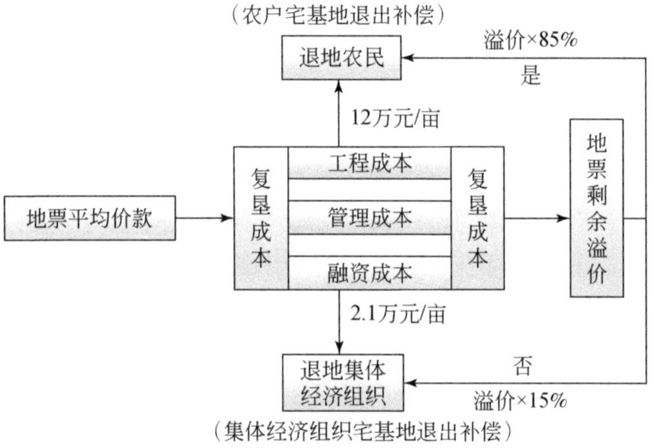


图 6-1　重庆市地票收益分配机理

上述退地政策表明，区县政府只是宅基地退出工作的推动者，其收益仅仅是其前期垫付的复垦成本（工程、管理、融资），因而不参与地票价款分配。农民和集体经济组织分别是宅基地使用权人和所有权人，因而理应参与宅基地退出收益分配。进一步依据重庆市退地政策，地票价款扣除复垦成本后，经由区县政府按比例直拨农民和集体经济组织，因而宅基地使用权人农民和所有权人集体经济组织之间并不存在博弈过程，据此形成农民和集体经济组织的收益分配函数如下：

农民退地总收益=农民宅基地退出补偿+地票剩余溢价×85%=农民宅基地退出补偿+［地票交易价款宅基地退出补偿-（农民宅基地退出补偿+集体经济组织宅基地退出补偿）-复垦成本］×85%。其中，农民宅基地退出补偿=宅基地退出补偿×12/(12+2. 1)。

集体经济组织退地总收益=集体经济组织宅基地退出补偿+地票剩余溢价×15%=集体经济组织宅基地退出补偿+［地票交易价款宅基地退出补偿-（农民

宅基地退出补偿+集体经济组织宅基地退出补偿）-复垦成本］×15%。其中，集体经济组织宅基地退出补偿=宅基地退出补偿×2.1/(12+2.1)。

## 二、重庆市宅基地退出增值收益模型构建

### （一）实际收益模型构建

参考重庆市有关退地补偿政策（《重庆市国土房管局关于完善地票价款分配的补充意见》(以下简称《意见》）和《重庆市国土房管局关于调整地票价款分配及拨付标准的通知》关于宅基地退出补偿、剩余溢价分配及复垦成本的规定，基于以上理论分析构建重庆市宅基地退出实际收益模型（图6-2），重庆市各区县实际按照该模型执行宅基地退出收益分配，具体如下。

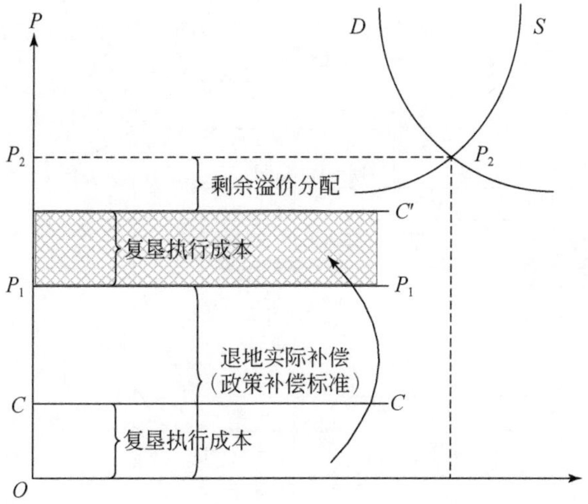


图6-2　重庆市宅基地退出实际收益模型

图6-2中，$OP_1$ 表示宅基地退出实际补偿（也就是政策补偿标准14.1万元/亩，主要包括农民和集体经济组织的退地补偿），$OP_2$ 表示地票平均交易价格，$OC$ 表示宅基地复垦执行成本（政策拨付标准3.7万元/亩，包括工程、管理、融资三方面成本）。为便于研究，在分析过程中将 $P_1C'$ 与 $OC$ 做等值替代处理（$P_1C' = OC$）。该模型表明：上述按照重庆市《意见》的规定，经市场充分竞争后形成的地票平均市场价格 $OP_2$，扣除退地补偿 $OP_1$ 和复垦成本标准 $P_1C'$（$OC$）后，剩余的 $C'P_2$ 部分称为地票剩余溢价，该溢价按照85%的比例再次支付给退地农户与15%的比例再次支付给集体经济组织。因而农民实际获得退

地总收益为

$$Y_{农民实际} = OP_1 \times \frac{农民(12)}{农民(12) + 集体经济组织(2.1)} + [OP_2 - OP_1 - OC(P_1C')] \times 85\% = 0.85 \times OP_1 + C'P_2 \times 85\%$$

（二）理论收益模型构建

通过梳理有关文献发现，当前理论界已对重庆市宅基地退出中“退地补偿偏低、复垦成本偏高”的问题达成共识（表6-1）。本部分基于上述理论部分重庆市现行宅基地退出复垦补偿政策的规定，以“提高宅基地退出补偿标准，降低宅基地复垦成本”为目的，基于模型Ⅰ（实际收益模型），构建重庆市宅基地退出理论收益模型①（图6-3）。

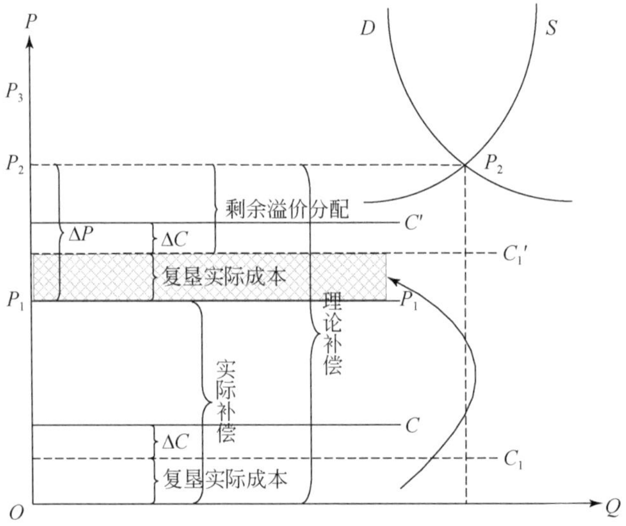


图6-3 重庆市宅基地退出理论收益模型

图6-3中，$OC$ 为宅基地复垦执行成本（3.7万元/亩），$OC_1$ 为宅基地复垦实际成本，两者均涵盖工程、管理、融资三种成本；为便于研究，在分析过程中分别将 $P_1C'$ 和 $OC$ 、$P_1C'_1$ 和 $OC_1$ 做等值替代处理，有 $OC = P_1C'$ ，$OC_1 = P_1C'_1$。

① 由于动态收益模型，要考虑退地收益与复垦成本的货币时间价值及稳定的净现金流，这就必然要求退地补偿政策长期稳定。重庆市现行的宅基地退出复垦政策是试行政策，会依据执行过程中产生的新问题不断调整完善，因而此处构建动态收益模型并不理想。故构建静态收益模型，无须考虑退地收益与复垦成本的货币时间价值（短期、长期变动）。在实证研究中，也无须考虑补偿或成本的期权价值。

**表 6-1　有关重庆市宅基地退出补偿及复垦成本论断的文献梳理**

| 序号 | 文献题目 | 作者（年份） | 有关“补偿标准偏低”的论断 | 序号 | 文献题目 | 作者（年份） | 有关“复垦成本偏高”的论断 |
|---|---|---|---|---|---|---|---|
| 1 | 户籍改革中农村土地退出补偿机制研究——以重庆市为例 | 滕亚为（2011） | 退地补偿标准偏低；一次性补偿，缺乏长远考虑 | 7 | 基于农民权利保护的地票交易制度研究 | 尤嫚（2012） | 由于政府复垦权利的垄断，导致复垦成本虚高，加之过低的复垦补偿，从而损害农民土地权益 |
| 2 | 户籍制度改革中农户土地退出意愿及其影响因素分析 | 王兆林等（2011） | 退地补偿与农户退地意愿息息相关，现行退地标准偏低，应提高退地补偿，提高农民退地积极性 | 8 | 重庆市地票模式、现状问题及对策研究 | 曹梅（2013） | 复垦成本“一刀切”，复垦管理成本偏高 |
| 3 | “地票”交易中农民权益保障问题研究 | 张力心（2013） | 地票交易过程中农民信息不畅、主体地位受限；复垦补偿偏低、分配不均 | 9 | 农村建设用地复垦的经济学研究——以重庆市巫山县为例 | 后雪峰（2014） | 现行农村建设用地复垦成本过高；政府忽视了复垦农民利益 |
| 4 | 基于博弈论的重庆地票价格与收益分配问题研究 | 孟卫东和熊欢（2015） | 农民作为地票供给者只参与了地票收益的初次分配过程，以致农民获得的补偿偏低，未能有效增加农民的财产性收入 | 10 | 不同类型农户对宅基地退出的响应——以重庆梁平为例 | 黄贻芳和钟涨宝(2013) | 退地成本较高，现有重庆市宅基地退出补偿政策下，退地补偿不能体现农民的收益预期 |
| 5 | 重庆地票制度的功能及问题探析 | 杨庆媛和鲁春阳(2011) | 现行地票补偿偏低，没有对土地发展权进行补偿 | 11 | 论地票制度中利益分享机制 | 董广绪（2011） | 复垦机构的专业化可以降低复垦成本，降低农民参与地票利益分享的门槛，提高农民地票收益水平 |
| 6 | 重庆地票制度的现状、问题及对策 | 叶小丽和臧建建(2013) | 退地补偿标准偏低，应按照市场价格对退地农民进行补偿 | 12 | 重庆宅基地地票交易中的农民权益保护问题分析 | 胡显莉和陈出新(2011) | 农民宅基地复垦的成本偏高，从当前地票制度看，主要是由于政府为了照顾农村集体经济组织的利益可能产生的寻租造成的 |

$OP_1$ 为宅基地退出实际补偿（14.1 万元/亩，包括农民和集体经济组织的退地补偿），$OP_2$ 为宅基地退出理论补偿（地票交易价格，农民和集体经济组织的退地补偿）①。

理论收益模型是针对当前学术界对退地补偿“补偿偏低、成本偏高”的共识，以“提高退地补偿，降低复垦成本”为指导构建的理想模型。具体是在实际收益模型（模型Ⅰ）基础上，提高宅基地实际补偿标准，将宅基地退出实际补偿由 $OP_1$ 提升至理论补偿 $OP_2$，增加了 $P_1P_2$（$\Delta P$）；同时降低复垦成本，将宅基地退出复垦成本由 $OC$ 降低至 $OC_1$，降低了 $CC_1$（$\Delta C$）。同样依据重庆市“意见”的规定，地票价格维持在 $OP_2$ 水平上，在扣除宅基地复垦实际成本 $P_1C'_1$（$OC_1$）和宅基地退出实际补偿 $OP_1$ 后，剩余的 $C'_1P_2$ 的溢价，按照85∶15 的比例分别再次支付给退地农户和集体经济组织。因而农民理论获得退地总收益为

$$
\begin{aligned}
Y_{农民理论} &= OP_2 \times \frac{农民(12)}{农民(12)+集体(2.1)} + [OP_2 - OP_1 - P_1C'_1(OC_1)] \times 85\% \\
&= 0.85 \times OP_2 + C'_1P_2 \times 85\%
\end{aligned}
$$

## 三、比较收益下的退地收益损失判断

比较实际收益模型与理论收益模型可知，因 $OP_2 > OP_1$，且 $C'_1P_2 > C'P_2$，故有 $Y_{农民理论} > Y_{农民实际}$，显然理论模型中农民退地总收益大于实际模型中农民退地总收益，因而重庆市宅基地退出中农民面临土地收益损失。理论分析发现，现行政策下重庆市农民退地总收益将面临损失。本部分进一步结合实证，分别计算农民退地实际总收益（$Y_{农民实际}$）和农民退地理论总收益（$Y_{农民理论}$），进而计算农民退地收益损失状况及其主导因素，提出完善现行退地政策与保障农民土地权益的建议，供决策参考。

---

① 由于宅基地具有功能多样性，区位性、利用程度差异性等特征，其功能价值核算往往具有较大误差，而通过市场反映的宅基地价值比其功能价值核算更具有合理性，本部分用宅基地复垦后指标市场交易（地票交易）价格来替代衡量宅基地的理论补偿价值。本部分实证部分通过市场化宅基地理论补偿价值（地票交易价格）分别与胡银根等（2013）及陈丽娜和尹奇（2013）的研究成果对比，每亩价格差别极小。

# 第二节　重庆市宅基地退出增值比较收益研究

## 一、数据来源

1）调查区选择。为全面准确地验证与评估重庆市宅基地退出中农民土地收益损失状况，本部分选择不同区位条件的区县开展研究。按照重庆市区域发展格局，本部分选择都市区的渝北区、永川区，渝东北的开县，渝东南的秀山县进行研究。

2）数据来源。本部分数据总体由两部分构成。一是权威统计数据，主要用于计算宅基地市场化理论补偿价值，如《重庆统计年鉴2015》和重庆农村土地交易所公布的统计数据，主要涉及2010～2014年重庆市市域及其不同区位条件的渝北区、永川区、开县、秀山县四个区县的年度地票交易平均价格数据。二是问卷调查数据。为获取重庆市不同区位及不同地形条件下的宅基地复垦实际平均成本，作者团队于2014年7月至2015年5月对开县谭家镇、温泉镇、大进镇、河堰镇五镇的235个宅基地复垦项目，永川区陈食街道、双石镇两个乡镇街道的58个宅基地复垦项目，渝北区茨竹镇的22个宅基地复垦项目，秀山县溪口镇、清溪场镇、官庄镇的178个宅基地复垦项目进行随机问卷调查。

## 二、参量确定

### （一）宅基地退出理论补偿价值（$OP_2$）的确定

鉴于我国宅基地具有用途多样性、区位差异性等特征，利用宅基地功能价值核算其理论补偿价值较为困难的同时也存在较大误差①，故本部分用宅基地复垦后形成的指标交易市场价格（地票交易价格）来衡量宅基地的理论补偿价值。基于重庆农村土地交易所统计数据，作者团队获取2010～2014年重庆市及其不同区位条件、地貌形态下的渝北区、永川区、开县、秀山县的年度地票交易平均价格数据，并对该数据进行价格指数平减处理，形成图6-4。

① 例如，宅基地出租功能，偏远农区的宅基地出租市场近似为零，升值潜力较小；而通过市场反映的宅基地价值比其功能价值更具有合理性。

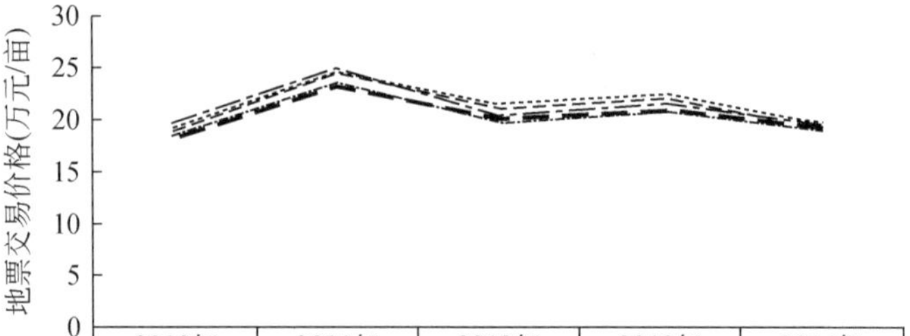


| | 2010年 | 2011年 | 2012年 | 2013年 | 2014年 |
|---|---|---|---|---|---|
| 重庆市 | 19.00 | 24.42 | 20.92 | 22.07 | 19.11 |
| 渝北区 | 19.10 | 24.49 | 21.40 | 22.39 | 19.62 |
| 永川区 | 19.62 | 24.79 | 20.26 | 21.43 | 19.30 |
| 开县 | 18.14 | 23.14 | 19.80 | 20.65 | 19.11 |
| 秀山县 | 18.30 | 23.31 | 19.63 | 20.60 | 19.02 |

图6-4　重庆市不同区位条件下地票交易价格

数据来源：重庆农村土地交易所，并经价格指数平减

分析图6-4可知，重庆市地票交易价格存在两大特征：一是同期各区县的地票价格与全市平均水平差别不大。二是重庆市地票交易价格虽然存在小幅波动，但总体稳定。第一大特征是因为不论是区位条件较好的区县还是区位条件较差的区县，产生的地票均要进入重庆农村土地交易所进行统一市场交易，在此过程中地票交易价格一方面受到最低拍卖价格限制，低于年度起拍价不可能交易；另一方面获得指标（地票）的开发企业，其指标落地或开发项目选址绝大多数要在那些符合规划但缺乏建设用地指标的、区位条件较好的都市功能拓展区，通常不会将项目选址到偏远的宅基地复垦区域（地票生产区）①。地票实质是区位较差的农村建设用地指标经“增减挂”向区位条件较好的区域转移的过程，因而在空间上地票市场是“均质的”，故有不同区域与地面形态下生产的地票价格与全市平均水平差别不大的现象，如2010年四个区县平均交易价格为18.8万元/亩，同期全市平均价格为19.0万元/亩；2012年四个区县平均交易价格为20.3万元/亩，同期全市平均价格为20.9万元/亩。第二大特征的原因是受市场供求关系影响，地票价格因不同经济周期下地票供需关系而有所波动②，但地票最低保护价存在决定了地票价格不可能出现大幅下跌，维持相对稳定。2010年重庆市地票均价维持在19万

① 2015年地票市场运行分析报告：2015年全年使用地票面积为17310亩。都市功能核心区和都市功能拓展区使用地票面积为13921亩，占比为80.42%；城市发展新区使用地票面积为2028亩，占比为11.72%；渝东北生态涵养发展区和渝东南生态保护发展区使用地票面积为1361亩，占比为7.86%。详见http://www.ccle.cn/tzgg/tzkb/html-1896/10739.html。

② 2014年7月至2015年5月通过对重庆市渝北区、永川区、开县、秀山县、巫溪县、铜梁区、黔江区、潼南县、巫山县九区县调查发现，重庆市各区县当前“地票”普遍存在“过剩”问题，由此导致近两年地票交易价格降低。

元/亩，到2011年达到24.42万元/亩，2014年又下降到19.11万元/亩。

由图6-4计算可知，2010～2014年重庆市地票交易价格（宅基地退出理论补偿）平均值为21.10万元/亩，这与陈丽娜和尹奇（2013）基于兼顾效率与公平视角对宅基地退出补偿标准的测算结果（21.76万元/亩）及胡银根等（2013）基于非期权价值视角对宅基地退出补偿（功能价值）的测算结果（317.597元/$m^2$，约21.17万元/亩）相一致。由此进一步说明，可以用宅基地复垦后形成的指标交易市场价格（地票交易价格）作为宅基地退出理论的补偿价值。据此可求取2010～2014年渝北区、永川区、开县、秀山县的宅基地退出的理论补偿［$OP_2$（地票交易价格平均值），包括农民和集体经济组织的退地补偿之和］分别为21.40万元/亩、21.08万元/亩、20.17万元/亩、20.17万元/亩。按照规定，那么重庆市及其渝北区、永川区、开县、秀山县的退地农民获得的理论补偿应为上述$OP_2 \times 0.85$（$OP_2$为扣除集体经济组织退地理论补偿之后的剩余）；经测算该四区县农民获得的理论补偿分别为17.94万元/亩、18.19万元/亩、17.92万元/亩、17.15万元/亩。显然上述退地农民理论补偿与《重庆市国土房管局关于调整地票价款分配及拨付标准的通知》所规定的全市统一施行的12万元/亩的农民宅基地退出实际补偿标准相比，存在宅基地退出补偿偏低问题。

### （二）宅基地复垦实际成本（$OC_1$）的确定

宅基地复垦成本是省级政府拨付给区县专项用于宅基地复垦工作的管理与复垦财政支出及区县政府预支复垦成本向银行借贷产生的金融成本。主要包括复垦施工及验收中产生的工程成本；复垦后乡镇、村社等对复垦耕地管理成本；复垦项目前期开发、复垦过程中区县政府（区县土地整治机构）向金融机构贷款融资产生融资成本。

本部分宅基地退出复垦实际成本的确定，主要通过实际调查获取。作者团队于2014年7月至2015年5月分别对这4个区县不同地貌类型、不同区位条件下的宅基地复垦项目随机调查以获取其实际复垦成本。调查区域涵盖渝北区茨竹镇的22个宅基地复垦项目，永川区陈食街道等2个乡镇的58个宅基地复垦项目，开州区谭家镇等5个乡镇的235个宅基地复垦项目，秀山县溪口镇等4个乡镇的178个宅基地复垦项目。具体调查过程：一是通过调查复垦项目施工方获取样本点的房屋拆除费、院坝拆除费、土地平整费、土地深翻费、农田水利建设费、田间道路建设费及其他工程费的平均支出，以此形成复垦工程项目施工平均费用；二是通过调查相应区县的农村土地整治中心获得其项目前期工作费、竣工验收费、工程监理费、安全配套费、各项管理成本和融资成本的平均支出，以此形成四区县的宅基地退出复垦实际平均成本（表6-2）。

**表 6-2　重庆市宅基地复垦实际成本**　　（单位：万元/亩）

| 项目 | | | 渝北区 | | 永川区 | | 开县 | | 秀山县 | | 重庆市 | |
|---|---|---|---|---|---|---|---|---|---|---|---|---|
| | | | 实际成本（均值） | 合计 | 实际成本（均值） | 合计 | 实际成本（均值） | 合计 | 实际成本（均值） | 合计 | 实际成本（均值） | 合计 |
| 工程成本 | 工程施工费 | 房屋拆除 | 0. 62 | 2. 18 | 0. 55 | 1. 73 | 0. 45 | 1. 05 | 0. 44 | 1. 07 | 0. 52 | 1. 52 |
| | | 院坝拆除 | 0. 20 | | 0. 18 | | 0. 11 | | 0. 11 | | 0. 15 | |
| | | 土地平整 | 0. 23 | | 0. 20 | | 0. 13 | | 0. 13 | | 0. 17 | |
| | | 土地深翻 | 0. 13 | | 0. 10 | | 0. 05 | | 0. 05 | | 0. 08 | |
| | | 农田水利 | 0. 15 | | 0. 10 | | 0. 04 | | 0. 04 | | 0. 08 | |
| | | 田间道路 | 0. 19 | | 0. 12 | | 0. 06 | | 0. 06 | | 0. 11 | |
| | | 其他工程 | 0. 06 | | 0. 04 | | 0. 01 | | 0. 01 | | 0. 03 | |
| | 前期工作 | | 0. 40 | | 0. 30 | | 0. 12 | | 0. 14 | | 0. 24 | |
| | 竣工验收 | | 0. 06 | | 0. 04 | | 0. 02 | | 0. 02 | | 0. 04 | |
| | 工程监理 | | 0. 10 | | 0. 08 | | 0. 04 | | 0. 04 | | 0. 07 | |
| | 安全配套 | | 0. 04 | | 0. 02 | | 0. 02 | | 0. 03 | | 0. 03 | |
| 管理成本 | 市农村土地整治中心管理成本 | | 0. 10 | 0. 43 | 0. 10 | 0. 54 | 0. 10 | 0. 88 | 0. 10 | 0. 89 | 0. 10 | 0. 69 |
| | 区县、乡镇级村社管理成本 | | 0. 33 | | 0. 44 | | 0. 78 | | 0. 79 | | 0. 59 | |
| 融资成本 | | | 0. 46 | 0. 46 | 0. 67 | 0. 67 | 0. 83 | 0. 83 | 0. 80 | 0. 80 | 0. 69 | 0. 69 |
| 合计 | | | 3. 07 | 3. 07 | 2. 94 | 2. 94 | 2. 76 | 2. 76 | 2. 76 | 2. 76 | 2. 90 | 2. 90 |

数据来源：渝北区、永川区、开县、秀山县宅基地复垦项目随机调查，其中，重庆市值为 4 个区县的平均值

分析表6-2可知，宅基地复垦实际成本具有如下特征：①宅基地复垦实际成本各区县存在差异，区位条件与宅基地复垦实际成本存在正向相关，区位条件较好的区县，宅基地复垦实际成本较高。②工程成本所占宅基地复垦实际成本比例较大，且与区位条件存在正向相关，区位条件较好区县的工程成本所占实际总成本比例更大，原因是区位条件较好的区域人工成本更高。③区县、乡镇级村社管理成本与区位条件存在反向相关，区位条件较差的开县、秀山县高于区位条件较好的渝北区、永川区，原因是偏远地区为增加农民收入实施更多的宅基地复垦项目、复垦面积更大。④融资成本与区位条件同样存在反向关系，区位条件较差的开县、秀山县高于区位条件较好的渝北区、永川区，原因是偏远地区复垦项目多、面积广，加之地方财政有限，该地区土地整治机构向金融机构筹集更多资金进行复垦项目运作，由此增加其还贷成本。

**表6-3 重庆市宅基地退出复垦成本标准**

<table>
<tr><th colspan="2">类别</th><th>金额（万元/亩）</th><th>合计（万元/亩）</th><th>比值（%）</th></tr>
<tr><td rowspan="5">工程成本</td><td>工程施工费</td><td>1.2</td><td rowspan="5">1.5</td><td rowspan="5">40.54</td></tr>
<tr><td>前期工作</td><td rowspan="4">0.3</td></tr>
<tr><td>竣工验收</td></tr>
<tr><td>工程监理</td></tr>
<tr><td>安全配套</td></tr>
<tr><td rowspan="2">管理成本</td><td>市农村土地整治中心管理成本</td><td>0.1</td><td rowspan="2">1.1</td><td rowspan="2">29.73</td></tr>
<tr><td>区县、乡镇级村社管理成本</td><td>1.0</td></tr>
<tr><td colspan="2">融资成本</td><td>1.1</td><td>1.1</td><td>29.73</td></tr>
<tr><td colspan="2">合计</td><td>3.70</td><td>3.70</td><td>100.00</td></tr>
</table>

数据来源：《重庆市国土房管局关于调整地票价款分配及拨付标准的通知》

通过对比复垦实际成本（表6-2）与全市宅基地退出复垦成本标准（表6-3），可知：①渝北区、永川区等区位条件较好区县的工程成本实际高于《重庆市国土房管局关于调整地票价款分配及拨付标准的通知》规定并在全市执行的1.5万元/亩，而开县、秀山县区位条件较差的区县工程成本实际低于《重庆市国土房管局关于调整地票价款分配及拨付标准的通知》规定并在全市执行的1.5万元/亩。这是因为区位条件较好的地区劳动力成本更高。②重庆市宅基地复垦管理成本中的区县、乡镇级村社平均管理成本及平均融资成本实际分别低于《重庆市国土房管局关于调整地票价款分配及拨付标准的通知》规定的、地方实际执行的1.0万元与1.1万元的标准。③宅基地复垦实际成本（2.90万元/亩）显然低于《重庆市国土房管局关于调整地票价款分配及拨付标准的通知》规定的、各区县执行的宅基地复垦执行成本（3.70 万元/亩）。因而实践中宅基地复垦成本偏高的问题是客观存在的。

# 第三节　农民宅基地退出土地比较收益（损失）核算结果

本部分在确定重庆市及其不同区位的四个区县的宅基地退出理论补偿（$OP_2$）和宅基地复垦实际成本（$OC_1$）后，结合《重庆市国土房管局关于调整地票价款分配及拨付标准的通知》中规定的、全市执行的宅基地退出实际补偿标准（$OP_1 = 14.10$ 万元/亩），宅基地复垦执行成本（$OC = 3.70$ 万元/亩），按照由政策构建的退地收益理论模型和实际模型，计算 $Y_{农民实际}$、$Y_{农民理论}$，并将农民退地理论总收益（$Y_{农民理论}$）与农民退地实际总收益（$Y_{农民实际}$）核减，计算现行政策下的农民退地比较收益，即退地收益损失（$Y_{农民理论} - Y_{农民实际}$）。计算过程及结果见表 6-4。

**表 6-4　重庆市宅基地退出农民土地收益比较收益（收益损失）测算**

（单位：万元/亩）

| 代码 | 项目 | 渝北区 | 永川区 | 开县 | 秀山县 | 重庆市（平均） |
|---|---|---|---|---|---|---|
| $OP_1$ | 宅基地退出实际补偿 | 14.10 | 14.10 | 14.10 | 14.10 | 14.10 |
| $OP_2$ | 宅基地退出理论补偿 | 21.40 | 21.08 | 20.17 | 20.17 | 21.10 |
| $OP_1 \times 12/(12+2.1)$ | 退地农民实际补偿 | 12 | 12 | 12 | 12 | 12 |
| $OP_2 \times 12/(12+2.1)$ | 退地农民理论补偿 | 18.19 | 17.92 | 17.15 | 17.15 | 17.94 |
| $OC$ | 宅基地复垦执行成本 | 3.70 | 3.70 | 3.70 | 3.70 | 3.70 |
| $OC_1$ | 宅基地复垦实际成本 | 3.07 | 2.94 | 2.76 | 2.76 | 2.90 |
| $Y_{农民实际} = 0.85 \times OP_1 + (OP_2 - OP_1 - OC) \times 85\%$ | 农民退地实际总收益 | 15.06 | 14.79 | 14.01 | 14.01 | 14.81 |
| $Y_{农民理论} = 0.85 \times OP_2 + (OP_2 - OP_1 - OC_1) \times 85\%$ | 农民退地理论总收益 | 21.79 | 21.35 | 19.96 | 19.96 | 21.42 |
| $Y_{农民理论} - Y_{农民实际}$ | 农民退地比较收益（收益损失） | 6.73 | 6.56 | 5.96 | 5.96 | 6.61 |

通过分析表 6-4 可知：

一是实证分析表明，现行政策下，重庆市宅基地退出中农民面临土地收益损失；这是因为实证中重庆市及其四区县农民退地理论总收益总是大于农民退地实际总收益，比较收益总大于零。

二是退地补偿偏低和复垦成本偏高分别是造成农民退地收益受损的主要因素和次要因素。重庆市农民退地理论总收益平均为21.43万元/亩，农民退地实际总收益平均为14.81万元/亩，因而其比较收益为6.64万元/亩，即重庆市宅基地退出中农民面临土地收益损失程度平均为6.63万元/亩；进一步，在这6.63万元/亩的损失中，有5.94万元/亩是因退地补偿偏低引起的，因此退地补偿偏低是农民退地收益受损的主要因素，而复垦成本偏高则是农民退地收益受损的次要因素。

三是区位条件与农民退地比较收益（收益损失）之间呈现反相关。渝北区、永川区等区位较好的区县农民退地比较收益（收益损失）较大，分别为6.73万元/亩和6.59万元/亩；而开县、秀山县等区位较差的区县农民退地比较收益（收益损失）较小，分别为5.96万元/亩和5.96万元/亩。原因是地票交易市场在空间上具有均质性特征，决定了宅基地退出理论补偿区域差异不大；但区位条件较好的地区，因劳动力成本更高造成复垦成本更高，更接近于宅基地复垦执行成本（3.70万元/亩），因而使得其农民退地比较收益（收益损失）更大。

基于以上分析，本部分建议从以下几方面完善重庆市宅基地退出复垦补偿相关政策，保障退地农民合法土地收益，供决策参考：

1）提高补偿标准，试行区域差异化补偿。宅基地退出复垦补偿应比照征地中土地发展权给予补偿，具体是参考指标落地的用途，参考城镇土地估价原理进行测算补偿，同时应尝试建立与宅基地期权价值挂钩的弹性补偿机制，充分保障退地权利主体的长远生计；依据各区县经济发展水平、财政收入状况，充分考虑区域等因素，实施区域差异化的退地补偿，不搞“一刀切”。

2）降低复垦成本，实施区域差异化复垦成本拨付标准。针对当前各区县实际，按照政策规定的最高3.70万元/亩的复垦成本标准执行，造成了复垦成本偏高的问题。省级国土行政主管部门应通过详细调研、科学测算，适度降低宅基地复垦成本拨付标准；建议省级政府为各区县建立专门的复垦成本上缴财政账户，确保剩余成本能够及时入库，并用于后期退地农民生产生活；同时按照各区县区位因素、经济因素实施区域差异化的复垦成本拨付标准，不搞“一刀切”；还应建立健全复垦成本执行监督机制。

## 参考文献

曹梅. 2013. 重庆市地票模式、现状问题及对策研究［D］. 重庆理工大学硕士学位论文.

陈丽娜，尹奇. 2013. 宅基地退出：兼顾效率与公平的补偿标准［J］. 中国人口·资源与环境，23（S2）：380-383.

董广绪. 2011. 论地票制度中利益分享机制［D］. 西南政法大学硕士学位论文.

后雪峰. 2014. 农村建设用地复垦的经济学研究——以重庆市巫山县为例［D］. 西南大学硕

士学位论文.
胡显莉，陈出新.2011. 重庆宅基地地票交易中的农民权益保护问题分析［J］. 重庆理工大学学报（社会科学），25（11）：57-61.
胡银根，张曼，魏西云，等.2013. 农村宅基地退出的补偿测算——以商丘市农村地区为例［J］. 中国土地科学，27（3）：29-35.
黄贻芳，钟涨宝.2013. 不同类型农户对宅基地退出的响应——以重庆梁平县为例［J］. 长江流域资源与环境，22，（7）：852-857.
孟卫东，熊欢.2015. 基于博弈论的重庆地票价格与收益分配问题研究［J］. 生态经济，31（4）：20-23.
欧阳安蛟，蔡锋铭，陈立定.2009. 农村宅基地退出机制建立探讨［J］. 中国土地科学，23（10）：26-29.
滕亚为.2011. 户籍改革中农村土地退出补偿机制研究——以重庆市为例［J］. 国家行政学院学报，（4）：101-105.
王兆林，杨庆媛，张佰林，等.2011. 户籍制度改革中农户土地退出意愿及其影响因素分析［J］. 中国农村经济，（11）：49-61.
杨庆媛，鲁春阳.2011. 重庆地票制度的功能及问题探析［J］. 中国行政管理，（12）：68-71.
叶小丽，臧建建.2013. 重庆地票制度的现状、问题及对策［J］. 重庆科技学院学报（社会科学版），（11）：99-101.
尤嫚.2012. 基于农民权利保护的地票交易制度研究［D］. 南京农业大学硕士学位论文.
张力心.2013. “地票”交易中农民权益保障问题研究［D］. 西南大学硕士学位论文.

# 第七章　农民宅基地退出增值分配机理模拟：基于博弈视角

新型城镇化的核心是农业转移人口市民化，在此过程中农民进城务工，造成农村承包地撂荒及宅基地闲置废弃现象严重，对此类土地的利用、管理与处置问题，日益成为理论界所关注的焦点。当前对农民市民化造成的农村土地处置问题，理论界大体存在两种思路：一是允许农民带着土地进城，将其作为进城后创业的资本；二是鼓励农民自愿有偿退出土地。实际上，第一种思路没有从根本上解决当前农民市民化造成的农村土地利用效率低下问题，第二种思路在经济学上更有效率，即通过对退地农民进行补偿，给予农民更多财产性收入，同时通过对闲置废弃宅基地复垦，产生的农村建设用地指标，经“增减挂”进入城镇，既可以改变农村土地利用效率低下问题，又可以增加有效耕地面积，同时还可以增加区域建设用地指标，保证新型城镇化的顺利进行，是“一举多得”的措施。截至 2013 年全国有 20 多个省（自治区、直辖市）相继开展了以自愿有偿退出宅基地为目标的宅基地制度改革实践。为此 2016 年国家颁布的《中华人民共和国国民经济和社会发展第十三个五年（2016—2020 年）规划纲要》明确要求“维护进城落户农民土地承包权、宅基地使用权、集体收益分配权，并支持引导依法自愿有偿转让”。然而，各地在宅基地退出实践过程中，在退地补偿、增值收益分配等方面存在一些问题。尽管各地制定宅基地退出方案基本思路是一致的，但各地经济发展水平、地形地貌等存在较大差异，因而在补偿金额、补偿落实、增值收益分配等方面存在较大差异，如重庆市出台的《重庆市国土房管局关于调整地票价款分配及拨付标准的通知》等政策规定，该区域宅基地退出复垦，按照 12 万元/亩标准补偿，同时还将指标（地票）交易后的增值收益，在扣除复垦成本后，按照 85∶15 的比例再次分配给农民和集体经济组织，而陕西省《关于举家进城落户农村居民退出宅基地、承包地实施办法》施行差异化的补偿标准，西安市为 22 万 ~ 25 万元/亩、陕北地区为 16 万 ~ 18 万元/亩、陕南地区为 10 万 ~ 12 万元/亩，关中地区为 14 万 ~ 16 万元/亩、但政策没有增值收益分配的规定。无论是重庆市、陕西省，还是实施宅基地退出实践的其他省（自治区、直辖市），退地补偿偏低、分配不合理等问题是农民的普遍认同的。

当前理论界有关宅基地退出的研究多集中于两方面：一是基于政府执政视角对宅基地退出机制、退出模式等的研究。例如，张秀智和丁锐（2009）基于辽宁省、湖南省和北京市的三个村庄，对经济欠发达与偏远农村地区宅基地退出机制的定量研究；欧阳安蛟等（2009）基于综合分析法与文献资料法对农村宅基地退出机制的建立的研究。二是基于农民视角对宅基地意愿及其影响因素等的研究。例如，陈霄（2012）构建 Probit 模型，基于重庆市实证，对农民宅基地退出意愿的影响因素的分析；彭长生（2013）构建二元 Logistic 模型，基于安徽省调查数据，对农民宅基地退出意愿的影响因素的定量分析。纵观相关研究不难发现，已有研究较少讨论宅基地退出中补偿及增值收益分配存在的问题及深层次原因，因而无法真正厘清农民宅基地退出中增值收益受损的机理。为此本书在分析宅基地退出相关利益主体行动空间基础上，结合重庆市实证，构建农民、集体经济组织、地方政府微观利益主体退地补偿及增值收益分配博弈效用函数，分别分析宅基地退出中农民增值收益受损机理，既可以补充理论界对此研究的不足，也可以为地方政府制定针对性保障退地农民权益政策，提供借鉴参考。

## 第一节　研究对象及政策规定

### 一、研究对象确定

近年来，随着不断放开的户籍制度，农民兼业化与市民化步伐不断加快，造成农村宅基地闲置废弃问题突出，因而此类农民是本书研究重点。除此之外在农村有强烈改善居住条件愿望的农民及宅基地面积超标或者一户多宅的农民也是宅基地退出的主体，当然这部分农民部分是纯农民、部分是兼业农民。不同类型农民宅基地退出后住房风险规避策略存在差异（图 7-1），对纯农民来讲，若其因住房简陋想改善居住条件，则其退地后住房风险规避策略通常是进城投靠子女、进驻农民新村、进驻农村福利院、临时投靠农村子女。若纯农民或兼业农民因“一户多宅”或面积超标退出宅基地，则其住房风险规避策略是居住剩余的宅基地、进驻农民新村。若兼业农民因宅基地闲置或废弃退出宅基地，则其住房风险规避策略是购买城镇商品房、进驻城镇公租房等保障性住房。

### 二、政策规定

围绕宅基地退出复垦，重庆市出台了系列政策，如《重庆市户籍制度改革农

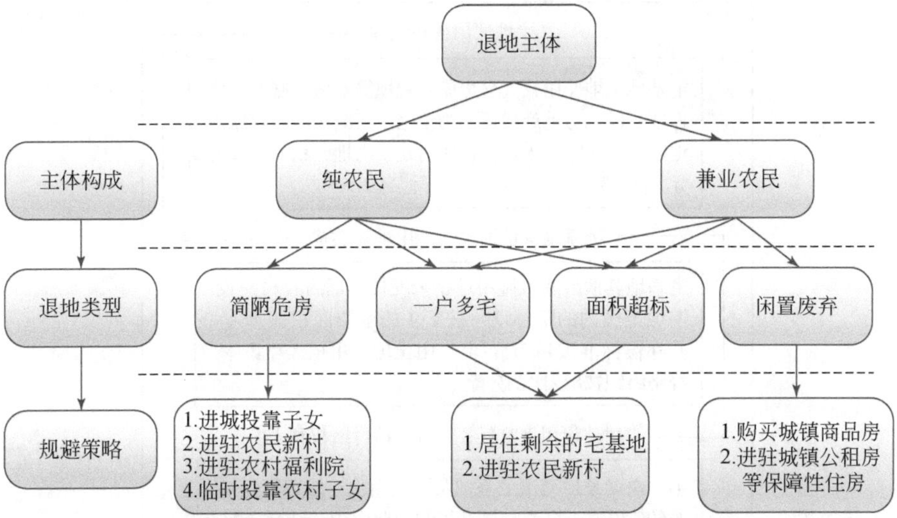


图 7-1　不同类型农民宅基地退出后住房风险规避策略

村土地退出与利用办法（试行)》《重庆市户籍制度改革转户居民农村宅基地处置与利用管理实施暂行办法》《重庆市户籍制度改革转户居民农村宅基地及其附属设施用地处置与利用管理实施办法（试行)》《重庆市国土房管局关于进一步规范农村宅基地及其附属设施用地复垦管理实行地票价款直拨的通知》、《重庆市国土房管局关于进一步推进户籍制度改革农村宅基地及其附属设施用地处置工作有关事宜的通知》《重庆市国土房管局关于调整地票价款分配及拨付标准的通知》等政策。相关政策对重庆市农村宅基地退出利用及复垦后用途做出了明确规定，同时对退出复垦补偿、指标（地票）交易后的增值收益分配及复垦成本做出了明确规定。

（一）有关补偿及增值分配规定

《重庆市国土房管局关于调整地票价款分配及拨付标准的通知》规定“农村宅基地及附属设施用地，土地使用权人按规定自愿退出实施复垦”。重庆市宅基地退出补偿规定如图 7-2 所示。

（二）有关复垦成本规定

《重庆市国土房管局关于调整地票价款分配及拨付标准的通知》规定“宅基地复垦成本包括复垦项目工程成本、复垦项目管理成本、复垦项目融资成本三部分”。重庆市宅基地退出复垦成本规定如表 7-1、图 7-3 所示。

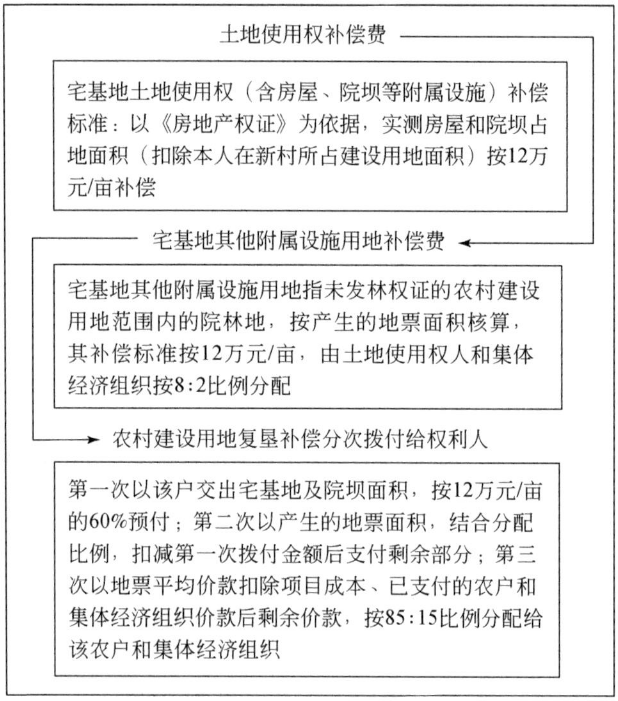


图 7-2　重庆市宅基地退出补偿规定

**表 7-1　重庆市农村宅基地复垦成本标准**

<table>
<tr><th colspan="2">类别</th><th>金额（万元/亩）</th><th>备注</th></tr>
<tr><td rowspan="5">复垦项目工程成本</td><td>工程施工费</td><td>1.2</td><td rowspan="5">实际工程成本低于 1.5 万元/亩的节余部分可转入区县（自治县）、乡镇及村社项目管理成本</td></tr>
<tr><td>前期工作费</td><td rowspan="4">0.3</td></tr>
<tr><td>竣工验收费</td></tr>
<tr><td>工程监理费</td></tr>
<tr><td>安全配套费</td></tr>
<tr><td rowspan="2">复垦项目管理成本</td><td>市农村土地整治中心项目管理成本</td><td>0.1</td><td rowspan="2"></td></tr>
<tr><td>区县（自治县）、乡镇及村社项目管理成本</td><td>1.0</td></tr>
<tr><td colspan="2">复垦项目融资成本</td><td>1.1</td><td>实际融资成本低于 1.1 万元/亩的节余部分可转入区县（自治县）、乡镇及村社项目管理成本</td></tr>
<tr><td colspan="2">合计</td><td>3.7</td><td></td></tr>
</table>

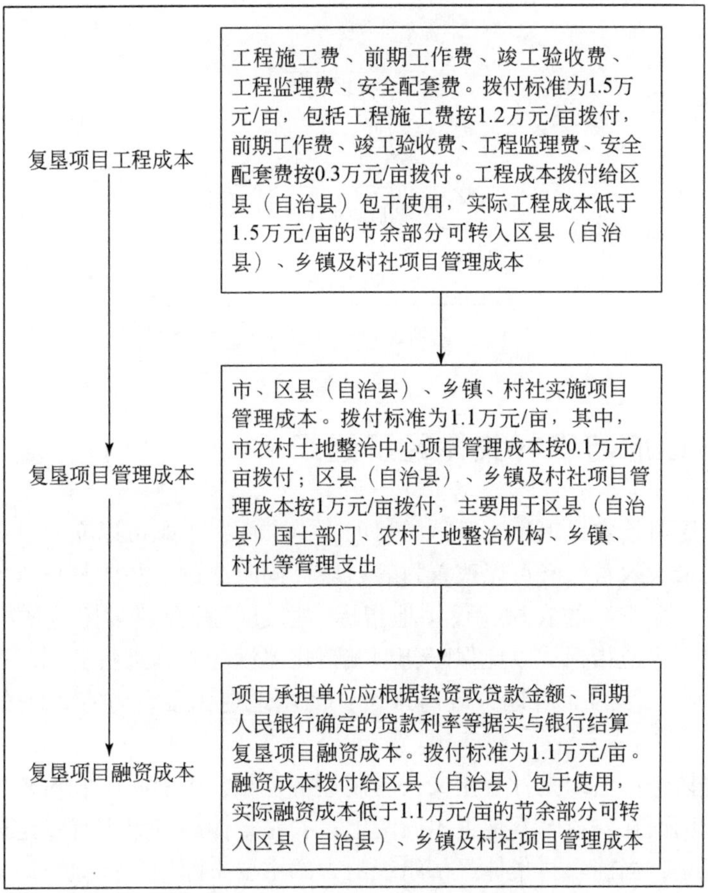


图 7-3　重庆市宅基地退出复垦成本规定

## 第二节　微观利益主体行为空间分析

利益相关者指在某项受拟议的活动中，极有可能受影响的人、群体或单位。按照上述政策分析结合实地调查，宅基地退出增值收益分配博弈主体可以分为地方政府、农村集体经济组织和农民。这三方存在诸多利益交叉，但各方增值收益博弈的最终目的是通过某种途径促使农民同意宅基地退出（图 7-4）。

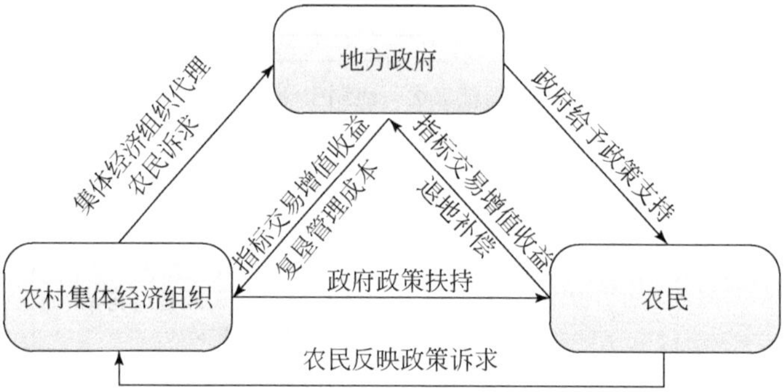


图 7-4　宅基地退出中利益主体行为空间

## 一、地方政府与农村集体经济组织

地方政府引致农民退出宅基地的目的，一方面在于既可以充分发挥闲置废弃土地资源的最大效益，又可以改善村容村貌，同时通过宅基地复垦增加有效耕地面积；另一方面节约的农村建设用地指标，通过“城乡建设用地增减挂钩”转变为城镇建设用地指标，以此保障新型城镇化建设的顺利进行，同时还可以增加农民财产性收入。因而对地方政府来讲，宅基地退出复垦存在巨大的经济社会效益。

农村集体经济组织是社会主义公有制经济组织，当前我国农村土地多是农民集体所有，因而在农村宅基地退出问题上，农村集体经济组织有一定的发言权或参与权。但是，当前农村集体经济组织财力的主要来源依然是地方政府，因而农村集体经济组织决策受地方政府的影响。也就是宅基地退出中当农村集体经济组织获得利益时，其会积极地支持地方政府工作，当农村集体经济组织没有收益或者利益降低时，作为“理性”的农村集体经济组织，其会消极地执行任务。

## 二、地方政府与农民

地方政府与农民是宅基地退出收益博弈的重点。在此过程中地方政府不但应提高宅基地退出补偿标准，还应完善指标（地票）交易后的增值收益分配制度；此外，完善退地农民就业、住房、医疗、社保等社会保障体系也是政府引致农民自愿退出宅基地的必要措施。因而在此过程中地方政府在获取收益的同时还应承担必要的社会成本，除此之外还包括复垦项目工程成本、管理成本、融资成本等。

农民作为最终宅基地提出决策者，在是否退出宅基地问题上具有最终决定权。在宅基地退出问题上，农民存在很多顾虑，如退地后住房问题、补偿问题等，同时作为“理性”农民，只有当退地前总效益小于退地后总效益时，其才做出退地决策。农民退地后总效益包括退地补偿、地票增值收益分配及其他的社会效益，如住房保障、就业等。退地前总效益则包括宅基地固有增值及宅基地闲置带来的成本。

## 三、农村集体经济组织与农民

实际上，农村集体经济组织和农民在一定程度上存在利益的一致性，农村集体经济组织成立的初衷是代表农民利益。但由于农村集体经济组织在财力上过度依靠政府，现阶段农村集体经济组织也可能存在“道德风险”，损害农民利益。对农村集体经济组织来讲，在退地过程中获取必要的增值收益分配及通过压缩宅基地退地成本获取必要经费是其追求的经济目标，因而在此过程中农村集体经济组织是动员和鼓励农民退地。当然其作为农民“代言人”也会积极地通过听证会等形式，寻求地方政府对退地农民的政策支持。

而对农民来讲，退地最终决策还是退地前后总收益比较，在此过程中也会向农村集体经济组织表达其对退地后的利益诉求。

# 第三节　增值收益博弈模型构建

## 一、研究假设

**1. 博弈参与人均为“理性”经济人，各个参与人将追求最大经济效益作为出发点和归宿**

福利经济学通常将地方政府视为理性经济人；此外，学术界也通常将农民视为理性经济人，即地方政府与农民均是经济利益的追逐者。地方政府退地追求的是退地效益最大化，包括复垦补充耕地，指标转移交易导致的城镇化进程加快等综合效益最大化；集体经济组织参与博弈在于获取指标（地票）增值收益补偿和复垦成本剩余收益最大化；农民宅基地退出收益在于获得更好的居住条件及更多的退地补偿和增值收益等综合收益最大化。

**2. 假设集体经济组织的博弈决策并不受政府政策干扰，能够自主决策，最大限度地保持决策的独立性**

前述由于受财源的制约，集体经济组织决策通常受政府政策影响，从而不能真正地发挥其“农民代理人”的作用。因而在此处假设集体经济组织行为决策，不受政府政策影响，集体经济组织将追求其自身的最大经济效益作为决策的依据。

**3. 假设农民退地博弈决策仅仅受政策因素影响**

农民在进行退地决策时，除了受政策规定有关补偿、增值收益分配及其他社会保障等政策影响外，其实还受心理、居住生活习惯、个人偏好等非政策因素影响。本部分假设国家的政策能最大限度地得以执行，不存在政策“虚位”的现象；农民在决定其宅基地退出行为时，不受除了政策以外其他因素的制约，其自我选择权能得以最大限度地发挥。

**4. 政府补偿仅仅为货币化补偿，农民获得收益也仅限货币收益**

依据重庆市有关退地政策，宅基地退出后，农民可以获得 12 万元/亩的补偿，按照每亩 $667\text{m}^2$ 计算，单价为 179.91 元/$\text{m}^2$，按照当前重庆市每户宅基地平均面积 $497\text{m}^2$ 计算，每户应该补偿 89 415 元。同时指标（地票）交易后产生的增值收益扣除成本后按照 85∶15 的比例分别再次支付给农民与集体经济组织。因而在此假设农民获得收益仅为货币补偿。当然宅基地退出后实际上农民还应该获得如住房、教育、社保等方面的社会福利，本书暂不考虑。

## 二、博弈要素

博弈论是有关决策均衡的理论，主要通过公式化的激励结构构建行为主体的决策均衡。博弈论基本要素包括参与人、自然、行动、信息、战略、支付函数、结果、均衡。博弈论按照博弈目的、信息完善程度、行动顺序及支付性质分别分为合作博弈与非合作博弈、静态博弈和动态博弈、零和博弈与非零和博弈。博弈论一般表达式为

$$G=\{P,\ S,\ I,\ U\}$$

式中，$P$ 为局中人；$S$ 为策略组；$I$ 为博弈的信息；$U$ 为局中人效用。具体来看，本书中 $P=P_i(i=1,\ 2,\ 3)$，其中，$P_1$ 为农民，$P_2$ 为集体经济组织，$P_3$ 为地方政府。依据上述分析，宅基地退出中增值收益博弈可分为三组策略集，分别表示为

$S_{\text{地方政府-农民}}=S_{ik}=\begin{bmatrix} S_{11} & S_{12} \\ S_{31} & S_{32} \end{bmatrix}(i=1,\ 3;\ k=1,\ 2)$，$S_{ik}$ 为局中人 $i$ 所做的 $k$ 策略。

$S_{11}$ 为农民退地；$S_{12}$ 为农民不退地；$S_{31}$ 为地方政府补偿（退地补偿+增值分配）；

$S_{32}$ 为地方政府不补偿。

$$S_{\text{地方政府-集体经济组织}} = S_{ik} = \begin{bmatrix} S_{21} & S_{22} \\ S_{31} & S_{32} \end{bmatrix} (i = 2,3;k = 1,2)$$ ,$S_{ik}$ 为局中人 $i$ 所做的 $k$ 策略。

$S_{21}$ 为集体经济组织积极配合；$S_{22}$ 为集体经济组织消极对待；$S_{31}$ 为地方政府补偿（增值分配+管理成本）；$S_{32}$ 为地方政府不补偿。

$$S_{\text{集体经济组织-农民}} = S_{ik} = \begin{bmatrix} S_{11} & S_{12} \\ S_{21} & S_{22} \end{bmatrix} (i = 1,\ 2;\ k = 1,\ 2)$$，$S_{ik}$ 为局中人 $i$ 所做的 $k$ 策略。

$S_{11}$ 为农民退地；$S_{12}$ 为农民不退地；$S_{21}$ 为集体经济组织获得收益（增值分配+管理成本）；$S_{22}$ 为集体经济组织无收益。

宅基地退出利益主体博弈树如图 7-5 所示。

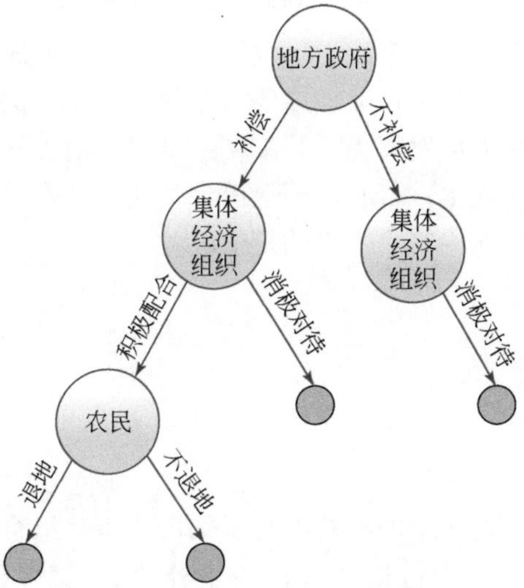


图 7-5　宅基地退出利益主体博弈树

## 三、效用函数

为便于分析，本书仅以重庆市单户建立支付函数。依据重庆市退地复垦补偿政策，同时结合重庆市农村人均宅基地面积可知，每户应该补偿 89 415 元。另外，假设农村宅基地闲置废弃产生总成本为 10 元/m²，其中集体分担为 $c$；宅基地及其附属建筑物、构筑物每年产生的价值为 3 万元（住房保障价值、增值及其他价值）。同时假设单位面积宅基地退出后对地方政府产生的总价值为 $T$，其中指标（地票）交易的价值为 $\alpha$，并假设退地农民（无论是否兼业）的平均非农

收入为 $n$ ，获得非农收入的概率为 $\beta$ ，政府拨付的宅基地复垦成本为 $C$ 。

地方政府效用函数可以表示为

$$U_{31} =- 89\,415 + 497\alpha - C + 497(T - \alpha) = 497T - C - 89\,415 \quad \text{（补偿）}$$

$$U_{32} =- 497T \quad \text{（不补偿）}$$

集体经济组织效用函数可以表示为

$$U_{21} = 15\% \times (497\alpha - C - 89\,415) + C = 72\alpha - 0.15\,C - 13\,412 \quad \text{（积极配合）}$$

$$U_{22} =- c \times 497 \quad \text{（消极对待）}$$

农民效用函数可以表示为

$$U_{11} = 89\,415 + \beta \cdot n + 85\% \times (497\alpha - C - 89\,415)$$

$$= \beta \cdot n + 423\,\alpha - 0.85C + 13\,412 \quad \text{（退地）}$$

$$U_{12} =- (10 - c) \times 497 + 30\,000 = 25\,030 + 497c \quad \text{（不退地）}$$

地方政府若选择不实施宅基地退出政策，产生的负面成本主要包括由建设用地指标不足而导致的城镇化步伐减缓或停滞、村容村貌无法改善、耕地面积减少及农村宅基地资产属性无从发挥等。若集体经济组织消极配合，则集体经济组织面临宅基地闲置带来的成本；若农民不退出宅基地，则农民面临宅基地闲置带来的成本，但将获得宅基地构筑物带来的价值收益。

## 四、均衡分析

### （一）优势策略均衡

优势策略均衡是由博弈中的所有参与者的占优策略组合所构成的均衡。本部分相关利益主体政府的行为包括“补偿与不补偿”，集体经济组织的行为包括“积极配合与消极对待”，农民的行为包括“退地与不退地”，均独立地进行决策，所以选择非合作的博弈。根据上面的分析分别形成支付矩阵。

**1. 地方政府-农民优势策略均衡分析**

由表7-2可知，对政府来讲，农民若退出宅基地 $S_{11}$ ，宅基地复垦后既可以增加有效耕地面积，又可以增加建设用地指标，同时还可以改善村容村貌，增加农民财产性收入，综合效用非常大，即便付出必要的补偿、复垦成本等财政支出，政府依然可以获得巨大的经济社会效益，因而政府会选择策略 $S_{31}$ 进行退地补偿，此时政府收益为（ $497T - C - 89\,415 > - 497T$ ）。若农民选择不退出宅基地 $S_{12}$ ，对政府来讲，其策略 $S_{31}$ 与 $S_{32}$ 是无差异的，地方政府均会选择不补偿，此时地方政府收益均为 $- 497T$ 。因而策略 $S_{11}$ 优于策略 $S_{12}$ ，即农民退出宅基地是最优策略。

**表 7-2　地方政府–农民优势策略均衡矩阵**

| 地方政府–农民 | | 地方政府 | |
|---|---|---|---|
| | | 补偿 $S_{31}$ | 不补偿 $S_{32}$ |
| 农民 | 退地 $S_{11}$ | $(\beta \cdot n + 423\ \alpha - 0.85C + 13\ 412, 497T - C - 89\ 415)$ | $(\beta \cdot n, -497T)$ |
| | 不退地 $S_{12}$ | $(25\ 030 + 497c, -497T)$ | $(25\ 030 + 497c, -497T)$ |

对农民来讲，若地方政府选择策略 $S_{31}$ 即政府进行宅基地退出补偿，那么农民将考虑退地前后的效益，也就是在 $\beta \cdot n + 423\ \alpha - 0.85C + 13\ 412$ 与 $25\ 030 + 497c$ 之间进行比较。实际上 $\alpha$ 地票交易价格按照重庆市近年来价格，其数值应该超过 10 万，$C$ 为宅基地复垦成本，最高为 3.7 万，$c$ 为集体分担成本，应该小于 10 万，所以有 $(\beta \cdot n + 423\ \alpha - 0.85C + 13\ 412) > (25\ 030 + 497c)$。此最优策略均衡为（$S_{11}$，$S_{31}$）。若农民退出宅基地，政府补偿，农民和地方政府双方收益为（$\beta \cdot n + 423\ \alpha - 0.85C + 13\ 412, 497T - C - 89\ 415$）。

**2. 地方政府–集体经济组织优势策略均衡分析**

由表 7-3 可知，对地方政府来讲，一方面，若集体经济组织选择积极配合宣传与鼓励农民退出宅基地 $S_{21}$，地方政府积极补偿 $S_{31}$，按照重庆市有关政策，地方政府将获得 $497T - C - 89\ 415$ 的收益，集体经济组织收益为 $72\alpha - 0.15\ C - 13\ 412$；另一方面，尽管地方政府补偿，若集体经济组织消极对待，则农民不退出宅基地，则地方政府收益为 $-497T$，集体经济组织此时非但没有收益，反而要承担宅基地闲置成本费，因而其收益为 $-c \times 497$。因而策略 $S_{21}$ 显然要优于策略 $S_{22}$，因而集体经济组织积极配合地方政府为占优策略。

**表 7-3　地方政府–集体经济组织优势策略均衡矩阵**

| 地方政府–集体经济组织 | | 地方政府 | |
|---|---|---|---|
| | | 补偿 $S_{31}$ | 不补偿 $S_{32}$ |
| 集体经济组织 | 积极配合 $S_{21}$ | $(72\alpha - 0.15\ C - 13\ 412, 497T - C - 89\ 415)$ | $(0, -497T)$ |
| | 消极对待 $S_{22}$ | $(-c \times 497, -497T)$ | $(-c \times 497, -497T)$ |

对集体经济组织来讲，若地方政府积极实施补偿 $S_{31}$，集体经济组织将积极配合实施有关政策，并鼓励农民退出宅基地，因为此时集体经济组织无须考虑退地前后效益，只有农民退地，集体经济组织才能够获得政府增值分配及成本补助，此时集体经济组织和地地方政府双方获益为（$72\alpha - 0.15\ C - 13\ 412, 497T - C - 89\ 415$）。若地方政府不进行补偿，集体经济组织没有任何收益，不可能积极配合，只能消极对待，此时的双方受益为（$-c \times 497, -497T$），这不可能是最

优策略。故地方政府–集体经济组织优势策略均衡为（$S_{31}$，$S_{21}$）。

**3. 集体经济组织–农民优势策略均衡分析**

由表7-4可知，对集体经济组织来讲，说服农民退出宅基地符合其最大利益。若农民退出宅基地$S_{11}$，则集体经济组织必将积极配合，此时双方受益为（$72\alpha-0.15C-13\,412,\beta\cdot n+423\alpha-0.85C+13\,412$）。若农民不退地，地方政府将不会有增值收益分配及成本补助，则集体经济组织将没有任何收益，显然最优策略为（$S_{11}$，$S_{21}$）。农民退地、集体经济组织积极配合为最优策略。

**表7-4　集体经济组织–农民优势策略均衡矩阵**

| 集体经济组织–农民 | | 集体经济组织 | |
|---|---|---|---|
| | | 积极配合$S_{21}$ | 消极对待$S_{22}$ |
| 农民 | 退地$S_{11}$ | （$\beta\cdot n+423\alpha-0.85C+13\,412$，$72\alpha-0.15C-13\,412$） | （$25\,030+497c$，0） |
| | 不退地$S_{12}$ | （$\beta\cdot n+423\alpha-0.85C+13\,412$，$-c\times497$） | （$25\,030+497c$，$-c\times497$） |

对农民来讲，集体经济组织是其利益代言人，但是集体经济组织的决策同时受政府政策影响，农民退出宅基地，集体经济组织积极配合，农民和集体经济组织双方获得效益为（$\beta\cdot n+423\alpha-0.85C+13\,412,72\alpha-0.15C-13\,412$）。农民退出宅基地，若集体经济组织消极对待，则集体经济组织收益将变为（$-c\times497$），而农民退地收益将不会受到影响。若农民不退出宅基地，无论集体经济组织积极配合或消极对待，其将不能够获得最大效益。因而集体经济组织–农民最优策略均衡是（$S_{11}$，$S_{21}$），此时双方将获得最大的退地收益。

（二）纳什均衡

纳什均衡，即非合作博弈均衡。本书参考成生权等（2013）的研究，将地方政府公信力纳入博弈过程。地方政府公信力假设$A>0$，它约束了地方政府的行为；同时假设集体经济组织相对于农民同样具有公信力，设为$B>0$，因为地方政府和集体经济组织在博弈中本来就是“占优”的。形成的新的纳什均衡矩阵见表7-5～表7-7。

**1. 政府和农民纳什均衡分析**

依据表7-5，对政府来讲，若农民退出宅基地，则地方政府有$S_{31}$与$S_{32}$两个策略。第一个策略，（农民退地$S_{11}$，政府补偿$S_{31}$），此时有（$497T-C-89\,415+A$）>（$-497T-A$），也就是农民退出宅基地后，地方政府对农民进行补偿，其获得综合退地收益远高于不退地效益。第二个策略，若农民不退地$S_{21}$，此时地方政府补偿收益为$-497T-A$，由于$-497T-A\leqslant-497T$，此时地方政府最佳策略是不补偿，收益为 $-497T$ 。

**表 7-5　地方政府–农民纳什均衡矩阵**

| 地方政府–农民 | | 地方政府 | |
|---|---|---|---|
| | | 补偿 $S_{31}$ | 不补偿 $S_{32}$ |
| 农民 | 退地 $S_{11}$ | $(\beta\cdot n+423\alpha-0.85C+13\,412,\ 497T-C-89\,415+A)$ | $(\beta\cdot n,\ -497T-A)$ |
| | 不退地 $S_{12}$ | $(25\,030+497c,\ -497T-A)$ | $(25\,030+497c,\ -497T)$ |

对农民来讲，若地方政府补偿 $S_{31}$ ，农民会在 $S_{11}$ 与 $S_{12}$ 之间进行比较。也就是 $\beta\cdot n+423\alpha-0.85C+13\,412$ 与 $25\,030+497c$ 进行比较。当地方政府选择 $S_{32}$ 时，农民会比较 $\beta\cdot n$ 与 $25\,030+497c$ 的大小。也就是农民会在非农收入与不退地成本及宅基地构筑物产生价值之间做出取舍，具体来看：

1）$(\beta\cdot n+423\alpha-0.85C+13\,412)\geqslant(25\,030+497c)$ 与 $(\beta\cdot n)\geqslant(25\,030+497c)$ 均不成立时，此时，尽管政府提供了补偿，但是由于农民退地后的总收益小于不退地成本及宅基地构筑物产生价值，同时不退地时的农民总收益反而大于其非农收益，因而农民不可能退出土地。尽管一些农民在城镇具有稳定的非农收入与住所，部分农民进行季节性的非农务工，但是由于退地前后比较效益的差异，作为“理性”农民不可能退出宅基地。

2）$(\beta\cdot n+423\alpha-0.85C+13\,412)\geqslant(25\,030+497c)$ 成立，但 $(\beta\cdot n)\geqslant(25\,030+497c)$ 不成立时，此时农民退地后地方政府补偿，其总效益大于其不退地效益，从这一角度讲，部分农民倾向于退出宅基地。但是，不退地时由宅基地构筑物带来的农民总收益（即便扣除闲置税费）依然大于其非农收入，因而部分农民可能不倾向于退出宅基地。总体来看在这种情况下，农民对宅基地退出呈现观望态度，在退地问题上犹豫不决。

3）$(\beta\cdot n+423\alpha-0.85C+13\,412)\geqslant(25\,030+497c)$ 与 $(\beta\cdot n)\geqslant(25\,030+497c)$ 均成立时，此时在地方政府补偿的背景下，农民退地后总收益大于其退地之前，同时农民非农收入也大于其不退地时宅基地构筑物所带来的收益，因而“理性”农民将选择退出宅基地，以此获得最大的收益。此时农民和地方政府退地收益为（$\beta\cdot n+423\alpha-0.85C+13\,412,\ 497T-C-89\,415+A$）。

**2. 地方政府和集体经济组织纳什均衡分析**

依据表 7-6，对地方政府来讲，一方面，若集体经济组织积极配合，则地方政府有两个策略（补偿 $S_{31}$ 、不补偿 $S_{32}$ ），若地方政府补偿，地方政府收益为 $(497T-C-89\,415+A)\geqslant(-497T-A)$ ，也就是集体经济组织积极配合地方政府实施宅基地退出后，地方政府尽管对农民进行补偿，但其获得综合退地收益远高于不退地效益；另一方面，若集体经济组织消极对待，则地方政府收益为 $(-497T-A)$，由于 $(-497T-A) \leqslant (-497T)$，此时地方政府最佳策略是不补偿，地方政府收益为 $-497T$。

**表 7-6 地方政府–集体经济组织纳什均衡矩阵**

| 地方政府–集体经济组织 | | 地方政府 | |
|---|---|---|---|
| | | 补偿 $S_{31}$ | 不补偿 $S_{32}$ |
| 集体经济组织 | 积极配合 $S_{21}$ | $(72\alpha-0.15C-13\,412+B,$ $497T-C-89\,415+A)$ | $(-c\times497-B, -497T-A)$ |
| | 消极对待 $S_{22}$ | $(-c\times497-B, -497T-A)$ | $(-c\times497-B, -497T)$ |

对集体经济组织来讲，若地方政府补偿，则集体经济组织不可能进行其他策略选择，此时集体经济组织必定积极配合，集体经济组织收益为 $72\alpha-0.15C-13\,412+B$，因为只有地方政府补偿，集体经济组织才可能获得收益。同时若集体经济组织不积极配合，其不可能获得地方政府退地补偿与增值收益分配。另外，若地方政府不补偿，则集体经济组织不可能积极配合，只能消极对待，因为地方政府不补偿，集体经济组织不可能获得任何退地收益，同时集体经济组织还负担必要的宅基地闲置成本，或者说只要地方政府不补偿，无论集体经济组织积极与否，都不会获得退地增值收益与补偿，其收益始终为 $-c\times497-B$。这显然不可能调动集体经济组织的积极性，因而集体经济组织最佳策略是消极对待。

**3. 集体经济组织和农民纳什均衡分析**

依据表7-7，对集体经济组织来讲，若农民退出宅基地 $S_{11}$，则集体经济组织获得收益 $72\alpha-0.15C-13\,412+B$；若农民不退出宅基地 $S_{12}$，则集体经济组织没有任何收益，反而承担其宅基地闲置及公信力丧失的成本 $-c\times497-B$。因而农民退出宅基地是其最佳策略。

**表 7-7 集体经济组织–农民纳什均衡矩阵**

| 集体经济组织–农民 | | 集体经济组织 | |
|---|---|---|---|
| | | 积极配合 $S_{21}$ | 消极对待 $S_{22}$ |
| 农民 | 退地 $S_{11}$ | $(\beta\cdot n+423\alpha-0.85C+13\,412,$ $72\alpha-0.15C-13\,412+B)$ | $(25\,030+497c, -c\times497-B)$ |
| | 不退地 $S_{12}$ | $(\beta\cdot n+423\alpha-0.85C+13\,412,$ $-c\times49-B)$ | $(25\,030+497c, -c\times497-B)$ |

对农民来讲，若集体经济组织积极配合地方政府实施宅基地退出工作 $S_{21}$，集体经济组织并没有真正作为“农民代理人”出现，则农民将会比较退地与不退地之间的效益，也就是比较 $\beta \cdot n + 423\alpha - 0.85C + 13\,412$ 与 $25\,030 + 497c$。当政府选择 $S_{32}$ 时，农民会比较 $\beta \cdot n$ 与 $25\,030 + 497c$。也就是农民会在非农收入与不退地成本及宅基地构筑物产生价值之间做出取舍，具体来看：

1) $(\beta \cdot n + 423\alpha - 0.85C + 13\,412) \geqslant (25\,030 + 497c)$ 与 $(\beta \cdot n) \geqslant (25\,030 + 497c)$ 均不成立时，此时，此时集体经济组织失信于民，另外由于农民退地后总收益小于不退地成本及宅基地构筑物产生价值，同时不退地时农民总收益反而大于其非农收益，因而农民不可能退出宅基地。若农民不退出宅基地，集体经济组织也不可能获得增值收益与补偿，因而集体经济组织与农民此时双方收益分别为（$-c\times 497-B$，$\beta \cdot n+423\alpha-0.85C+13\,412$）。

2) $(\beta \cdot n + 423\alpha - 0.85C + 13\,412) \geqslant (25\,030 + 497c)$ 成立，但 $(\beta \cdot n) \geqslant (25\,030 + 497c)$ 不成立时，此时在集体经济组织积极配合前提下，农民因其退地总效益大于其不退地效益，从这一角度讲，部分农民倾向于退出宅基地。但是，不退地时由宅基地构筑物带来的农民总收益（即便扣除闲置税费）依然大于其非农收入，因而部分农民可能不倾向于退出宅基地。总体来看在这种情况下，农民对宅基地退出呈现观望态度，在退地问题上犹豫不决。

3) $(\beta \cdot n + 423\alpha - 0.85C + 13\,412) \geqslant (25\,030 + 497c)$ 与 $(\beta \cdot n) \geqslant (25\,030 + 497c)$ 均成立时，此时在集体经济组织积极配合下，农民退地后总收益大于其退地前总收益，此外农民非农收入也大于其不退地宅基地构筑物所带来的收益，因而“理性”农民将退出宅基地，以此获得最大的收益。此时农民和集体经济组织退地收益分别为 $(\beta \cdot n + 423\alpha - 0.85C + 13\,412,\ 72\alpha - 0.15C - 13\,412 + B)$。

进一步，对农民来讲，若集体经济组织消极对待，此时农民若退出宅基地则获得收益为 $\beta \cdot n + 423\alpha - 0.85C + 13\,412$，而集体经济组织非但无法获得收益，还应承担必要的成本为 $-c\times 497 - B$。若集体经济组织消极对待，同时农民不退出宅基地，则此时双方收益（$25\,030 + 497c$，$-c\times 497 - B$）。

## 五、研究结论

本部分分析宅基地退出中地方政府、集体经济组织与农民行为主体的行动空间，同时基于重庆市实证，构建了博弈模型分析宅基地退出中相关利益主体在退地补偿及增值收益分配中的博弈行为。不管是优势策略均衡还是纳什均衡分析均表明：补偿标准、农民收入、地方政府政策执行力度及退地增值收益等因素是影响农民退地的主导因素。具体而言，退地补偿越高，农民退地积极性更高，同时农民可以获得更多的退地增值收益；在兼顾公平与效率的前提下，增值收益比例分配适当向农民倾斜，将显著提高农民退地积极性，同时使得其他利益主体的收益增加，实现利益主体之间的帕累托最优效益。地方政府政策执行力度，同样影响农民退地意愿及积极性，进而影响各方退地增值收益分配。另外，农民非农化程度高，也将会弱化宅基地所附着的各项功能保障，提高农民退地意愿，对增值收益分配产生影响。

基于以上分析，本书认为应着重从以下几方面改进宅基地退出补偿与增值收益分配政策。

一是设置宅基地闲置荒废税费政策。当前宅基地闲置废弃在全国范围内较为严重，有必要建议地方政府设置宅基地闲置荒废税费政策，也就是参考国有土地开发中对闲置用地处置做法，在农村尝试制定宅基地闲置荒废税费政策。通过积极认定与相关政策试点，在城乡接合部发达地区逐步建立起以面积为单位的宅基地闲置费征收体制。以此促进农民加快退出宅基地，同时使得原有的闲置废弃宅基地资源、资本属性得以发挥，并通过宅基地复垦，增加有效耕地面积。

二是完善宅基地退出后补偿及增值收益分配机制。首先是货币补偿。农户自愿放弃原宅基地的，由当地政府按不低于当地征地补偿标准的价格进行补偿后，交由原集体经济组织复垦；退出后的农村宅基地置换为城市建设用地的，地票指标增值收益全部用于补贴农民购房。其次是集中还建。农户自愿到中心村建房可以通过超原宅基地补偿等形式免费置换规划规定的宅基地；同时以补缴相关税费等方法，对新房宅基地超原宅基地面积部分进行补偿。最后是政策扶持。以转让补偿等形式对自愿放弃宅基地进入城镇居住的农户进行补偿；扩大城镇保障性住房覆盖范围，将退地农户重点纳入保障目标，并通过减免农户购置商品房的相关地方性税费鼓励无法获得保障性住房的退地农户购置商品住房。

三是给予农民自由选择宅基地退出谈判代理人的权利。鉴于宅基地退出中，村干部无法真正成为农民代理人的现实，政策应允许退地农民可以通过召开全体村民大会选举退地事务代理人，全权负责农民宅基地退出谈判相关事务，也可以通过聘请第三方代理相关事务。这一代理人仅对退地农民负责，各级政府及村干部无权干涉，如此一来，既可以有效地降低村干部的“道德风险”对农民宅基地退出收益造成的损失，又可最大限度地体现民主与公平。

四是完善保障农民宅基地退出后可持续发展能力的政策。加快城镇保障性住房建设，降低农民工保障性住房申请门槛，通过宅基地置换住房等形式，加快偏远地区的农村新村建设，有利于保障农民宅基地退出后的合法权益；加大农民宅基地退出的综合配套设施投入，通过信贷、基金、地票等多种形式，提高退地补偿与购房补贴标准同样有利于保护农民宅基地退出的合法权益。

## 参 考 文 献

陈霄 . 2012. 农民宅基地退出意愿的影响因素——基于重庆市“两翼”地区 1012 户农户的实证分析究［J］. 中国农村观察，(3)：26-36，96.

成生权，吴丽娜，马增辉 . 2013. 农村宅基地退出补偿机制的博弈论分析［J］. 西安科技大学学报，33（4)：499-504.

欧阳安蛟，蔡锋铭，陈立定 . 2009. 农村宅基地退出机制建立探讨［J］. 中国土地科学，23（10)：26-30.

彭长生 . 2013. 民宅基地产权认知状况对其宅基地退出意愿的影响——基于安徽省 6 个县 1413 户农户问卷调查的实证分析［J］. 中国农村观察，(1)：21-33，90-91.

王轶，杨庆媛，王兆林 . 2015. 基于微观行为主体博弈的城中村改造模式分析［J］. 西南大学学报（自然科学版)，37（6)：112-117.

张秀智，丁锐 . 2009. 经济欠发达与偏远农村地区宅基地退出机制分析：案例研究［J］. 中国农村观察，(6)：23-30，94-95.

# 第八章 农民宅基地退出补偿意愿及收益分配比例研究

## 第一节 农民宅基地退出补偿意愿及其影响分析

当前我国宅基地利用普遍存在规模大、面积超标、一户多宅、闲置低效利用等问题，加剧了城市化进程中耕地保护的压力（欧阳安蛟等，2009；Sun et al.，2011；Liu et al.，2014；Li，2016）。实施宅基地退出复垦是解决上述问题的重要路径，也是宅基地制度改革的重要内容。而宅基地退出复垦工作能否顺利推进与退地补偿息息相关，从各地出台的宅基地退出复垦补偿政策来看，主要分为货币（现金）补偿、安置（实物）补偿、修建（建设）补偿三类，其中又以货币补偿为主，且各地在补偿政策制定中，又较少考虑受偿主体的意愿需求问题，这显然不利于保护退地主体的权益。当前理论界有关宅基地退出补偿的研究中聚焦退地主体微观层次的研究稍显不足，特别是较少对受偿主体补偿意愿差异的研究（许恒周，2012；胡银根等，2013；邹艺，2014；张昕，2016），也就难以制定更为合理有效、公平公正的补偿措施。此外，相关研究在指标体系构建方面，多考虑了政府的供给，忽略了农民的实际补偿需求及个体主观认知因素（胡银根等，2013；张昕，2016）。

鉴于此，本书从一般分析出发，构建较为完善的指标体系，同时基于重庆市实地调查，从货币（现金）补偿、安置（实物）补偿与修建（建设）补偿三方面，定量研究宅基地退出中农民补偿意愿及其影响因素。既可以丰富宅基地退出补偿研究体系，也可以为地方政府完善相关补偿政策，提供参考。

### 一、理论分析

当前宅基地退出补偿主要分为货币（现金）补偿、安置（实物）补偿和修建（建设）补偿三类。①货币（现金）补偿指有稳定住所的农民自愿退出闲置、废弃的宅基地复垦，并获得政府一定标准的货币补偿。该类补偿主要针对有稳定住所的退地农民设置，如一户多宅的农民，已在城镇购房或准备进城落户、旧房拆除后不在村集体建新房的农民。②安置（实物）补偿指对宅基地退出复垦的农民以进行住房安置或重新进行宅基地分配的方式进行补偿，主要方式包括：在农民拆旧原址重建或异地新建住房，按地区房价平等置换商品房，在政府统一规划的安置区域按不同底价折换成房屋面积置换住宅小区的新房。该类补偿，是为保障一户一宅退地农民的居住权而设置的补偿方式。③修建（建设）补偿指以农村土地整治为基础，通过“合理规划”“基础设施更新”等形式改善农民生产、生活环境与居住条件，美化乡村风光。该类补偿主要针对有改善居住环境意愿的农民设置。

“理性”的受偿主体选择何种补偿方式由其退地目的及追求的效益决定。对有货币补偿意愿的农民，其退地首要追求的是经济效益，因而经济因素如非农收入、宅基地面积、农房造价等可能对农民货币补偿意愿产生影响。对有安置补偿意愿的农民，其退地首要追求的是更好的居住条件，因而居住因素如农房是否自住、农房是否新建、居住的适应性等可能对农民安置补偿意愿产生影响。对有修建补偿意愿的农民，其退地首要追求的是村庄所处环境的改善，因而村庄状况如经济状况、基础设施建设状况等可能对农民修建补偿意愿产生影响。此外，受偿主体的个体特征因素，如年龄越大的农民越追求安稳心态，农民受教育程度事关其认知水平、对新鲜事物的接受能力及对退地复垦补偿政策的认知等，也可能对农民补偿意愿选择产生影响。

## 二、调查与数据

重庆市是我国较早在省级层面试点宅基地退出复垦的地区之一。按照《重庆市国土房管局关于调整地票价款分配及拨付标准的通知》，重庆市宅基地退出复垦补偿以全市统一的12万元/亩的货币补偿为主，补偿形式较为单一，无法兼顾特殊地形居住条件下的退地农民补偿意愿需求。为全面了解该市宅基地退出补偿意愿及其影响因素，作者团队基于区域经济发展差异及地形地貌差异，选择都市发展区的永川区、铜梁区、潼南区、渝东北的开县、巫山县，渝东南的黔江区、秀山县的16个乡镇的34个行政村的农民进行问卷调查。在预调查基础上，为确保样本数据的准确性和可信度，作者团队在上述区县随机选取2～3个乡镇，每个乡镇随机选取2～3个村，每个村随机选取2～3个村民小组进行调查。调查员采用PRA法等方法与受访农民进行一对一面谈评估，并将问卷中的问题陈述为农户可以理解的内容。调查问卷发放份数，按照Scheaffer（1979）的抽样公式：$N^* = N/[(N-1)\delta^2] + 1$，$\delta = 0.05$，确定样本调查数量，具体以所选择样本区域2014年1000万人口计算，依据抽样公式，所需随机选取被调查农民的样本数至少为800个。基于人力、物力、财力考虑，最终确定1000个农民的样本量。2015年1～8月作者团队在16个乡镇34个行政村（表8-1）共发放问卷1000份，剔除无效问卷后，最终获得有效问卷数为890份，问卷有效率达89%。

**表8-1　调查区域分布**

| 区县 | 镇域（16个） | 村域（34个） | 样本数（890份） |
|---|---|---|---|
| 永川区 | 双石镇/陈食街道 | 大涧口村、响滩子村/瓦窑村、莲花塘村 | 111 |
| 铜梁区 | 巴川街道/南城街道 | 玉皇村、盘龙村、大雁村/巴岳村、马滩村 | 119 |
| 潼南区 | 柏梓镇/塘坝镇 | 中渡村、水头村/金龟村、古家村 | 88 |
| 开县 | 谭家镇/温泉镇/大进镇 | 向家村、明水村/金龙村、双龙村/东平村、红旗村、云凤村、新元村 | 215 |
| 巫山县 | 庙宇镇/抱龙镇 | 长坪村、九台村/石花村、青坪村、大梁村 | 103 |
| 黔江区 | 阿蓬江/水田乡 | 柒坨村、石河村/龙桥村、大塘村 | 107 |
| 秀山县 | 溪口镇/清溪场镇/官庄镇 | 中和村、草果村/两河村、溪西村/鸳鸯村、观音村 | 147 |

本书主要通过“假如您家宅基地退出复垦，您愿意获得的补偿方式是：□货币补偿，□安置补偿，□修建补偿”的问题来调查农民退地补偿意愿。统计分析890份样本发现，农民退地补偿意愿选择存在显著的地域差异：一是经济欠发达、区位条件较差，地处渝东北、渝东南区县的农民货币补偿意愿比例较高，原因是该区域的农民更希望通过获得退地补偿发展非农产业。二是区位条件较好，经济较为发达、地处重庆都市发展区的永川区、铜梁区、潼南区农民安置补偿意愿比例较高（占总安置补偿比例的55.63%），原因是因地处未来重庆都市发展区，该区域商品住房价格较高，农民购买成本较大，基于未来土地发展权补偿及家庭收入的考虑，“理性”的农民更倾向于选择安置补偿获取最大利益。三是各区县农民修建补偿选择率总体偏低，但区域差异并不明显，原因是农民更加注重与其切身利益紧密联系的补偿（表8-2）。

**表8-2　农民宅基地退出补偿意愿情况**

| 补偿方式 | 都市发展区 | | | 渝东北地区 | | 渝东南地区 | | 总计 |
|---|---|---|---|---|---|---|---|---|
| | 永川区 | 铜梁区 | 潼南区 | 开县 | 巫山县 | 秀山县 | 黔江区 | |
| 货币补偿 | 43 | 37 | 24 | 142 | 67 | 58 | 90 | 461 |
| 安置补偿 | 53 | 73 | 47 | 46 | 23 | 30 | 39 | 311 |

续表

| 补偿方式 | 都市发展区 | | | 渝东北地区 | | 渝东南地区 | | 总计 |
|---|---|---|---|---|---|---|---|---|
| | 永川区 | 铜梁区 | 潼南区 | 开县 | 巫山县 | 秀山县 | 黔江区 | |
| 修建补偿 | 15 | 9 | 17 | 27 | 13 | 19 | 18 | 118 |

## 三、变量与模型

### （一）变量设定

基于宅基地退出补偿内涵分析，参考王兆林等（2011）的研究，本部分从个人特征及家庭因素、宅基地及住房因素、个体主观认知因素、所处村庄因素四个方面构建 16 项指标体系，并按照货币补偿、安置补偿、修建补偿三类补偿意愿分离出三类农民，以三类补偿为因变量进行农民退地补偿意愿的影响因素分析，三类补偿意愿农民的自变量特征统计性描述详见表 8-3。

分析表 8-3 可知，选择货币补偿、安置补偿、修建补偿的农民在变量特征之间存在差异，选择货币补偿的农民呈现年龄总体偏低、男性居多、受教育程度较高、家庭主要成员多定居城镇、非农务工收入最高等基本特征；选择修建补偿的农民呈现年龄总体偏高、受教育程度偏低、家庭主要成员较少定居城镇、非农务工收入最低等基本特征；选择安置补偿农民的变量基本特征多介于货币补偿与修建补偿。

### （二）Logistic 概率模型构建

本书设定农民宅基地退出补偿意愿（货币补偿、安置补偿、修建补偿）为因变量，农民补偿意愿是二分变量（是=1，否=0），如农民愿意选择安置补偿则为 1，其他两类补偿则为 0，对该类问题的研究特别适用于 B-Logistic 回归分析。B-Logistic 模型的具体形式如下。

设定研究问题中有 $i$ 个自变量，则有：$b_0 + b_1x_1 + b_2x_2 + \cdots + b_ix_i = \sum_{i=1}^{n} b_ix_i$，式中，$b_0$ 为常数项，而 $x_0$ 恒为 1。据此 Logistic 概率模型可以表达为

$$\text{prob}(\text{type}) = f\left(\sum_{i=1}^{n} b_ix_i\right) = \frac{1}{1 + \exp\left(-\sum_{i=1}^{n} b_ix_i\right)} \tag{8-1}$$

**表 8-3　指标体系及其统计性描述**

| 变量归属 | 变量 | 代码 | 变量描述 | 变量类型 | 货币补偿 | 安置补偿 | 修建补偿 |
|---|---|---|---|---|---|---|---|
| 个人特征及家庭因素 | 年龄 | $x_1$ | 单位：岁 | 实际观测 | 42.74 | 59.47 | 68.52 |
| | 性别 | $x_2$ | 男=1；女=0 | 实际观测 | 0.68 | 0.54 | 0.53 |
| | 受教育程度 | $x_3$ | 小学及以下=1；初中=2；高中=3；大专及以上=4 | 虚拟变量 | 2.52 | 1.04 | 0.84 |
| | 家庭主要成员是否定居城镇 | $x_4$ | 是=1；否=0 | 虚拟变量 | 0.48 | 0.38 | 0.16 |
| | 非农务工收入 | $x_5$ | 单位：万元 | 实际观测 | 6.73 | 3.75 | 1.51 |
| 宅基地及住房因素 | 家庭宅基地面积 | $x_6$ | 单位：$m^2$ | 实际观测 | 135.61 | 210.21 | 223.04 |
| | 宅基地是否位于城镇规划范围 | $x_7$ | 是=1；否=0 | 虚拟变量 | 0.19 | 0.11 | 0.13 |
| | 农房造价 | $x_8$ | 单位：万元 | 实际观测 | 7.27 | 5.17 | 1.72 |
| | 农房是否自住 | $x_9$ | 是=1；否=0 | 虚拟变量 | 0.19 | 0.66 | 0.83 |
| | 农房是否新建 | $x_{10}$ | 是=1；否=0 | 虚拟变量 | 0.33 | 0.27 | 0.08 |
| 个体主观认知因素 | 宅基地政策了解程度 | $x_{11}$ | 了解=3；不太了解=2；不了解=1 | 虚拟变量 | 1.51 | 1.34 | 0.89 |
| | 宅地基是否为主要财产 | $x_{12}$ | 是=1；否=0 | 虚拟变量 | 0.46 | 0.83 | 0.86 |
| | 新居住地适应性 | $x_{13}$ | 较好=1；较差=0 | 虚拟变量 | 0.96 | 0.63 | 0.34 |
| | 退地补偿是否有被截留 | $x_{14}$ | 是=1；否=0 | 虚拟变量 | 0.38 | 0.54 | 0.63 |
| 所处村庄因素 | 村集体经济状况 | $x_{15}$ | 较好=3；一般=2；较差=1 | 虚拟变量 | 1.84 | 1.79 | 1.82 |
| | 村基础设施状况 | $x_{16}$ | 较好=3；一般=2；较差=1 | 虚拟变量 | 1.51 | 1.75 | 0.87 |

进一步设定 $\sum_{i=1}^{n} b_i x_i = z$，并以 exp(z) 分别乘以该公式的分子与分母，得到：

$$\text{prob}(\text{type}) = \frac{1}{1 + \exp(-z)} = \frac{\exp(z)}{1 + \exp(z)} \tag{8-2}$$

式（8-2）是 Logistic 概率模型的基本形式，prob（type）表示农民选择某类补偿的概率。该概率模型的求参依然通过最大似然法求取，并通过似然值进行整体性检验及迭代法进行修正。此部分中农民三种补偿意愿，形成 3 条 Logistic 概率回归方程，具体表达如下：

$$\text{prob}_1 = \text{prob}_{(货币)} = \frac{\exp(z_{货币})}{1 + \exp(z_{货币})}; z_{货币} = \sum_{i=1}^{16} b_i x_i = b_0 + b_1 x_1 + b_2 x_2 + \cdots + b_{16} x_{16}$$

$$\text{prob}_2 = \text{prob}_{(安置)} = \frac{\exp(z_{安置})}{1 + \exp(z_{安置})}; z_{安置} = \sum_{i=1}^{16} b'_0 x_i = b'_0 + b'_1 x_1 + b'_2 x_2 + \cdots + b'_{16} x_{16}$$

$$\text{prob}_3 = \text{prob}_{(修建)} = \frac{\exp(z_{修建})}{1 + \exp(z_{修建})}; z_{修建} = \sum_{i=1}^{16} b''_0 x_i = b''_0 + b''_1 x_1 + b''_2 x_2 + \cdots + b''_{16} x_{16}$$

## 四、结果分析

本书利用 SPSS19.0 软件对重庆市不同区位、地形条件下的 890 份农民样本数据进行 B-Logistic 回归分析，结果表明：三类补偿回归结果的 Nagelkerke $R^2$ 均大于 0.5，回归方程拟合良好（表 8-4）。依据统计原理，在模型拟合较好与回归系数通过显著性检验的前提下，若估计系数为正值，则因变量与自变量之间存在正向关系；反之，则存在反向关系，据此分别解释农民选择货币、安置、修建补偿意愿的影响因素。

**表 8-4　货币、安置、修建三类补偿意愿模型回归结果**

| 变量归属 | 变量 | 货币补偿（$\text{prob}_1$） | 安置补偿（$\text{prob}_2$） | 修建补偿（$\text{prob}_3$） |
|---|---|---|---|---|
| 个人特征及家庭因素 | $x_1$ | −0.129（0.012） | 0.124**（0.012） | 0.008*（0.035） |
| | $x_2$ | −0.013（0.207） | −0.104（0.203） | 0.942（0.817） |
| | $x_3$ | 0.302*（0.16） | −0.331（0.161） | −0.097（0.567） |
| | $x_4$ | 0.282**（0.232） | 0.13（0.23） | 0.377（0.775） |
| | $x_5$ | 0.024**（0.038） | −0.021（0.039） | −0.042（0.131） |

续表

| 变量归属 | 变量 | 货币补偿（$prob_1$） | 安置补偿（$prob_2$） | 修建补偿（$prob_3$） |
|---|---|---|---|---|
| 宅基地及住房因素 | $x_6$ | 0.001* （0.001） | 0.001（0.001） | 0.006（0.004） |
| | $x_7$ | 0.382* （0.298） | 0.422（0.300） | -0.689（0.983） |
| | $x_8$ | 0.105（0.031） | -0.086** （0.031） | 0.062* （0.104） |
| | $x_9$ | 0.013（0.2） | 0.025** （0.199） | -0.095（0.616） |
| | $x_{10}$ | 0.547（0.271） | -0.696（0.272） | 1.400* （0.953） |
| 个体主观认知因素 | $x_{11}$ | -0.156（0.246） | 0.065（0.243） | 0.171（0.759） |
| | $x_{12}$ | -0.137（0.24） | 0.222（0.238） | -1.264（0.787） |
| | $x_{13}$ | 0.167（0.286） | 0.051（0.279） | -2.137* （0.994） |
| | $x_{14}$ | -0.627* （0.219） | 0.664（0.216） | 0.132（0.725） |
| 所处村庄因素 | $x_{15}$ | 0.752（0.189） | -0.707（0.189） | -0.185（0.51） |
| | $x_{16}$ | -1.007（0.179） | 0.202（0.168） | -5.946** （1.035） |
| 常数项 | $b_0^i$ | 6.575（1.025） | -5.212（0.993） | -18.346（3.97） |
| 拟合优度指标 | -2LL | 669.682[a] | 691.641[a] | 74.359[a] |
| | Nagelkerke $R^2$ | 0.569 | 0.524 | 0.679 |

注：括号中的数值为估计系数标准误

**、*表示在1%、5%的水平下显著

**1. 个人特征及家庭因素对农民补偿意愿的影响分析**

自变量 $x_1$ 在1%、5%的显著性水平下分别与因变量 $prob_2$、$prob_3$ 呈现显著正相关，说明年龄越大的农民选择安置补偿、修建补偿的可能性更大。原因是这两类农民家庭收入较低、年龄偏大（表7-3），退地选择安置补偿是保障其居住权的理性选择，而退地选择修建补偿更是在保障居住权的前提下，对完善山地丘陵村庄基础设施的愿望的体现。自变量 $x_3$ 在5%的显著性水平下仅与因变量 $prob_1$ 呈现显著正相关，表明受教育程度越高的农民选择货币补偿的可能性越大。原因是有货币补偿意愿的农民总体受教育程度较高、有更高的非农收入（表7-3），其发展非农生产经营的可能性更大，在当前农村抵押物相对匮乏的前提下，退地货币补偿可作为非农生产投资所需资金。自变量 $x_4$ 在1%的显著性水平下仅与因变量 $prob_1$ 呈现显著正相关，说明家庭主要成员定居城镇的农民选择货币补偿的可能性越大，农民家庭主要成员定居城镇，其退地后多进城投靠，带着资金进城更是适应城镇生活的必要基础。自变量 $x_5$ 在1%的显著性水平下与因变量 $prob_1$ 呈现显著正相关，说明非农务工收入越高的农民选择货币补偿的可能性越大。原因是非农收入较高的农民多为兼业程度较深的农民，其退地的目的同样是获取非农扩大再生产所需资金。

**2. 宅基地及住房因素对农民补偿意愿的影响分析**

自变量 $x_6$ 和 $x_7$ 在5%的显著性水平下仅与因变量 $prob_1$ 呈现显著正相关，说明宅基地面积越大的农民、宅基地位于城镇规划范围的农民选择货币补偿的可能性更大。原因是当前重庆市宅基地退出补偿按照面积计算，同时现行的征地补偿标准高于退地复垦补偿标准①，这两类农民退地的目的在于获得最大经济补偿。自变量 $x_8$ 在1%的显著性水平下与因变量 $prob_2$ 呈现显著负相关，而在5%的显著性水平下与因变量 $prob_3$ 呈现显著正相关，前者说明农房造价越高的农民越不愿意选择安置补偿，原因是农民投入大量资金修建的住房通常比集中居住的安置房具有更好的生产、生活环境；后者说明农房造价较高的农民选择修建补偿的可能性更大，原因是住房造价较高，农民已经有了较为满意的居住环境，但对因特殊地形地貌造成的村落道路、文体卫等基础滞后状况，有着较强的改善愿望。自变量 $x_9$ 在1%的显著性水平下仅与因变量 $prob_2$ 呈现显著正相关，说明农房自住的农民选择安置补偿的可能性更高。原因是这类农民多属于一户一宅，因而为保障居住权选择安置补偿的可能性更大。自变量 $x_{10}$ 在5%的显著性水平下仅与因变量 $prob_3$ 呈现显著正相关，说明农房新建的农民选择修建补偿的可能性更大。原因是新建住房，农民退地意愿不强，但对因特殊地形地貌造成的村落道路、文体卫等基础滞后状况，有着较强的改善愿望。

**3. 个体主观认知因素对农民补偿意愿的影响分析**

自变量 $x_{13}$ 在5%的显著性水平下仅与因变量 $prob_3$ 呈现显著负相关，说明对新居住地适应性较差的农民选择修建补偿的可能性更大②。原因是对新居住地适应性较差的农民具有年龄较大、受教育程度较低、观念传统等特征（表7-3）；同时具有较为浓厚的“乡土情结”，加之集中上楼居住等造成农业生产诸多不适应，其更倾向留守老宅，但其对因特殊地形地貌造成的村落道路、文体卫等基础滞后状况，也有着较强的改善愿望。自变量 $x_{14}$ 在5%的显著性水平下仅与因变量 $prob_1$ 呈现显著负相关，说明认为退地补偿有被截留的农民更不可能选择货币补偿。原因是农民选择货币补偿的目的在于获得最大退地经济效益，“理性”的农民会规避经济收益受损的风险。

---

① 《重庆市国土房管局关于调整地票价款分配及拨付标准的通知》规定，重庆市宅基地退地复垦，按照12万元/亩（180元/$m^2$）标准补偿，同时依据《重庆市征地补偿安置办法》，农村房屋补偿钢砼结构为660元/$m^2$，砖混结构为600元/$m^2$，砖木结构为390～480元/$m^2$，土墙结构为330～360元/$m^2$，显然征地补偿标准高于退地复垦补偿标准。

② 自变量 $x_{13}$ 在5%的显著性水平下仅与因变量 $prob_3$ 呈现显著负相关，说明对新居住地适应性较强的农民选择修建补偿的可能性更低，更说明对新居住地适应性较差的农民选择修建补偿的可能性更大。

**4. 所处村庄因素对农民修建补偿意愿的影响**

自变量 $x_{16}$ 在 1% 的显著性水平下仅与因变量 $prob_3$ 呈现显著负相关，说明所处村庄基础设施较好的农民选择修建补偿的可能性较低，这主要由修建补偿的根本目的决定的。

## 五、结论与启示

本章基于重庆市 7 区县的实地调查，应用 B-Logistic 模型，对农民货币补偿、安置补偿、修建补偿意愿的影响因素进行回归分析，主要研究结论如下：

1）区位条件较好、经济较为发达的地区，农民选择安置补偿的比例较高；经济欠发达、区位条件较差地区的农民选择货币补偿的比例较高；农民选择修建补偿的比例总体偏低，区域差异并不明显。

2）个人特征及家庭因素中，年龄越大的农民更愿意选择安置补偿、修建补偿；受教育程度越高的农民更愿意选择货币补偿；家庭主要成员定居城镇的农民更愿意选择货币补偿；非农务工收入越高的农民更愿意选择货币补偿。

3）宅基地及住房因素中，宅基地面积越大的农民、宅基地位于城镇规划范围的农民更愿意选择货币补偿；农房造价越高的农民越不愿意选择安置补偿，但该类农民更愿意选择修建补偿；农房自住的农民更愿意选择安置补偿；农房新建的农民更愿意选择修建补偿。

4）个体主观认知因素中，对新居住地适应性较差的农民更愿意选择修建补偿；认为退地补偿有截留的农民更不愿意选择货币补偿。

5）所处村庄因素中，所处村庄基础设施较好的农民更不愿意选择修建补偿。

6）货币补偿意愿、安置补偿意愿、修建补偿意愿的农民基本特征存在差异；农民货币补偿意愿的影响因素多于农民安置补偿意愿、修建补偿意愿的影响因素；同一因素也可能对农民选择补偿意愿产生不同的影响。

基于以上分析，本书认为应实行差异化的补偿措施，特别是在经济发展相对滞后地区，在大力完善村落基础设施的同时，加大现金补偿力度。对经济较为发达、区位条件较好的地区，应加大安置补偿力度，引导农民积极退出宅基地；同时通过完善退地农民保障措施，如就业、养老等，保障农民长远生计。

# 第二节　农民宅基地退出增值收益分配比例确定：基于动态联盟利益分配模型

宅基地退出增值指宅基地退出复垦后产生的农村集体建设用地指标，经由

“增减挂”进入地方产权交易市场后，相对于原有的宅基地退出复垦补偿产生的增值。近年来，在国家统筹城乡发展的有关政策引导下，一些地区相继制定政策开展宅基地退出工作，但各地出台的宅基地退出增值收益分配措施存在明显的趋同性，普遍做法是宅基地退出增值收益在扣除复垦成本后，剩余的增值收益按不同比例分别分配给农民和集体经济组织（陈霄，2012）。当前有关宅基地退出增值收益分配的成果还非常有限，且以定性分析为主，如程春丽（2014）、鲁春阳等（2010）。尽管毛燕玲等（2015）基于改进区间 Shapley 值方法定量研究宅基地退出增值收益问题，但该研究将宅基地退出增值收益界定为宅基地被“征用退出”后形成的增值收益，因而该成果属于征地增值收益分配问题的研究范畴，而非研究当前各地普遍探索的宅基地退出复垦、农村建设用地指标转移交易产生的增值分配问题。有鉴于此，本书基于动态联盟利益分配模型，结合较早在省域层面开展宅基地退出工作的重庆市实证，定量分析宅基地退出指标转移交易增值收益分配问题，这既有利于丰富土地增值收益分配研究的理论体系，也可为地方完善兼顾国家、集体、个人的宅基地退出增值收益分配政策，提供参考。

## 一、研究方法与数据来源

### （一）研究方法

#### 1. 动态联盟利益分配模型

本书利用动态联盟利益分配模型测算宅基地退出增值收益分配比例。动态联盟利益分配模型是进行收益分配研究的重要方法。该方法与同类的 Shapley 值、Nash 谈判模型和简化的 MCRS 等方法相比，无须要求联盟各方合作状态，同时具有分配方案能够随着联盟的运行而调整及估计结果误差更小等优势（陈剑和冯蔚东，2002；戴建华和薛恒新，2004；张维迎，2004；黄敏等，2005）。

设定动态联盟中成员数为 $n$，则其全体成员集合表达为 $N=\{1, 2, \cdots, n\}$。若联盟某一项目获得成功的总收益为 $V$，则伙伴 $i$ 的分配额为 $V_i$。其中，$\alpha_i$ 为伙伴 $i$ 的利益分配比例，$R_i$ 为伙伴 $i$ 的风险系数，$I_i$ 为伙伴 $i$ 的投资额，$Y_i$ 为伙伴 $i$ 的工作努力水平系数，$i=1, 2, \cdots, n$。根据上述动态联盟收益/风险分配的基本原则，得出如下公式：$v_i = V[(R_i \times I_i \times Y_i)/\sum_{i=1}^{n}(R_i \times I_i \times Y_i)]$。动态联盟中伙伴 $i$ 的收益分配比例 $\alpha_i = (R_i \times I_i \times Y_i)/\sum_{i=1}^{n}(R_i \times I_i \times Y_i)$，在动态联盟中只要伙伴参与其中，就必然付出努力，其投入与风险就必然存在，即 $Y_i$、$R_i$、$I_i$ 必然大于零。据此构建宅基地退出增值收益分配动态联盟利益分配模型。

对宅基地退出增值的各地普遍做法是在扣除复垦成本后，剩余的增值收益按比例分别分配给农民和集体经济组织（重庆市农村宅基地有偿退出复垦，产生的农村建设用地指标称为地票，地票交易扣除复垦成本后，剩余的增值收益为剩余地票溢价）。表面看，在此过程中涉及的利益主体是地方政府、集体经济组织和农民，但实际在增值收益分配过程中由于地方政府只是扣除由其前期垫支的成本，并不参与宅基地复垦增值收益分配，涉及退地增值收益分配的利益主体只有农民和集体经济组织，并由这两者组成一个利益“联盟体”。据此本书进行如下假设。

假设Ⅰ：“联盟体”中，各成员按照“收益共享、风险共担”的原则进行收益分配，不能以牺牲某个成员的利益为代价而换取其他成员的利益，否则将影响该成员的积极性。

假设Ⅱ：宅基地复垦后转移的农村建设用地指标是地方城镇化发展的重要保障，因而宅基地复垦具有公益性。继而将各联盟成员各权利主体参与宅基地复垦行为看作一种分享城市化成果的投资行为，联盟成员之间合作“产出”的“产品”为农村建设用地指标转化的稀缺城镇建设用地指标。

假设Ⅲ：在宅基地复垦补偿过程中，地方政府不再按照政策既定的比例进行补偿，而是在各联盟成员“合作”的基础上，根据各成员对宅基地的投入及退地所承担的风险确定理论分配比例。

基于以上假设，本书构建动态联盟利益分配模型：设定 $V$ 为“联盟体”在宅基地复垦指标交易过程中获取的最终增值收益，各联盟成员（集体经济组织、农民）投资额为 $I_i$；成员 $i$ 所承担的风险（系数）为 $R_i$ [ $R_i \in (0,\ 1)$ ]，其是对成员 $i$ 所承担风险的评价，那么其联盟成员 $i$ 的收益为

$$v_i = V\left(\frac{R_i \times I_i}{\sum_{i=1}^{2} R_i \times I_i}\right) \quad i = 1,\ 2 \tag{8-3}$$

进一步依据式（8-3），联盟体中各成员的增值收益分配比例为

$$\alpha_i = \frac{R_i \times I_i}{\sum_{i=1}^{2} R_i \times I_i} \quad i = 1,\ 2 \tag{8-4}$$

因而确定农民宅基地退出增值收益分配比例的前提是确定“联盟体”各成员（农民、集体经济组织）的投资额（ $I_i$ ）和风险系数（ $R_i$ ）。

**2. 模糊综合评价法**

模糊综合评价法总体分为五个步骤。

1）建立因素集。因素集是评价对象的评价指标体系集合，具体包括评价对象的模糊或非模糊影响因素的集合，$U = \{u_1,\ u_2,\ \cdots,\ u_n\}$。

2）建立评价集。评价集是评价者对评价对象形成的评价结果的汇总集合，即 $V = \{v_1, v_2, \cdots, v_n\}$ 。各元素 $v_i$ 代表各种可能的总评结果。

3）确定权重集。权重集是各个因素集中各影响权重的集合。具体是对各个因素 $u_i$ 按照重要性赋予相应的权数 $a_i$ 。由各权数所组成的集合 $A = \{a_1, a_2, \cdots, a_i\}$ 称为因素权重集。权重确定方法有 Delphi 法、因素成对比较法和层次分析法等。

4）单因素模糊评价矩阵。单因素模糊评价矩阵是以单因素评价集为行组成的矩阵，该矩阵是一个模糊矩阵。

$$\boldsymbol{R} = \begin{bmatrix} R_1 \\ R_2 \\ \vdots \\ R_i \end{bmatrix} = \begin{bmatrix} r_{11} & r_{12} & \cdots & r_{1j} \\ r_{21} & r_{22} & \cdots & r_{2j} \\ \vdots & \vdots & \vdots & \vdots \\ r_{i1} & r_{i2} & \cdots & r_{ij} \end{bmatrix} \tag{8-5}$$

5）模糊综合评价。基于单因素评价矩阵 $\boldsymbol{R}$，第 $i$ 行反映第 $i$ 个因素对评价集 $V$ 中所有元素的选取程度；第 $j$ 列则反映评价集 $V$ 中所有要素对第 $j$ 个评价元素的选取程度。进一步对各因素作用乘以权重集 $A$ 中的相应的权数 $a_i$ ，就可以合理地反映所有因素的综合影响。故模糊综合评价一般可以表达为

$$B = A \cdot \boldsymbol{R} = (a_1, a_2, \cdots, a_i) \begin{bmatrix} r_{11} & r_{12} & \cdots & r_{1j} \\ r_{21} & r_{22} & \cdots & r_{2j} \\ \vdots & \vdots & \vdots & \vdots \\ r_{i1} & r_{i2} & \cdots & r_{ij} \end{bmatrix} = (b_1, b_1, \cdots, b_j) \tag{8-6}$$

式中，$b_j$ 为模糊综合评价指标，即评价对象对备择集中第 $j$ 个元素的隶属度。

### （二）数据来源

为全面客观测算重庆市宅基地退出增值收益分配比例，本书选取重庆市区位条件与经济发展较好的合川区、经济发展中等的开县、经济发展较差的秀山县进行实证研究，涉及数据主要来源于两部分：一是有关部门统计数据：畜禽养殖总产值、区域农村总人口、户均人口来源于《重庆统计年鉴 2015》和《中国农村住户统计年鉴 2015》；公租房相关数据来源于同期合川区、开县、秀山县国土资源和房屋管理局与不动产登记（事务）中心；宅基地总面积来源于同期各区县土地利用变更调查。二是实地调查数据：2014 年 7 ~ 11 月作者团队分别在合川区三庙镇的响铃村、三岔村，开县温泉镇的双龙村、东平村，秀山县溪口镇的中和村、草果村对 125 户宅基地流转的农户进行随机调查，获取租金水平、流转面积等基本情况，同时对 212 户农户农房建设与维护情况进行随机调查，获取农房建设投资、后期维护费用及其占用的宅基地面积等基础数据。

## 二、“联盟体”成员投资额确定

对农民而言，农民在宅基地复垦中损失的宅基地副业生产功能、出租流转功能及农民建房投入与农房后期维护投入构成了农民对宅基地的总投资。对集体经济组织而言，宅基地是集体经济组织无偿提供给农民的住房福利，因而集体经济组织在宅基地复垦中损失的住房保障功能及对宅基地管理的投资构成了其对宅基地的总投资。

### （一）农民宅基地投资额确定

**1. 副业生产价值（$I_1$）**

副业生产是农村宅基地一项非常重要的功能，农民利用宅基地进行的副业生产主要包括养殖与自营。实际上，退地行为主要发生在传统农区，而传统农区农民又极少利用宅基地进行自营，通常每村仅有一两个农村日用品的代售点。而相比自营，农民利用宅基地进行养殖则非常普遍。由于农民可以无限期使用宅基地，并假设农民利用宅基地养殖产值年均收益稳定，以养殖产值来概算宅基地副业生产价值，按照收益还原法有

$$I_1 = \frac{P}{r_1 \times S_{宅}} = \frac{P_{家畜} + P_{家禽}}{r_1 \times S_{宅}} \tag{8-7}$$

式中，$I_1$ 为宅基地副业生产价值；$P$ 为养殖总产值；$S_{宅}$为宅基地面积；$r_1$ 为资本还原利率。

2014 年合川区、开县、秀山县三区县畜禽养殖总产值分别为 21.91 亿元、22.98 亿元、8.51 亿元；结合三区县畜牧管理部门资料与汪凯翔（2015）的研究，其中利用宅基地养殖产值约为总产值的 10%。同期三区县宅基地总面积分别为 16 349.21hm$^2$、15 608.6 hm$^2$、7559.05 hm$^2$。$r_1$ 取 2014 年 11 月 22 日的中长期贷款利率（5 年以上）为 6.15%。依据式（8-7）测算合川区、开县、秀山县单位面积宅基地副业生产价值（$I_1$）分别为 21.79 元/m$^2$、23.94 元/m$^2$、18.31 元/m$^2$。

**2. 流转价值（$I_2$）**

尽管《中华人民共和国土地管理法》等法律规定“农村村民出卖、出租住房后，再申请宅基地的，不予批准”，但在集体经济组织内部，宅基地出租流转现象较为普遍，特别在城乡接合部地区，宅基地租赁市场客观存在。宅基地出租是农村土地资本化的具体体现。因而根据马克思地租地价理论有

$$I_2 = \frac{R}{r_1} \tag{8-8}$$

式中，$I_2$ 为单位面积宅基地出租价格；$R$ 为单位面积宅基地平均租金；$r_1$ 为资本还

原利率。

通过对合川区、开县、秀山县共125户实地随机调查，获取三区县平均租金水平分别约为971元/年、685元/年、653元/年，宅基地平均出租面积为187m$^2$、243m$^2$、262m$^2$，$r_1$ 同上为6.15%。依据式（8-8）测算合川区、开县、秀山县单位面积宅基地流转价值（$I_2$）分别为84.43元/m$^2$、45.84元/m$^2$、40.53元/m$^2$。

**3. 建房和维护投入（$I_3$）**

通过对同期合川区、开县、秀山县共212户实地随机调查，获得三区县农户二层砖混结构农房建设单位面积宅基地投资（$I_{31}$）约为179.43元/m$^2$、146.96元/m$^2$、135.44元/m$^2$。基于宅基地有偿使用，参考城镇住房最高70年使用期限，按每10年大修一次，每次投入 $a_i$ 的标准，$r_2$ 为存款利率［取2014年11月22日的中长期存款利率（5年以上）为4.75%］，折现获得70年住房维护费用投资（$I_{32}$）为

$$I_{32}=\frac{a_i\times(1+r_1)+a_i\times(1+r_1)^2+\cdots+a_i\times(1+r_1)^7}{(1+r_2)^7} \tag{8-9}$$

按照《重庆市农房建设改造项目管理办法（试行）》有关农房维修费用的规定，结合实地调查，获得合川区、开县、秀山县农房维修单位面积宅基地投入平均分别为23.33元/m$^2$、18.67元/m$^2$、16元/m$^2$。依据式（8-9）测算获取各区县 $I_{32}$ 分别为150.93元/m$^2$、120.74元/m$^2$、103.49元/m$^2$；进而按照公式 $I_3=I_{31}+I_{32}$，测算获得合川区、开县、秀山县农房建设和维修平均投资（$I_3$）分别为330.35元/m$^2$、267.70元/m$^2$、238.94元/m$^2$。

**4. 农民宅基地投资额确定（$I_{农民}$）**

通过以上测算可知，合川区、开县、秀山县单位面积宅基地副业生产价值（$I_1$）分别为21.79元/m$^2$、23.94元/m$^2$、18.31元/m$^2$；单位面积宅基地流转价值（$I_2$）分别为84.43元/m$^2$、45.84元/m$^2$、40.53元/m$^2$；单位面积建房和维修投入（$I_3$）分别为330.35元/m$^2$、267.70元/m$^2$、238.94元/m$^2$，因而合川区、开县、秀山县农民宅基地总投资（$I_{农民}=I_1+I_2+I_3$）分别为436.57元/m$^2$、337.48元/m$^2$、297.78元/m$^2$。

## （二）集体经济组织宅基地投资额确定

**1. 住房保障功能（$I_4$）**

住房保障功能是宅基地的基本功能，鉴于当前宅基地闲置废弃等问题的产生多由农民非农务工导致，加之进城务工农民城镇住房通常选择公租房等保障性住房。本书应用影子价格原理，以城镇低收入家庭租赁公租房总支出（政府补贴与个人缴纳）替代宅基地住房保障功能价值，并参考曾吉祥（2013）、胡银根和张曼（2013）的研究，构建城镇公租房的货币直补模型如下：

$$T=\begin{cases}(1-\alpha)\times R_0-k\times D & \left(0<\alpha<1-\dfrac{k\times D}{R_0}\right)\\[2ex] 0 & \left(1-\dfrac{k\times D}{R_0}\leqslant\alpha\right)\end{cases},\ 0\leqslant\alpha\leqslant1,\ 0<k<1 \tag{8-10}$$

$$R=\begin{cases}(1-\alpha)\times R_0-S=k\times D & \left(0<\alpha<1-\dfrac{k\times D}{R_0}\right)\\[2ex] (1-\alpha)\times R_0 & \left(1-\dfrac{k\times D}{R_0}\leqslant\alpha\right)\end{cases},\ 0\leqslant\alpha\leqslant1,\ 0<k<1 \tag{8-11}$$

式中，$T$ 为政府对每户承租者的公租房补贴；$R_0$ 为公租房年标准租金价格；$R$ 为承租户实际缴纳租金价格；$\alpha$ 为每户家庭拥有公租房产权比例；$D$ 为家庭年可支配收入；$k$ 为关于 $D$ 的递增函数，$k=f(D)$，具体为家庭住房开支占家庭可支配收入的比例，最高不应超过 1/4（曾吉祥，2013）。

当 $0<\alpha<1-(k\times D)/R_0$ 时，承租户需要政府补贴租金。当 $\alpha\geqslant1-(k\times D)/R_0$ 时，承租户家庭拥有产权比例超出了需要政府补贴的上限，承租户需要缴纳剩余产权部分租金。但不论何种情况，政府补贴与承租户租赁公租房年均总支出为 $T+R=(1-\alpha)\times R_0$；又由于现行法律没有规定宅基地使用年限，农民可长期使用，可以将宅基地的使用年限定义为无限年期，依据资产评估中的收益还原法有

$$I_4=\frac{(T+R)}{r_1\times S_{宅}}\times\frac{P_1}{b}=\frac{P_1\times(1-\alpha)\times R_0}{r_1\times S_{宅}\times b} \tag{8-12}$$

式中，$I_4$ 为单位面积宅基地住房保障功能价值；$P_1$ 为区域农村总人口；$S_{宅}$为区域宅基地总面积；$r_1$ 为资本还原利率；$b$ 为区域户均人口。

2014 年合川区、开县、秀山县农村总人口分别为 50.72 万人、67.56 万人、31.4 万人，户均人口分别为 2.59 人、2.95 人、3.07 人；同期三区县宅基地面积分别为 16 349.21hm$^2$、15 608.6 hm$^2$、7559.05 hm$^2$；$r_1$ 同上为 6.15%。同期三区县公租房平均月租金价格标准分别为 6 元/m$^2$、4.75 元/m$^2$、3.35 元/m$^2$，公租房年标准租金价格（$R_0$）分别为 4320 元、3156.39 元、2412 元，每户家庭拥有公租房产权比例（$\alpha$）分别为 0.35%、0.69%、0.58%。依据式（8-12）测算获得合川区、开县、秀山县单位面积宅基地住房保障功能价值（$I_4$）分别为 83.84 元/m$^2$、74.78 元/m$^2$、52.76 元/m$^2$。

**2. 集体经济组织宅基地管理投资（$I_5$）**

集体经济组织宅基地管理投资按照《重庆市国土房管局关于调整地票价款分配及拨付标准的通知》中规定的宅基地复垦区县、乡镇级村社管理成本为 1 万元/亩

的标准概算，折合为 15 元/$m^2$。

**3. 集体经济组织宅基地投资额确定（$I_{集体经济组织}$）**

通过以上测算可知，合川区、开县、秀山县单位面积宅基地集体经济组织住房保障功能（$I_4$）分别为 83.73 元/$m^2$、74.90 元/$m^2$、52.81 元/$m^2$，单位面积集体经济组织宅基地管理投资（$I_5$）均为 15 元/$m^2$，因而三区县集体经济组织宅基地投资总额（$I_{集体经济组织} = I_4 + I_5$）分别为 98.73 元/$m^2$、89.90 元/$m^2$、67.81 元/$m^2$。合川区、开县、秀山县农民、集体经济组织宅基地投资构成详见表 8-5。

**表 8-5　合川区、开县、秀山县农民、集体经济组织宅基地投资构成**（单位：元/$m^2$）

| 类别 | 价值构成 | 合川区 | 开县 | 秀山县 |
|---|---|---|---|---|
| 农民 | $I_1$ | 21.79 | 23.94 | 18.31 |
| | $I_2$ | 84.43 | 45.84 | 40.53 |
| | $I_3$ | 330.35 | 267.70 | 238.94 |
| | $I_{农民}$ | 436.57 | 337.48 | 297.78 |
| 集体经济组织 | $I_4$ | 83.73 | 74.90 | 52.81 |
| | $I_5$ | 15.00 | 15.00 | 15.00 |
| | $I_{集体经济组织}$ | 98.73 | 89.90 | 67.81 |

## 三、“联盟体”成员风险系数确定

风险是人们对某种决策的不确定性抑或损失的不确定性。宅基地退出复垦存在主要包括对农民生计产生的风险及由此衍生出的对社会发展产生的风险。前者主要包括因农民“非理性”的复垦宅基地可能产生的农民“居无定所风险”；因失去宅基地流转及副业生产功能可能产生的农民“收入降低风险”；因复垦土地划归基本农田可能产生的“土地发展权丧失风险”。后者主要包括因农民居无定所可能产生的“社会不稳风险”；因农民财产性收入降低可能产生的“脱贫滞后风险”；因宅基地（特色传统民居）复垦可能产生的“景观生态价值丧失风险”。

风险程度通常采用风险系数度量，本书采用模糊综合评判法测算宅基地退出中各类风险系数。此处以合川区农民生计风险系数为例进行具体解释：基于以上分析，农民生计风险因素集 $U$ = {居无定所风险、收入降低风险、土地发展权丧失风险}，根据因素集风险对本区农民生计风险影响程度的差异，采用层次分析法确定各因素相应的权向量 $\boldsymbol{A} = \{w_1, w_2, w_3\} = \{0.5147, 0.1362, 0.3491\}$。设因素的评价集 $V$ = {高，较高，中等，较低，低}，同时赋予评价集各元素对应的量值 $V = \{0.9, 0.7, 0.5, 0.3, 0.1\}$，以此表示评价集各元素与农民生计风险数值大小的对应关系。

为了得到从 $U$ 到 $V$ 的模糊关系矩阵，在评估合川区农民生计风险时，作者团队在调查区域组建了由30位学者、本区（镇）土地管理行政人员、村干部和文化程度较高的农民组成的风险评估小组，分别从农民、集体经济组织视角对影响农民生计风险的因素集 $U$，按照评价集 $V$ 进行评估。表8-6是以农民视角为例得到的农民生计风险评价结果。

**表8-6　农民生计风险评价结果**

| 风险因素 | 高 | 较高 | 中等 | 偏低 | 低 |
|---|---|---|---|---|---|
| 居无定所风险 | 0 | 2 | 10 | 8 | 10 |
| 收入降低风险 | 6 | 10 | 8 | 5 | 1 |
| 土地发展权丧失风险 | 5 | 10 | 15 | 0 | 0 |

对表8-6进行进一步归一化处理后，得到了各因素的模糊向量：$\boldsymbol{A}_{居住}$、$\boldsymbol{A}_{收入}$、$\boldsymbol{A}_{发展权}$，将上述三个因素的评价结果合并成一个矩阵，从而得到从 $U$ 到 $V$ 的模糊关系矩阵：

$$\boldsymbol{R}=\begin{bmatrix}A_{居住}\\A_{收入}\\A_{发展权}\end{bmatrix}=\begin{bmatrix}0.0000 & 0.0667 & 0.3333 & 0.2667 & 0.3333\\0.2000 & 0.3333 & 0.2667 & 0.1667 & 0.0333\\0.1667 & 0.3333 & 0.5000 & 0.0000 & 0.0000\end{bmatrix}$$

对模糊关系矩阵进行复合运算，得到农民生计风险的模糊评价向量：

$$\boldsymbol{B}=\boldsymbol{A}\cdot\boldsymbol{R}=[0.0854\quad 0.1961\quad 0.3824\quad 0.1600\quad 0.1761]$$

$\boldsymbol{B}$ 中各向量之和已经为1，无须归一化处理，农民所担的农民生计风险系数为

$$R_{农民-生计}=\boldsymbol{B}\cdot V^{\mathrm{T}}=0.4710$$

同上，评估小组从集体经济组织视角对影响农民生计风险的因素集 $U$，按照评价集 $V$ 进行评估测算得到集体经济组织所承担的农民生计风险 $\boldsymbol{R}_{集体经济组织-生计}=0.3710$。

同理，采用模糊综合评价法，建立调查区域宅基地退出社会发展风险因素集 $U'$ = {社会不稳风险、景观生态价值丧失风险、脱贫滞后风险}，采用层次分析法确定各因素相应的权向量 $\boldsymbol{A}'$ = {0.3947，0.2362，0.3691}，分别从农民、集体经济组织视角对影响社会发展风险的因素集 $U'$，按照评价集 $V$ 进行评估，计算的农民和集体经济组织承担的社会发展风险系数分别为：$\boldsymbol{R}_{农民-社会}=0.1501$、$\boldsymbol{R}_{集体经济组织-社会}=0.2615$。

联盟成员 $i$ 综合风险系数计算公式为：$R_{综合}=1-(1-R_{i农民})(1-R_{i集体经济组织})$，因而合川区宅基地退出综合风险系数 $R_{农民-综合}=0.5504$、

$R_{集体经济组织-综合}=0.5355$。

同理，依据开县、秀山县实际状况，采用层次分析法获得农民生计与社会发展权向量 $\boldsymbol{A}_i$，并在调查区域组建由30位学者、区（镇）土地管理行政人员、当地村干部和文化程度较高的农民组成的风险评估小组，同样分别从农民、集体经济组织视角对影响社会发展风险的因素集 $U_i$，按照评价集 $V$ 进行评估，测算两区县各类风险系数，其结果见表8-7。

**表8-7　合川区、开县、秀山县宅基地退出综合风险系数**

| 项目 | 合川区 | | 开县 | | 秀山县 | |
|---|---|---|---|---|---|---|
| | $R_{农民}$ | $R_{集体经济组织}$ | $R_{农民}$ | $R_{集体经济组织}$ | $R_{农民}$ | $R_{集体经济组织}$ |
| $R_{生计}$ | 0.4710 | 0.3710 | 0.5819 | 0.2710 | 0.7249 | 0.1069 |
| $R_{社会}$ | 0.1501 | 0.2615 | 0.2501 | 0.2615 | 0.1317 | 0.2699 |
| $R_{综合}$ | 0.5504 | 0.5355 | 0.6865 | 0.4616 | 0.7612 | 0.3479 |

## 四、结果分析

依据上述对合川区、开县、秀山县宅基地投资额（表8-5）与退地风险系数（表8-7）的测算结果，应用动态联盟利益分配模型［式（8-3）、式（8-4）］，测算各联盟成员在收益分配中所占比例，结果表明：宅基地退出增值收益（剩余地票溢价）农民、集体经济组织理论分配比例合川区为81.97∶18.03，开县为84.81∶15.19、秀山县为90.57∶9.43。分析可知，三区县农民所占增值收益比例超过80%，这是因为联盟成员参与退地增值收益分配比例的高低受其投资额与所担风险大小的影响，各成员投资额与所担风险越大，所获得的理论增值收益分配比例越高。农民在退地过程中福利变化最大且承担的风险最高，因而理应获得更高的分配比例。

进一步，将该结果与《重庆市国土房管局关于完善地票价款分配的补充意见》和《重庆市国土房管局关于调整地票价款分配及拨付标准的通知》规定的、全市实际执行的“地票价款溢价扣除项目成本后，剩余的农民与集体按85∶15的比例分配”标准相比，不难发现：

1）合川区、开县、秀山县农民、集体经济组织理论分配比例均值为85.78∶14.22，与重庆市现行的85∶15分配比例相差不大，说明动态联盟利益分配模型在宅基地退出增值收益分配测算中应用是可行的；同时说明重庆市现行的退地增值收益分配比例标准，在市域层面较好地兼顾了退地农民和集体经济组织收益。

2）合川区、开县、秀山县退地增值收益理论分配比例存在地域差异，且经济欠发达区域退地增值收益分配更倾向农民，原因是欠发达地区农民较集体经济组织在宅基地退出过程中边际福利变化和承担农民生计风险更大。

3）合川区、开县、秀山县退地增值收益理论分配比例与重庆市统一执行的85：15的分配比例存在一定差距，说明重庆市现行的剩余地票溢价分配政策，应按照区域经济发展差异分类执行，以此保障农民和集体经济组织的土地收益。

# 五、结论与讨论

本书基于动态联盟利益分配模型与模糊综合评判法，构建一套完整的宅基地退出增值收益分配比例测算方法体系，并基于重庆市实证进行测算及结果对比，研究表明：①动态联盟利益分配模型在宅基地退出增值收益分配测算中的应用是可行的。通过合理确定联盟成员宅基地投资额与退地风险系数，该套方法完全可以应用于其他省份的宅基地退出增值收益分配比例测算，具有较广的应用价值；同时可以丰富动态联盟利益分配模型应用的理论广度。②联盟成员参与退地增值收益分配比例的高低受其投资额与所担风险大小的影响，各成员投资额与所担风险越大，所获得的理论增值收益分配比例越高。农民在退地过程中福利变化最大且承担的风险最高，因而理应获得更高的分配比例。③重庆市现行的退地增值收益分配85：15的比例标准，在市域层面较好地兼顾了退地农民和集体经济组织收益。④退地增值收益理论分配比例存在地域差异，且经济欠发达区域退地增值收益分配更倾向农民，原因是欠发达地区农民较集体经济组织在宅基地退出过程中边际福利变化和承担农民生计风险更大。基于实证分析，本书建议如下：

一是实行差异化的退地补偿政策。针对当前重庆市各区县统一施行的85：15的退地收益分配比例，应在提高农民宅基地复垦补偿前提下，依据各区县经济发展水平、财政收入状况，充分考虑区域等因素，实施区域差异化的退地补偿，对经济欠发达区域应适当提高农民退地增值收益分配比例。

二是提高退地主体的风险规避能力。针对联盟成员承担的风险差异，地方政府除了给予差异化的经济补偿外，对退地集体经济组织还应强化对其产业发展的扶持力度，增强其“造血”能力；对退地农民在“输血”的同时，还应加大对其住房、就业、养老等政策扶持力度，增强其生计可持续发展能力。

## 参 考 文 献

陈剑，冯蔚东. 2002. 虚拟企业构建与管理［M］. 北京：清华大学出版社.

陈霄. 2012. 农民宅基地退出意愿的影响因素——基于重庆市“两翼”地区1012户农户的实证分析究［J］. 中国农村观察，(3)：26-36，96.

程春丽. 2014. 农村宅基地退出补偿与利益机制构建探析［J］. 农村经济，(1)：13-17.

戴建华，薛恒新. 2004. 基于 Shapley 值法的动态联盟伙伴企业利益分配策略 [J]. 中国管理科学，(4)：34-37.

胡银根，张曼，魏西云，等. 2013. 农村宅基地退出的补偿测算——以商丘市农村地区为例 [J]. 中国土地科学，27 (3)：29-35.

胡银根，张曼. 2013. 农民工宅基地退出的补偿意愿及影响因素研究——基于武汉市城市圈的问卷调查 [J]. 华中农业大学学报（社会科学版），(4)：90-95.

黄敏，徐飞，王兴伟. 2005. 一种动态联盟企业风险概率识别方法 [J]. 东北大学学报，(12)：1138-1140.

鲁春阳，文枫，杨庆媛. 2010. "地票"收益如何分配 [J]. 中国土地，(7)：45-46.

毛燕玲，曾文博，余国松，等. 2015. 基于改进区间 Shapley 值的农村宅基地退出收益分配方法 [J]. 中国地质大学学报（社会科学版），15 (5)：104-114.

欧阳安蛟，蔡锋铭，陈立定. 2009. 农村宅基地退出机制建立探讨 [J]. 中国土地科学，23 (10)：26-30.

宋戈，霍圣夫，邹朝晖. 2015. 耕地非农化风险及增值收益分配机制研究——以哈尔滨市为例 [J]. 中国土地科学，29 (3)：53-61.

汪凯翔. 2015. 宅基地退出中农民权益保障研究——以湖北省典型区域为例 [J]. 华中农业大学硕士学位论文.

王兆林，杨庆媛，张佰林，等. 2011. 户籍制度改革中农户土地退出意愿及其影响因素分析 [J]. 中国农村经济，(11)：49-61.

许恒周. 2012. 基于农户受偿意愿的宅基地退出补偿及影响因素分析——以山东省临清市为例 [J]. 中国土地科学，26 (10)：75-81.

曾吉祥. 2013. 公共租赁住房租金定价与补贴机制的实证研究 [D]. 青岛理工大学工程硕士学位论文.

张维迎. 2004. 博弈论与信息经济学 [M]. 上海：上海人民出版社.

张昕. 2016. 经济欠发达远郊村宅基地退出：农民意愿、影响因素及相关建议——以宅基地零星退出与货币补偿为视角 [J]. 长春理工大学学报（社会科学版），29 (6)：34-38，43.

邹艺. 2014. 农户宅基地退出补偿意愿及影响因素研究——基于重庆市合川区的实地调查 [D]. 四川农业大学硕士学位论文.

Li W X. 2016. Failure by design-national mandates and agent control of local land use in China [J]. Land Use Policy，52：518-526.

Liu Y S，Hu Z C，Li Y H. 2014. Process and cause of urban-rural development transformation in the Bohai Rim Region，China [J]. Journal of Geographical Sciences，24 (6)：1147-1160.

Scheaffer. 1979. Imperfect frames in statistics and the consequence for their use in sampling [J]. Bulletin of the International Statistical Institute，40：517-544.

Sun H，Liu Y S，Xu K. 2011. Hollow villages and rural restructuring in major rural regions of China：A case study of Yucheng City，Shandong Province [J]. Chinese Geographical Science，21 (3)：354-363.

# 第九章　农民分享宅基地退出增值收益路径分析

## 第一节　农民宅基地退出增值收益问题与经验

### 一、农民宅基地退出增值收益分享问题

通过第四至第七章中的分析，结合宅基地增值收益形成机理与重庆市、四川省、安徽省、山东省宅基地改革试点与退地利用典型区的实地调查，不难发现，当前宅基地退出增值收益农民分享中主要存在如下问题。

一是退地补偿偏低。通过对宅基地改革试点及利用典型区的宅基地真实价值核算，结合当前各地实际退地补偿来看，尽管存在区域差异但是实际补偿标准低于本地宅基地的真实价值。从退地政策的补偿标准来看，重庆市 12 万元/亩与其宅基地的理论价值相比，现行的退地补偿显然是偏低的。从宅基地退出增值收益形成机理来看，补偿偏低显然会降低农民分享退地增值收益份额。

二是复垦成本偏高。通过各地调查与核算发现，宅基地退出复垦成本偏高问题是普遍存在的，主要是宅基地复垦的融资成本和后期管理成本偏高，工程成本基本能够满足要求。地方政府是在扣除有关复垦成本后，剩余的增值才作为分配依据，若复垦成本过高显然会降低农民分享退地增值收益份额。

三是退地增值收益分配不够合理。当前各地宅基地增值收益分配主要考虑集体经济组织和农民，而地方政府没有参与分配，这是因为宅基地无论复垦与否，其所有权均属于集体经济组织，而宅基地复垦主要损失是农民投资，所以从权属视角来看是合理的。实际上，由于各地农民和集体经济组织承担的退地风险存在差异，实行差异化的分配措施更为合理。

四是退地增值收益农民认识不到位。重庆市等实地调查发现，92.35% 的农民知道宅基地复垦，但听说或了解地票的只占 46%；85.2% 的农民知道宅基地最新复垦补偿是 12 万元/亩，但是对 85：15 的分配比例知晓的农民仅为 24.53%。同时 86.26% 的农户对“地票”的产生和交易过程不清楚，少数了解地票的，也

只是关心自己能获得多少补偿。同时很多退地农民认为分配给集体经济组织的15%的份额，也该归农民所有。调查区域对退地增值收益概念理解不清，对有偿退地复垦形成的建设用地指标转移交易不明。由于对政策缺乏较为全面的了解，缺乏参与退地增值收益分配监督的动力，乃至产生了一些不和谐因素，不利于退地增值收益分配监督机制的建立。

五是退地增值收益分配监督机制缺失。调查与研究发现，当前宅基地退出增值收益分配监督机制缺失，特别是在指标生产环节、复垦环节及交易环节缺少微观主体的监督，生产与复垦环节可能存在虚报复垦成本、交易环节可能存在压低成交额等变相压缩增值收益行为，损害农民退地收益。部分地区也存在增值收益未采取直拨农户或集体经济组织形式，这可能导致增值收益款被截留问题。

六是补偿机制不够健全。一是补偿方式单一，当前各地宅基地退出多以货币补偿为主，安置补偿为辅，其他类型补偿如修建补偿较为少见。二是补偿弹性缺乏，各地补偿多是货币一次性补偿，缺少对宅基地发展权补偿的考虑。三是补偿不够及时。由于增值收益产生经历复垦、验收、交易和分配等多个环节，其中指标生产的复垦、验收环节就至少需要一年，通常参与农户从拆除房屋到领到补偿需要一年以上，有些地方受制于办事效率，延迟时间可能更长，由此可能引发农民误解。

## 二、调查地区先进经验总结

### （一）重庆市经验总结

尽管实地调查与模型分析表明重庆市退地增值收益分配存在补偿偏低、成本偏高等问题，但重庆市出台的《重庆市地票管理办法》（简称《办法》）中的有些政策规定，对保障退地农民合法收益有重要意义，值得其他地区借鉴。

1）明确土地复垦权利人，保障了增值收益分配主体。《办法》规定土地权利人是建设用地复垦的主体，包括农户、农村集体经济组织及拥有土地权属的其他主体。以此明确了收益分配主体，在这其中地方政府并没有参与有关退地收益分配。同时为了保障退地主体的权益，《办法》进一步对退地复垦农户的类型进行界定，也就是申请宅基地复垦的农户应当有其他合法稳定住所。

2）设定地票最低价格，保障地票增值收益。《办法》规定地票交易采取挂牌或者拍卖方式进行。不论是拍卖还是挂牌，都依据当时市场行情，规定了最初的最低起拍价或者挂牌价格。显然这对维护地票交易价格，保障农民与集体经济组织分享增值收益有非常积极的意义。

3）增值收益二次分配，助推精准扶贫。《办法》规定农村宅基地及其附属设施用地复垦的，单户交易总面积未超过667m$^2$的部分，地票净收益的85%归宅基地使用权人，15%归农村集体经济组织，超过667m$^2$部分对应的地票净收益全部归农村集体经济组织。通过地票增值的二次分配既保障了退地农民财产性收益，又增加了集体经济实力，助推精准扶贫。

### （二）四川省郫都区经验总结

成都市郫都区（原郫县）的宅基地增值收益分配，以宅基地所有权、资格权和使用权“三权”分置为基础，通过确权发证等工作，以落实集体所有权、保障农户资格权、放活宅基地使用权来保障退地农民合法权益。

1）以股权量化为基础，落实集体所有权。郫都区以集体产权制度改革为先导，成立股份经济合作社，实行股权封闭化管理，股份不得转让，可以继承。通过土地整治，将土地等集体资产量化到股份，该区战旗村以2011年4月20日为节点，将集体所有资产，包括资金、房产、土地、无形资产、债权等已经纳入村集体资产管理公司，股份由该村当时在册的1704名村民共同持有。集体资产股权化理顺了村两委（即村支部、村委会）、村级集体经济组织与村民的经济关系，强化了村集体对集体土地的统一管控利用，为土地改革三项试点奠定了坚实基础。

2）固化额定面积，保障农户资格权。郫都区以农村集体经济组织成员身份确定为基础，以人均综合用地70m$^2$为标准，实行集体成员相对固化、宅基地分配“生不添、死不减”的管理方式，保障了集体经济组织成员和土地分配制度在一定时间内的稳定性，有了稳定的资格权，农民更有信心将使用权在更大范围内进行流转，使得使用权进一步放活，进一步增加农民财产性收入。

3）拓展权能，放活宅基地使用权。郫都区通过宅基地“三权分置”，激活城乡要素互动，促进城市资本下乡，同时通过确权登记，完善使用权权能，以人地关系为主线，探索实现农村宅基地使用权出租、抵押、入股、继承、转让、互换、赠予、联建联营、委托经营、权益置换的具体机制。当前，郫都区主要通过转让、出租、抵押三种方式来实现宅基地使用权放活。转让范围限定在城镇规划区范围外的农村村民集中居住点，转让年期为30年，资格权人需向集体缴纳收益金，受让人应向政府缴纳相当于契税的调节金。

### （三）安徽省金寨县经验总结

金寨县是我国宅基地改革试点之一，为维护农村居民的合法宅基地权益，提升农村宅基地管理水平，促进农村土地节约集约利用，金寨县出台了《金寨县农村宅基地自愿退出奖励扶持办法（试行）》（简称《试行办法》），它借鉴了广东省等地一些先进做法，并结合金寨县实际形成了一些宅基地退出补偿等亮点，值得借鉴。

1）有偿与无偿相结合退出宅基地。针对宅基地利用存在的历史遗留等问题，金寨县因地制宜地形成了有偿与无偿相结合等方式来退出宅基地，无偿退出的宅基地主要包括一户多宅的多宅部分；非本集体经济组织成员除继承之外未经批准在农村占用和使用的农村宅基地；除此之外，其他宅基地退出原则上都应有偿。有偿与无偿相结合退出宅基地是依法依规处理宅基地历史遗留问题的具体体现，同时也是退地收益中“公平与效率”的体现。

2）退地补偿，按房与地综合补偿。宅基地退出后，其农房应拆除复垦，因而相对一些未考虑对房屋补偿的省份，如重庆市 12 万元/亩，更能够保障退地农民前期对农房的投资。《试行办法》规定，①地上房屋拆除补偿：框架结构 600 元/$m^2$、砖混结构 430 元/$m^2$、砖木结构 350 元/$m^2$，土木结构 250 元/$m^2$。②宅基地退出补偿：已确权登记发证且符合规定面积标准的，按照 70 元/$m^2$ 的标准给予补偿；超出规定面积标准的，按照 35 元/$m^2$ 的标准给予补偿。未确权登记发证的，由农村集体经济组织或村民事务理事会和确权单位共同现场核实，经公示无异议并报乡镇人民政府批准，按房屋占地面积 70 元/$m^2$、房屋占地外的宅基地按 35 元/$m^2$ 的标准给予补偿，补偿面积最高不得超过 160$m^2$。此种分类补偿更能够保障退地主体合法的土地财产性收益。

## 第二节　农民分享宅基地退出增值收益的路径

基于当前农民宅基地退出增值收益分享中存在的问题，结合理论分析、实证研究与先进经验总结，本书认为应从宅基地登记确权、提高退地补偿、控制复垦成本、合理化分享比例四方面构建“四位一体”的退地增值收益分享机制（图 9-1）。

具体看，首先是宅基地登记确权，包括宅基地所有权、资格权、使用权“三权”的确定，并在此基础上形成对增值收益分享主体、分享范围的确定。其次是提高退地补偿，宅基地退出补偿不仅涉及按建筑结构的农房补偿，还要考虑宅基地补偿；对宅基地的补偿，应按市场价值与非市场价值进行分类补偿，同时兼顾不同区域、不同地貌类型的差异。再次是控制复垦成本，重点是地方政府通过科学核算，分区域的差异性制定复垦成本标准。最后是合理化分享比例，重点是增值收益的二次分配，前提是指标交易价格的稳定与设定最低交易价格，以此保障稳定的增值收益；并依据农民和集体经济组织的宅基地投资与失地风险系数，确定科学合理的分享比例，进一步通过增值直拨等形式，减少中间环节，保障农民

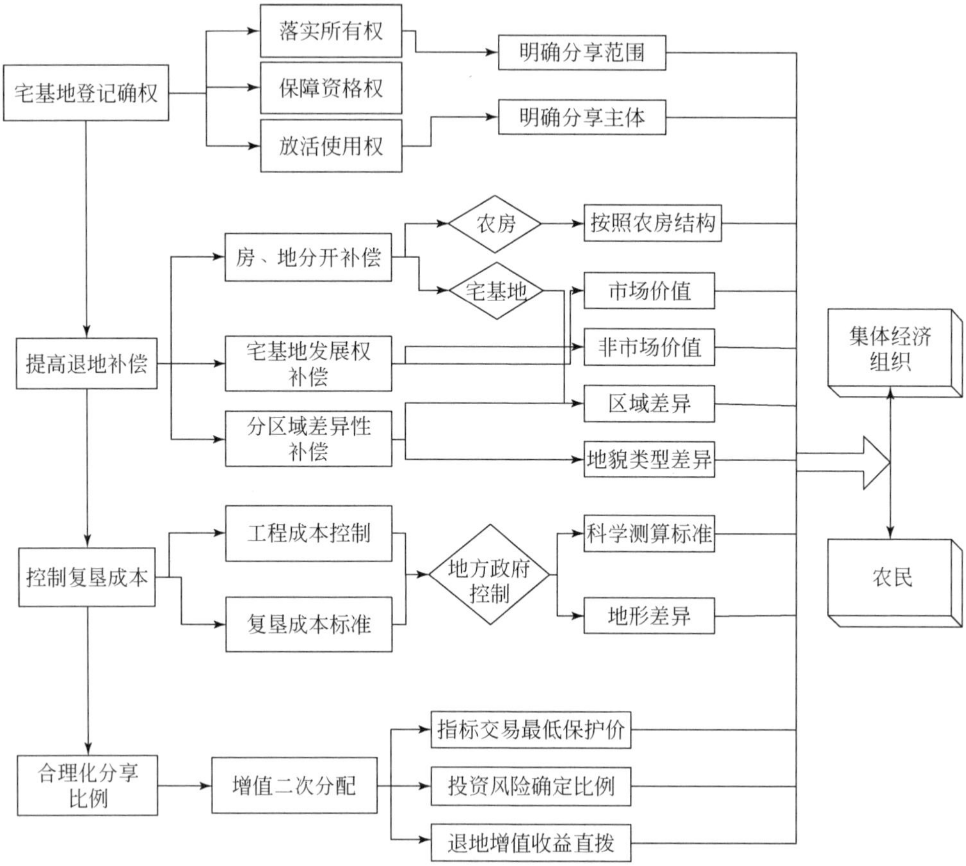


图 9-1 “四位一体”的农民宅基地退出增值收益分享机制图

收益的最大化。

在经济社会发展新常态的背景下，城镇化被视为我国经济增长的几大抓手之一，而宅基地的改革又是新型城镇化的一个重要命题。2015 年 1 月中共中央办公厅和国务院办公厅联合印发的《关于农村土地征收、集体经营性建设用地入市、宅基地制度改革试点工作的意见》，2015 年 11 月中共中央办公厅和国务院办公厅联合印发的《深化农村改革综合性实施方案》等中央文件，以及党的十八大、党的十八届三中全会均明确了推进宅基地制度改革，增加农民财产性收入。党的十九大报告进一步明确了要“深化农村集体产权制度改革，保障农民财产权益，壮大集体经济”。2018 年中央一号文件要求“完善农民闲置宅基地和闲置农房政策，探索宅基地所有权、资格权、使用权‘三权分置’”。这就进一步强调了宅基地制度改革中应保护农民宅基地使用权和集体收益分配权。依据近年来国家有关政策，结合“四位一体”的农民宅基地退出增值收益分享思路，本书认为完善农民分享宅基地退出增值收益应从以下几方面着手。

## 一、明晰产权，建立农民复垦权法定化机制

### （一）加快推进确权登记，保障宅基地使用权人权益

明晰的产权关系是明确收益分配主体在分配过程中的关系和地位的前提条件。当前各地应按照《关于进一步加快推进宅基地和集体建设用地使用权确权登记发证工作的通知》及《国土资源部关于进一步加快宅基地和集体建设用地确权登记发证有关问题的通知》的要求，结合《不动产登记暂行条例》《不动产登记暂行条例实施细则》《不动产登记操作规范（试行）》等法规政策规定，颁发统一的所有权、资格权、使用权“三权分置”证书。同时各地应依据实际，考虑地形地貌、技术手段及历史因素等差异，开展宅基地与农房一体化的农村权籍调查，将农村集体建设用地及其附属用地的建筑物、构筑物纳入调查范围，并将宅基地、集体建设用地和房屋的权属调查结果在村民会议或村民代表会议上说明，同时以张贴公告等形式公示权属调查结果，做到农村权籍调查公正、公开，充分保障农民的知情权。

### （二）建立复垦权法定化机制，保障农民复垦主体地位

复垦权是农民在宅基地复垦环节的重要权利，复垦权属不明将带来退地收益分配主体混乱，在复垦程序上农民将难以获得平等的复垦机会，无法保障农民在复垦环节的权益。各地应首先制定宅基地退出复垦及收益分配的规范条例，明确农民在宅基地复垦环节中的权利与义务，并在其中明确设定复垦权，给予农民复垦主体地位，确保农民自由行使复垦权，从而确立其对复垦各环节的知情、参与、监督与控制。其次是简化宅基地复垦程序。宅基地复垦程序过于烦琐、复杂容易导致办公效率低下，增加农民等待的时间成本，进而影响农民复垦的积极性，为此应当简化土地复垦程序，整合行政资源，及时删减不必要的审批程序，减少审批、决策成本。最后应放开宅基地复垦市场，引入社会资本参与土地复垦，让农民自由选择复垦主体，复垦成本也由农民和土地复垦机构自行商量，以确保农民的复垦主体地位。

## 二、提高退地补偿标准，施行区域差异化补偿

### （一）充分保障发展权，提高宅基地补偿标准

当前重庆市、四川省、安徽省等地宅基地退出复垦补偿，主要包括房屋和地上构（附）着物补偿费、宅基地使用权补偿、购房补助等方面，几项加总为10万~30万元/亩，这一补偿是在没有真正厘清并科学测算宅基地价值基础上形成的，或者说没有考虑宅基地非市场价值与发展权的价值，因而该补偿价值显然低于宅基地真实的价值。为此，本书认为通过对宅基地真实价值的厘清与科学核算，提高宅基地退地补偿标准，以此保障退地农民合法的土地收益。具体是基于宅基地发展权，充分考虑宅基地未来发展的可能及功能，如住房保障、社会稳定、社会心理、出租流转、副业生产等功能，结合区位等因素，通过影子价格、CVM等替代方法，科学核算基于宅基地的真实价值，差异化地提高补偿标准。

### （二）兼顾公平与效率，实施区域差异化退地补偿

当前一些地方制定的宅基地补偿政策实施区域统一补偿标准，未考虑区域经济发展差异、区位差异、农民退地风险差异等因素。这显然有其不合理之处，如传统农区和城镇腹地不同区域的农民在实施宅基地退出过程中若实施统一的补偿标准，显然对城镇腹地的农民来讲是不公平的，必将影响该区域农民退地的积极性。为此应依据不同区域状况，实施差异化的补偿政策，具体是通过科学评估不同区域农民退地风险及其宅基地发展权价值，在制定区域统一补偿指导意见基础上，分区域规定不同区位条件、不同经济发展水平、不同风险程度、不同地貌类型下的农民退地补偿标准，在兼顾公平基础上，注重补偿效率，以此保障退地农民的最大合法退地收益，提高农民退地积极性。具体可以参考此公式：房屋拆迁补偿=宅基地区位补偿价×宅基地面积+被拆迁房屋重置成新价进行补偿。

## 三、规范复垦成本，保障农民收益

### （一）降低复垦成本，规范管理与融资费用

实证分析表明，复垦成本过高将影响增值收益分配总量，继而对农民分配份额产生影响。因此，宅基地复垦成本主要包括工程、融资与管理成本，减低复垦各个环节成本是减少农民收入隐性损失的重要手段，也是充分保障农民宅基地退

出增值收益的有效路径。针对复垦各个环节中产生的成本，以重庆市为例，从如下几方面减少复垦成本：一是降低工程成本。降低工程成本可以从工程的人工与材料两方面的成本考虑：在材料方面，充分利用原有房屋中产生的旧物，如原房屋建筑材料等，同时鼓励施工中就地取材，减少运输成本；在人工成本方面，鼓励农民按照复垦设计及施工要求，自己复垦宅基地，并为此类农民提供技术及资金支持，还可以鼓励参与复垦的集体经济组织成员参与复垦工程施工，尽量扩大当地农户的经济收入。二是降低管理成本。首先从源头上厘清复垦管理成本偏高的原因，当前宅基地复垦中参与复垦管理的主体主要包括省级政府、区县级政府、乡镇政府等有关部门，多级政府参与管理，导致行政成本偏高，进一步造成复垦管理成本偏高。鉴于县级政府是复垦的审批单位，因而建议将复垦管理费用纳入县级政府财政统一支付。三是降低融资成本。融资成本是由时间周期产生的银行利息成本，因而降低融资成本主要是缩短指标生产到落地的周期。具体可以降低指标融资成本的有效方式是规范指标生产过程，简化指标生产程序，缩短指标生产周期，并鼓励金融机构对指标融资优惠贷款。

### （二）科学核算，实行差异化的成本拨付标准

当前一些地方在宅基地复垦过程中，按照标准提前将复垦成本拨付给下级政府，如重庆市按照 3.7 万元/亩的标准，对本区域宅基地复垦成本（工程成本、管理成本、融资成本）进行拨付，以加快宅基地复垦工作，然而没有考虑复垦区域的经济社会发展差异、区位差异，导致在经济发达且区位条件较好地区，拨付复垦成本不足。而在一些偏远的传统农区，复垦成本有较大结余，造成复垦成本区域分布不均，影响各地复垦的积极性。为此上级国土行政管理部门应通过调研与合理测算，分区域、分地貌形态出台一套科学的复垦成本拨付标准，指导不同区域宅基地复垦工作。具体参考不同区域人工费、管理费等标准，在区位条件较好，且经济发达或者地形地貌较为复杂的区域适当提高其工程成本及管理成本；在传统农区适当降低其复垦成本与管理成本，以此消除因成本不均带来的区域宅基地复垦问题。

## 四、明确分配主体，制定科学的分配比例

### （一）根据权能构成，确定收益分配主体

首先在现有法律的基础上，明晰宅基地使用权产权主体，以防止产权不清晰，给宅基地复垦工作带来不便。其次按照产权关系，确定分配主体，宅基地作

为集体土地，其使用权人和所有权人分别为农民和集体经济组织，因而在复垦增值收益分配中理应获得相应补偿。实际上在复垦过程中，地方政府土地整治机构是相关责任人与组织实施者，并垫付了前期复垦成本，因而也应参与复垦增值收益分配，但其收益分配比例应该受到限制。再次分配比例确定，应按照宅基地复垦指标涉及的宅基地权利人的所有权、使用权及土地发展权等产权的变化及其价值确定增值收益分配的比例。宅基地所有权变更的收益是作为宅基地所有权人（集体经济组织）收益分配额的重要依据；而使用权变更的权益收入则是作为宅基地使用权人（农户或农民）收益分配额的重要依据。而对发展权的权益收入则需要按照“农民占优”的原则，一定比例分别分配给集体经济组织和农民。

### （二）指标增值二次分配，合理提高农民分配比例

实际调查发现一些地方对指标交易后产生的增值并未进行二次分配，如四川省泸县、安徽省金寨县等，直接将交易额纳入地方财政，这显然不利于农民分享增值收益，建议各地应将交易增值指标按照固定比例对农民和集体经济组织进行二次分配。对实行二次分配的地区，如重庆市，在制定的宅基地分配政策中，未考虑区域经济发展差异、区位差异、农民退地风险差异等因素，实施区域统一分配比例，如重庆市在全市范围内扣除复垦成本后，剩余地票收益按照 85 ∶ 15 的比例分别分配给农民和集体经济组织，显然这种比例分配有其不合理之处。因而本书认为应依据宅基地使用权价值及集体经济组织、农民分别对宅基地的投资，并考虑宅基地退出可能给集体经济组织、农民带来的风险程度，按照“投资共享、风险共担”的原则，科学测定不同区域及经济发展水平下，农民、集体经济组织的分配比例关系。并按照国家有关“改革征地制度，提高农民在土地增值收益中的分配比例”的精神与要求，在合理测算分配比例基础上，分配适当向农民倾斜。

## 五、强化农民参与，完善增值收益分配监督机制

### （一）强化农民复垦各环节参与，突出主体作用

宅基地退出增值收益分配涉及复垦、验收、交易、分配等各个环节，针对当前宅基地复垦各环节存在的监督机制缺乏问题，农民作为宅基地退出的主体，要强化农民在各环节的参与过程，提高其监督职能。在复垦环节，鼓励农民积极参与宅基地复垦工程；在验收环节，应组成由农民参与的复垦验收小组。在交易环节，应邀请村民代表现场参与拍卖会。在分配环节，在分配政策制定过程中，应

广泛征求当地农民意见，并有村民代表全程参与政策制定过程。总之，在宅基地复垦各个环节，应充分保障农民的知情权、收益权、参与权、决策权。

（二）强化收益管理，完善分配监督机制

当前退地增值收益形成后，各地通常是通过直拨方式发放到集体经济组织与村民手中，实际上在直拨之前扣除交易成本过程中，资金管理监督机制是缺乏的。也就是，此阶段资金完全由土地交易机构与土地整治中心管理，在此过程中，成本扣除多少及资金是否有截留，农民根本无从知晓，社会也无法监督。因而，此处建议成立一个专门的第三方机构管理复垦资金，包括资金的直拨、成本扣除，同时明确定期向社会公布资金管理及财务状况。对直拨集体经济组织的资金使用，由于农民监督机制缺乏，个别村行政村也存在使用混乱问题，应建立健全农村集体经济组织（村民委员会）的财务信息公开制度，在全体集体经济组织成员的监督之下加强收益的管理和运用，保障增值收益分配的公平性和透明性，保证收益全部用于农村集体经济建设，从而更好地助推精准扶贫。

## 六、完善退地补偿机制，提高拨付效率

（一）因地制宜，制定多种方式补偿措施

充分考虑各地经济社会发展实际、区位条件等，分类制定多种补偿措施：一是城镇有稳定住所的准市民或务工者，其宅基地退出复垦后，按照退出的宅基地（含地上建筑物、附着物）评估价值给予补偿后，应将其纳入城镇保障性住房体系。二是政府应在其就业、教育、医疗、养老等方面给予其必备的政策支持，如免费进行就业培训、纳入城乡统一养老体系等。三是对在城镇已有住房或准备在城镇新购住房、旧房拆除后不再新建房或不进入农民集中居住区建房而自愿放弃宅基地的农户，可从项目资金中按照节约的建设用地指标给予经济补偿。

（二）强化弹性补偿，保障退地农民长远生计

当前各地对退地农民补偿多是一次性货币补偿，未考虑宅基地未来发展权，这显然是不可持续的，因而本书认为应参考征地制度改革，给予多样化的补偿的同时，考虑宅基地未来可能，建立与发展权挂钩的未来持续性的经济补偿机制。例如，在70年使用期内，若复垦地块未来被征用，发展非农产业，则依据具体用途与折现，扣除退地补偿后，分年拨付给原宅基地使用权人，以此保障退地农民长远生计。

### （三）减少非必要环节，提高资金拨付效率

从各地来看，当前从指标生产到交易，再到增值收益分配至少需要 1～2 年时间，复垦农民对此意见颇大，原因是各环节花费时间较长。针对这一状况应减少非必要环节，如在指标生产环节，可以考虑减少现场勘测环节，直接使用宅基地使用权证核算；在复垦环节，严格限定施工时限；在验收环节，上级国土行政主管部门成立专门验收专业技术队伍，而非在当地临时组建。在交易环节，成立专门资金管理机构，负责复垦收益拨付与管理，以此缩短各环节时间，提高资金拨付效率。

## 七、合理调控指标价格，完善交易市场体系

### （一）科学确定指标基准价格，保障农民收益

指标价格是建立在区域土地平均地价基础之上的，合理确定复垦指标价格是保障农民合法退地收益的基础，也是农民获取指标交易增值收益分配的重要依据。确定指标的前提是要明确指标的生产成本及其落地后发展权价格；指标产生的成本如前所述包括工程、管理、金融成本，这些成本是指标产生的前期投入，因而在指标价格确定中应由指标竞购者承担。此外指标价格确定应考虑指标的发展权，也就是土地发展权来确定，鉴于土地发展权测算受土地规划、用途、利用强度等因素影响，本书设想主要通过规划用途及其期权价值来测算，同时参考城镇土地定级估价计算方法进行检验，以此充分显化指标所包含的资源与资产价值。

### （二）建立调控机制，完善指标交易市场体系

当前指标交易仅限于土地交易场所的拍卖过程，也就是政府供应指标一级市场，在一级市场需求不够旺盛的前提下，为扩大指标需求，减少交易过程对指标价格的影响，有必要建立指标二级市场。指标二级市场也就是指标使用权人从一级市场购买指标后，再次交易的过程。通过二级市场交易，使得存量指标能够在不同所有权部门、单位和个人之间加快流动消化，可以有效地缓解一级市场需求不足问题。同时为避免需求旺盛阶段，对指标二级市场的过度炒作，必须严格监管指标二级市场交易。例如，严格限定指标二级市场的转让条件，参与指标二级市场交易的持有者必须是未能拿到经营性用地的土地竞买者；严格限定指标落地的时间，对超过两年未能落地的指标取消其交易资格。

（三）探索建立指标收储机制，保障价格平稳

针对指标市场供给旺盛的问题，在稳定指标生产增量的同时，探索建立存量指标的收储机制，保障市场平稳发展。具体可以参考城镇土地储备做法，在各地区尝试成立指标储备机构，针对不同市场行情，在指标需求不同的时段，尝试建立指标收储机制。在放缓周期内，地方政府财政出资，储备指标，这样既可以保障未来经济社会发展，又可以防止指标市场大起大落，保障复垦农民的积极性及财产性收入。在指标需求旺盛时段，在鼓励生产指标的同时，可以将储备的指标纳入农村土地交易所得交易范围，以此稳定指标市场交易价格。

（四）改善供求关系，维持市场稳定

受宏观经济形势影响，一些地方指标需求由旺转淡，但农民复垦意愿较强，由此出现指标供需不平衡现象，影响指标市场。为此从指标供给侧改革收入，探索延伸指标功能；在实施指标储备制度的同时，探索建立地方指标预留机制；放开指标交易一级市场，探索农民自由复垦交易的可能性；同时以集体经营性建设用地入市为契机，探索建立集体建设经营性建设用地指标使用机制。以此改善当前指标市场的供求关系，维持市场稳定。

## 八、完善配套措施，保障退地农民长远生计

（一）科学宣传，提高农民增值收益认知水平

农户认知水平决定了其对政策的理解程度，进而影响了其在退地增值收益分配的主体利益博弈中的谈判力量。首先应向农民明确增值收益分配与农民收入关系的重要性，其次建议由地方乡镇及土地行政管理部门针对不同文化层次的群众实施不同的宣传技术手段，如文化水平较低的农民可以通过村干部交谈、板报等形式，对其深入了解。对文化水平较高的农民可以充分发挥电视、电脑、手机、广播等多媒体的优势，通过声光电等视频、音频、图片等多种形式进行宣传；此外还应定期组织农民进驻村委会，利用电视、投影等媒体进行统一培训，以方便村民集体进行探讨。有条件的地区农村也可以通过制作宣传画册等形式介绍退地增值收益分配政策。最后还应提高区县乡镇、村社各级土地管理行政部门人员的业务水平，积极鼓励各级退地增值收益分配宣传员进驻村，进行专题讲解与答疑。

（二）加大保障性住房建设，完善退地农民住房保障体系

继续加大各类保障性住房建设力度，将符合条件的退地农村居民真正纳入保障性住房范围，改善其居住条件。鼓励有条件的退地居民购置普通商品房；小城镇规划区的农村居民，具备条件的可转户进入统一规划建设的集中居住小区，建立多层次的住房保障体系。此外，对退地农户开展购房金融扶持，使得那些购房过程中在扣除退地补偿及购房补助后仍存在差额的农户享受财政补贴与分期付款等金融扶持。针对“公租房”能否适合收入偏低、就业地点多变的进城农民家庭长期居住的质疑，国土行政主管部门通过降低保障性住房申请门槛，发放“公租房票”等形式赋予保障性住房流动性等途径解决。

（三）加大帮扶力度，完善退地农民社会保障体系

设立退地农户就业与创业专项资金，加大对此类农民创业金融扶持力度，同时在小微企业发展扶持政策方面，也应为此类农民设置专项扶持政策，以提高转户退地农户就业可持续发展能力。加快适合退地农民跨区流动与养老保险区域统筹，降低申请门槛，以解决养老及医疗保险的流动性问题。对农村五保对象或者贫困户退出宅基地进行复垦的应由区县民政部门进行集中供养，土地整治机构应单独对其建档立卡，设立专门账户，并将退地增值收益统一扣除民政必要的供养费用后，剩余的部分通过直拨等形式统一到该类农民手中。同时纪检监察部门应强化对该类资金使用的巡查力度，强化对该类资金使用与管理的监督。

# 附　　录

问卷编码：____________

# 农民调查问卷

（普通）

调查______县（区）______乡（镇）______村

受访者姓名：________________

调　查　员：________________

时　　　间：________________

填写说明：

1. 本次调查各项数据保密且均用于科学研究，请认真填写。
2. 请在相应答案位置打“√”，并完善“其他______”的空缺内容。
3. 个别问题若无法作答，请直接空出。

农民朋友您好！本调查问卷是国家社会科学基金项目“基于微观退地主体的宅基地退出增值收益分享”农民部分问卷，调查员占用您一点时间对您进行询问，请您耐心作答，所有问题仅仅用于科学研究，不会用作其他用途，请放心答题。

## 一、农民基本情况

1. 您所在县（区）____________，乡（镇）____________，村____________

2. 您的年龄__________

3. 您的性别：

①男　②女

4. 您的受教育程度：

①小学及以下　②初中　③高中　④大专及以上

5. 您是否担任村干部（□是　□否）

6. 您家庭决策类型（□民主　□非民主）

7. 您家庭主要成员是否定居城镇（□是　□否）

8. 您所在村集体经济状况（□较好　□一般　□较差）

9. 您所在村基础设施状况（□较好　□一般　□较差）

10. 您农业技术培训状况（□经常　□偶尔　□从未）

11. 您家庭收入________万元，其中非农务工收入________万元。

12. 您非农务工所从事的职业__________

13. 一年中您非农务工时间__________月

14. 您是否参加新农保（□是　□否）

15. 您是否购买商业保险（□是　□否）

16. 您参保项目（□农村居民养老保险　□新型农村合作医疗保险　□城镇居民养老保险）

## 二、农民宅基地退出决策的影响因素调查

1. 您宅基地利用现状：

①闲置或废弃　②自住　③出租等方式流转　④其他________

（1）若您有闲置或废弃宅基地，则其闲置或废弃的原因是？

①多处宅基地，房屋面积大，用不了　②大多数家庭成员外出务工，很少回家居住　③危房或环境差不能居住　④其他____________

（2）您宅基地若流转，流转方式是？

①出租　②转让　③抵押　④联营　⑤入股　⑥其他________

若答案为①，则年均租金水平为________元，出租面积为________$m^2$（补充调查问题）

（3）您家庭有几处宅基地：

①一处　②两处　③三处及以上

2. 您宅基地及住房现状：

（1）您家庭宅基地面积：________（平方米）

（2）您宅基地造价（投资）：________万元

（3）您宅基地维修________次，每次花费________元（补充调查问题）

（4）您现住房屋结构：①钢混结构　②砖混结构　③砖木结构，土坯房

（5）现住房屋层数：①平房　②二层　③三层　④三层以上

（6）现住房屋面积：①100$m^2$ 以内　②100～200$m^2$　③200～300$m^3$　④300$m^2$ 以上

（7）在城镇购房情况（□是　□否）

3. 您是否愿意退出宅基地？

① 愿意　②不一定　③不愿意

（1）若愿意退出：

①宅基地是否因为要改善居住环境（□是　□否）

②宅基地是否因为有其他稳定住处，老宅基地闲置（□是　□否）

③宅基地是否因为宅基地退出能够获得必要资金补偿（□是　□否）

④宅基地，是否因为多处宅基地（□是　□否）

⑤若愿意退出宅基地后，是否有经济购置新住房（□是　□否）

（2）不愿意退出：

①是否因为宅基地位于城镇规划范围，升值潜力大（□是　□否）

②是否因为宅基地补偿不及时（□是　□否）

③是否因为不习惯其他地方居住（□是　□否）

④是否因为宅基地退出后，无法转变耕作方式（□是　□否）

⑤宅基地是家庭主要财产（□是　□否）

⑥是否因为是新建的住房（□是　□否）

⑦是否因为新居住环境适应性较差（□是　□否）

## 三、农民退地补偿及收益分配的调查

1. 您认为谁会对农民宅基地退出进行补偿：

①地方政府　②村集体　③两者兼有　④其他________

2. 您若退出宅基地，会选择何种补偿方式？

①安置补偿　②现金补偿　③修建补偿　④其他

3. 该地区宅基地退出每亩获得的补偿：

① 5 万元以下　② 5 万 ~10 万元　③ 10 万元以上

4. 您宅基地退出补偿是否按时足额发放（□是　□否），通常具体获得的补偿金额为________万元/亩，您期望的标准是________万元/亩

5. 您若退出宅基地，如何居住？

①租住廉租房、公租房　②购买自有城镇商品房　③集中居住安置房　④其他________

6. 宅基地退出后地方政府是否仅仅给予一次补偿？

①是，②不清楚，③否

7. 是否了解给予一次性补偿后还有其他补偿的政策？

①是，②不清楚，③否

8. 您认为地方政府为何鼓励农民退出宅基地？

①改善农民居住环境　②增加农民财产性收入　③看上宅基地，打农民的主意　④其他________

9. 您认为政府给予农民的宅基地退出补偿，集体会有截留吗（□是　□否）

10. 您获得宅基地的补偿主要用于？

①用于非农生产　②用于畜禽养殖　③用于农业生产　④其他用途________

11. 您愿意退出宅基地最希望得到什么？

①经济补偿　②城镇保障性住房　③医疗和养老保险　④解决就业问题　⑤解决子女上学问题　⑥其他________

12. 当前宅基地退出后，地票收益扣除复垦成本，按照 15：85 的比例分配集体和农户，您觉得妥否（□是　□否），若答案为否，您觉得更为合理的集体和农户分配比例应为______：______

13. 您认为谁是宅基地退出的最大受益者？

①政府　②村集体　③退地农民　④其他________

问卷编码：________

# 农民/市民调查问卷

（CVM）

调查______县（区）______乡（镇）______村

受访者姓名：____________________

调　查　员：____________________

时　　　间：____________________

填写说明：

1. 本次调查各项数据保密且均用于科学研究，请认真填写。
2. 请在相应答案位置打“√”，并完善“其他______”的空缺内容。
3. 个别问题若无法作答，请直接空出。

亲爱的农民/市民朋友，您好！

此次调查是为了解本区域的宅基地退出、复垦及其非市场价值，调查内容是国家社会科学基金项目“基于微观退地主体的宅基地退出增值收益分享”的重要组成部分，调查内容仅仅用于科学研究，不会用作其他用途，请放心答题。

## 一、调查背景及意义的阐释

本区域是国家宅基地改革试点或宅基地退出、利用问题典型地区，当前本区域农村宅基地利用存在闲置废弃、面积超标、一户多宅等问题，增加了耕地保护的压力，制约了城镇化与非农产业的发展。

废弃

闲置

实施宅基地退出复垦与地票交易既可以增加农民财产性收入，受益农民；又可以保障区域城镇化与非农产业发展，惠及市民；还可以增加有效耕地面积，保障区域粮食安全，涉及全体城乡居民，因而宅基地复垦具有准公共物品供给的属性。

## 二、受访者个体特征、家庭特征的调查

此部分是对您家庭基本情况的调查，调查员将询问您一些家庭基本状况，并会在附表 1-1 ~ 附表 1-5 相应“选项”空格里打“√”，所有统计仅限于科学研究，请放心，并请认真回答。

**附表 1-1　受访农民基本特征**

| 变量分类 | 具体变量 | 选项 |
|---|---|---|
| 年龄 | 18 ~ 35 岁 | |
| | 36 ~ 45 岁 | |
| | 46 ~ 65 岁 | |
| | 65 岁以上 | |

续表

| 变量分类 | 具体变量 | 选项 |
|---|---|---|
| 性别 | 男 | |
| | 女 | |
| 受教育程度 | 小学及以下 | |
| | 初中 | |
| | 高中 | |
| | 大专及以上 | |
| 家庭月均收入 | 0 ~ 500 元 | |
| | 501 ~ 1500 元 | |
| | 1501 ~ 2500 元 | |
| | 2501 元以上 | |
| 非农收入比 | 0 ~ 10% | |
| | 11% ~ 50% | |
| | 51% ~ 90% | |
| | 90% 以上 | |
| 家庭月均消费支出 | 0 ~ 300 元 | |
| | 301 ~ 500 元 | |
| | 501 ~ 1000 元 | |
| | 1001 元以上 | |
| 宅基地面积 | 0 ~ 100$m^2$ | |
| | 101 ~ 150$m^2$ | |
| | 151 ~ 200$m^2$ | |
| | 201$m^2$ 以上 | |
| 宅基地利用状况 | 闲置或废弃 | |
| | 自主 | |
| | 流转 | |

**附表 1-2　受访市民基本特征**

| 变量分类 | 具体变量 | 选项 |
|---|---|---|
| 年龄 | 18 ~ 35 岁 | |
| | 36 ~ 45 岁 | |
| | 46 ~ 65 岁 | |
| | 65 岁以上 | |

续表

| 变量分类 | 具体变量 | 选项 |
| --- | --- | --- |
| 性别 | 男 | |
| | 女 | |
| 受教育程度 | 小学及以下 | |
| | 初中 | |
| | 高中 | |
| | 大专及以上 | |
| 家庭月均收入 | 0～1000 元 | |
| | 1001～2000 元 | |
| | 2001～5000 元 | |
| | 5001 元以上 | |
| 家庭主要收入 | 工薪收入 | |
| | 经营净收入 | |
| | 财产性收入 | |
| | 转移性收入 | |
| 家庭月均消费支出 | 0～500 元 | |
| | 501～1000 元 | |
| | 1001～2000 元 | |
| | 2001 元以上 | |

## 三、受访者对宅基地复垦及其非市场价值认知的调查

以下是对宅基地复垦及其非市场价值的调查，调查员在具体阐释有关问题后，将会具体询问您对这些问题的认识和理解，并会在附表 1-3 和附表 1-4 中相应的“选项”里打“√”，所有统计仅限科学研究，请放心、认真回答。

非市场价值是相对于其市场价值而言的，宅基地市场价值是直接货币化的价值，当前学术界公认的宅基地非市场价值主要包括宅基地的住房保障、社会保障、社会稳定、社会伦理、风貌遗迹、馈赠继承价值。住房保障价值指宅基地因保障农民居住而产生的价值；社会保障价值指住房保障之外，宅基地给农民带来的生活水平的提高和社会福利的增加；社会稳定价值指宅基地对避免农民“流离失所”而使社会不稳的贡献；社会伦理价值指宅基地带给农民的归属感与幸福感；风貌遗迹价值指宅基地及其建筑物产生的景观及旅游价值；馈赠继承价值指

宅基地为后代将来能继续利用而事先愿意支付的价值。

附表 1-3 受访者宅基地复垦认知的调查

| 调查问题 | 宅基地复垦认知的调查 | | | | |
|---|---|---|---|---|---|
| | 1 | 2 | 3 | 4 | 5 |
| 1. 您是否了解农村有大量宅基地闲置、废弃 | | | | | |
| 2. 您是否了解宅基地复垦可以保障本地区城镇（化）发展 | | | | | |
| 3. 您是否了解宅基地闲置废弃会影响到您及后代生活 | | | | | |
| 4. 您是否认可本人有为加快本区域宅基地复垦贡献人财物的责任 | | | | | |
| 5. 您是否认可地方为缓解财政压力征收宅基地复垦费用的必要性与有用性 | | | | | |
| 6. 您是否认可宅基地复垦补偿标准应参考宅基地非市场价值确定 | | | | | |

注：“不了解=1、不太了解=2、一般了解=3、比较了解=4、非常了解=5”，其他以此类推

附表 1-4 受访者宅基地非市场价值认知的调查

| 项目 | 宅基地非市场价值认知的调查 | | | | |
|---|---|---|---|---|---|
| | 1 | 2 | 3 | 4 | 5 |
| 1. 住房保障价值 | | | | | |
| 2. 社会保障价值 | | | | | |
| 3. 社会稳定价值 | | | | | |
| 4. 社会伦理价值 | | | | | |
| 5. 风貌遗迹价值 | | | | | |
| 6. 馈赠继承价值 | | | | | |

注：“不认可=1、不太认可=2、一般认可=3、比较认可=4、非常认可=5”，其他以此类推。

## 四、受访者宅基地非市场价值最大支付意愿（WTP）的调查

调查员将阐释宅基地非市场价值支付意愿问题，请依据您家庭收支状况，自愿选择标的值，该问题是假设性问题，并非作为政府收费依据，请放心答题。若有疑问，请咨询调查员。

①本区域是宅基地改革试点或宅基地退出、利用问题典型地区，当前本区域农村宅基地利用存在闲置废弃、面积超标、一户多宅等问题，增加了耕地保护的

压力，制约了城镇化与非农产业的发展，而实施宅基地退出复垦与“指标”交易既可以增加农民财产性收入，受益农民；又可以保障区域城镇化与非农产业发展，惠及市民；还可以增加有效耕地面积，保障区域粮食安全，涉及全体城乡居民，因而宅基地退出复垦具有准公共物品供给的属性。由于实施宅基地复垦涉及多方利益补偿，对于本区域而言，推进该项工作面临一定的财政资金压力。为加快推进宅基地复垦工作，地方政府拟每月向您征收________元（或等价劳动），您是否同意？

A 是　　B 否

如果问题①的答案为 A，则增加投标值；答案为 B，则减少投标值，同时追加问题②。

②________元人民币，您是否同意？

A 是　　B 否

问卷中涉及的 12 个初始投标值详见附表 1-5。

**附表 1-5　核心问题涉及的 12 个初始投标值**　　（单位：元/月）

| 标数 | 一 | 二 | 三 | 四 | 五 | 六 | 七 | 八 | 九 | 十 | 十一 | 十二 |
|---|---|---|---|---|---|---|---|---|---|---|---|---|
| 农民 | 1 | 5 | 10 | 20 | 30 | 40 | 50 | 70 | 100 | 150 | 250 | 350 |
| 市民 | 5 | 10 | 20 | 40 | 60 | 80 | 100 | 150 | 200 | 300 | 450 | 600 |

## 五、受访者问卷理解度的调查

调查员将针对您对本问卷的理解程度，进行部分调查，请认真回答下面问题。

1. 您认为此次调查的目的是：①调查宅基地复垦状况；②测算宅基地非市场价值；③了解宅基地利用状况；④呼吁加快宅基地复垦。

2. 通过调查员的解释及您的认识，您对此次调查涉及的各项问题及文字理解程度如何，请给出准确分值________%。

问卷编码：______________

# 国土行政管理人员调查

（半结构式访谈）

调查______县（区）______乡（镇）______村

受访者姓名：________________

受访者职务：________________

调　查　员：________________

时　　　间：________________

填写说明：

1. 本次调查各项数据保密且均用于科学研究，请认真填写。
2. 请在相应答案位置打“√”，并完善“其他______”的空缺内容。
3. 个别问题若无法作答，请直接空出。

您好！本调查问卷是国家社会科学基金项目“基于微观退地主体的宅基地退出增值收益分享”国土行政管理人员部分问卷，占用您一点时间，请您阐述您的理解与认识，所有问题仅仅用于科学研究，不会用作其他用途，请放心答题。

## 一、对调查区国土行政管理人员的半结构式访谈

1. 您认为宅基地退出增值收益分配应该包括哪些收益主体？各个主体分配的比例多少合理？

2. 您认为当前宅基地退出增值收益分配存在的主要问题及其原因？

3. 您认为哪些因素影响宅基地退出增值收益分配？

4. 您觉得政府在宅基地退出增值收益分配中应该扮演什么角色？如何参与利益分配？

5. 您认为如何才能保障农民在宅基地退出增值收益分配中的合法收益？

6. 您认为如何才能更好地促进宅基地退出增值收益分配？

7. 本区域宅基地复垦区县、乡（镇）级村社实际管理成本应为________万元/亩和________万元/亩。

8. 本区域宅基地复垦实际融资成本为________万元/亩。

## 二、本次调查需收集资料清单

1. 本区域农村的社会和经济数据。

2. 集体建设用地（宅基地）退出复垦资料：包括实施方案、复垦成本预算、复垦项目资金投入）。

3. 本区域指标交易参与收益分配人员文本资料。

4. 本区域的复垦指标交易实施方案。

5. 复垦指标交易相关数据（指标交易宗数及面积、时间、复垦位置、落地位置、交易价格、指标交易的产生成本、指标收益分配的主体、各主体分配的数量及比例、指标收益的使用方向等相关资料）。

问卷编码：__________

# 复垦施工管理方调查

（半结构式访谈）

调查______县（区）______乡（镇）______村

受访者姓名：__________________

调　查　员：__________________

时　　　间：__________________

填写说明：

1. 本次调查各项数据均保密用于科学研究，请认真填写。
2. 请在相应答案位置打“√”，并完善“其他______”的空缺内容。
3. 个别问题若无法作答，请直接空出。

您好！本调查问卷是国家社会科学基金项目“基于微观退地主体的宅基地退出增值收益分享”复垦施工方部分问卷，之前我们在本区域已经对农民和国土行政管理人员做了部分问卷调查（附表 1-6）。为全面了解本区域宅基地复垦工程成本问题，在此，想占用您一点时间，请您填写如下表格，恳请认真作答，所有问题仅仅用于科学研究，不会用作其他用途，请放心答题。

**附表 1-6　宅基地退出复垦调查表**

<table>
<tr><th colspan="3">项目</th></tr>
<tr><td rowspan="11">工程成本<br>（万元/亩）</td><td rowspan="7">工程施工费</td><td>房屋拆除</td></tr>
<tr><td>院坝拆除</td></tr>
<tr><td>土地平整</td></tr>
<tr><td>土地深翻</td></tr>
<tr><td>农田水利</td></tr>
<tr><td>田间道路</td></tr>
<tr><td>其他工程</td></tr>
<tr><td colspan="2">前期工作</td></tr>
<tr><td colspan="2">竣工验收</td></tr>
<tr><td colspan="2">工程监理</td></tr>
<tr><td colspan="2">安全配套</td></tr>
</table>